桂商文化

主 编 罗羿寒 刘杰英

副主编 陆纯梅 李庆文 杜远阳

参 编 陈雪玲 邓慧敏 胡博巍 周士桢

徐榕锴 陈冠东 习 波

北京理工大学出版社
BEIJING INSTITUTE OF TECHNOLOGY PRESS

图书在版编目（CIP）数据

桂商文化／罗羿寒，刘杰英主编. -- 北京：北京
理工大学出版社，2023.6
　ISBN 978-7-5763-2498-3

　Ⅰ . ①桂… 　Ⅱ . ①罗… ②刘… 　Ⅲ . ①商业文化-广
西-教材　Ⅳ . ①F729

中国国家版本馆 CIP 数据核字（2023）第 113355 号

责任编辑：王晓莉　　　文案编辑：王晓莉
责任校对：刘亚男　　　责任印制：施胜娟

出版发行 / 北京理工大学出版社有限责任公司
社　　址 / 北京市丰台区四合庄路 6 号
邮　　编 / 100070
电　　话 / （010）68914026（教材售后服务热线）
　　　　　　　（010）68944437（课件资源服务热线）
网　　址 / http://www.bitpress.com.cn

版 印 次 / 2023 年 6 月第 1 版第 1 次印刷
印　　刷 / 唐山富达印务有限公司
开　　本 / 787 mm×1092 mm　1/16
印　　张 / 13.75
字　　数 / 307 千字
定　　价 / 72.00 元

《中华商文化：传承与创新》系列教材
建设委员会名单

序　言

党的十九大报告指出："文化自信是一个国家、一个民族发展中更基本、更深沉、更持久的力量。"习近平总书记用了四个"重要"阐述了文化在未来国计民生中的坐标：统筹推进"五位一体"总体布局、协调推进"四个全面"战略布局，文化是重要内容；推动高质量发展，文化是重要支点；满足人民日益增长的美好生活需要，文化是重要因素；战胜前进道路上各种风险挑战，文化是重要力量源泉。

世界上每一种文明，都有自己的成长史，有自己独特的个性和记忆。中国商业文明源远流长、历史厚重。从原始社会的以物易物，到古代商业的重农抑商，再到近现代商业的蓬勃发展，过程漫长而又耐人寻味，其间既有繁荣辉煌，也有曲折艰难。岁月的积淀，铸成今天悠久灿烂的中华商业文化，既浓缩了中国商业文明发展的高度，折射了中华民族兴衰沉浮的发展历程，也凝聚了商业先辈们的智慧和汗水。在几经变迁的历史长河中，中华民族悠久灿烂的商业文化是一个动态的、不断超越的文化系统，其内部犹如存在着一种新陈代谢机制，无论在怎样的环境里，始终顽强求存，并且不断实现自我筛选、自我反省，甚至自我淘汰和自我创新，久盛不衰。

不忘本来才能开辟未来，善于继承才能更好创新。改革开放40多年来，中国商人群体传承"爱国、敬业、诚信、友善"的优秀基因，筚路蓝缕，乘风破浪，在全国乃至世界经济舞台上扮演着重要角色，成为我国社会主义建设的一支重要力量。特别是2020年，在面对突如其来的新冠疫情的关键时刻，按照国家"六保""六稳"的工作目标，各类商业企业和广大商人挺身而出，以实际行动诠释了人民至上、生命至上的仁心大爱，展现了天下兴亡、匹夫有责的家国情怀，凝聚了风雨同舟、守望相助的患难真情。

当前，我们正身处中华民族伟大复兴战略全局和世界百年未有之大变局的历史交汇，即将开启全面建设社会主义现代化国家新征程。历史是"时光老人"在过去年代的无数领域中间修筑起来的巨大的"经验之塔"。这座塔没有电梯，要爬上顶端一窥全貌确非易事。面对绵延数千年的中华商业文明，我们应该多一分尊重，多一分责任，多一分思考。我们终究该为有志于商业的青年人做些什么，帮助年轻学子们来路不忘祖，让他们奋斗知方向。

执古之道，以御今之有。能知古始，是谓道纪。不忘初心，是中国商业的坚持、坚守、坚定；不负韶华，是商科职教人的此时、此地、此心。为这片土地，为这个国家，为这个伟大的时代！

张宝忠于 2020 年 10 月

前　言

　　《桂商文化》是全国电商行业指导委员会商业文化传承与创新委员会推荐、新商科人才培养创新型教材《中华商文化》系列教材之一。

　　党的二十大提出"必须坚持中国特色社会主义文化发展道路，增强文化自信"。商文化作为中华优秀传统文化的重要组成部分，蕴含着中华民族商业文明特有的精神价值、思维方式、想象力，体现着中华民族的生命力和创造力，是各民族智慧的结晶。开展中华优秀传统商文化教育教学，通过传授商业历史知识，可以帮助财经学子从商文化历史中汲取思想和智慧，明智、明理、爱国、爱业，增强民族自尊心、自信心和自豪感。

　　桂商文化作为中华商业文化的重要组成部分，经过千百年历史沉淀，形成了具有鲜明的广西地域文化特色的桂商精神。基于此，《桂商文化》教材的开发以高职商科人才职业素养内涵建设为背景，突出立德树人根本任务，将价值塑造、知识传授和能力培养融为一体，培养学生核心能力和综合素养。

　　《桂商文化》教材具备以下特色和优势：

一、立足广西地域文化，厚植时代桂商精神

　　《桂商文化》教材突出广西地域特点，体现区域经济社会对商务人才的需求，具有浓郁的地方特色。在内容选取上，以中华商文化为载体，梳理桂商文化脉络，追寻桂商文化之源，引导学生理解应遵守的商业伦理、经商之道、商人的处世哲学，同时比较当代商业环境，特别是商业精神与文化，提炼出桂商文化的核心价值，在课堂教学中融入桂商"勇闯、敢创、善交、成事"的优秀基因，培养学生以爱国主义为核心的民族精神，以改革创新为核心的时代精神和以自强不息为核心的宝贵品格。

二、打造特色思政课程，推进商业文化素质教育

　　本教材以立德树人的政治方向为指导思想，在教材内容中充分结合课程思政建设，遴选"海丝"非遗、桂商的传统名商与现代名企文化、地方知名商号、"桂字号"与"商贸"的历史发展等作为课程教材的知识点，聚集桂商特质，构建一体化设计、深度融合的知识体系，将思政元素融入浓郁的地方特色，以期在新时代发展时期，弘扬和创新桂商文化精髓，增强桂商文化自信和认同感，推动桂商敢于拼搏、努力奋进的精神在财商学子心中扎根开花，对提升青年学子的财经素养具重要意义。

三、线上线下资源建设同步开发

　　本教材将职业技能培养与职业精神相融通，依托桂商文化体验馆，为学生提供商文化体验平台，传递中华先贤的聪颖智慧和经世济人的社会担当。教学内容与相关资

源开发一体化设计，统筹线上、线下两种教育形式。

本教材由广西国际商务职业技术学院罗羿寒、刘杰英担任主编；由广西国际商务职业技术学院陆纯梅、李庆文，广西经贸职业技术学院杜远阳担任副主编。此外，广西国际商务职业技术学院陈雪玲、邓慧敏、胡博巍、周士桢、徐榕锴、陈冠东和广西机电职业技术学院习波也参加了部分章节的编写。

尽管我们集中了多所高职院校的教学和企业实践经验极丰富的教师，并充分发挥了大家的集体创作智慧，力图把《桂商文化》编写得更有特色，但是由于编者的能力与水平有限，还有不少不当之处，敬请专家和读者批评指正。在编写过程中编者参阅了许多专家、学者的研究成果，以及网络、报纸、杂志等公开发表的相关资料，在此致以衷心的感谢。

编　者

目　录

第1章

商史文化

积蓄千年　待时而发

引导语

　　商业是一个历史范畴，它是历史发展到一定阶段才产生的，存在于一定历史时期。商人不是凭空出现的，而是在一定的时代背景下产生的，既是实践的产物，又有历史的渊源，同时，也与特定的自然环境和社会结构紧密相连。中国人经商的传统和中国历史一样悠长。从春秋战国时期出现的范蠡、白圭、吕不韦等经商奇才，到明清盛世的十大商帮，不同时期、不同地域的华商形成了独特的商业智慧和财富观念，一直影响到现在。当下，随着全球化进程加快、数字经济大潮的涌动，中国人正创造着新时代的商业奇迹。纵观商业发展史，自然环境和历史传承对于一个国家或地区的经济发展和社会结构具有相当重要的影响。本章将从商业的起源、中国古代商业文明、中国近现代商业发展等内容入手，将来自老祖宗而又流向未来的商史之河文化精神，生生不息地传承下去。

教学说明

学习目标

　　◎理解商业的含义，商业缘何而起；
　　◎了解我国古代商业文明；
　　◎掌握我国近现代商业发展；
　　◎弘扬商业精神，传承商史文化。

导学单

1.1　商业的起源

1.1.1　商业的含义

　　在商品经济相当发达的今天，提到商业，大家都已非常熟悉，但商业并非自古就有。人类产生后，在漫长的时间里是没有商业的，直到第三次社会大分工出现了一个不从事生产而只从事商品买卖的商人阶级才产生了商业。一般认为，商业源于原始社会以物易物的交换行为，它的本质是交换，而且是基于人们对价值的认识的等价交换。具体来说，商业是以货币为媒介进行交换从而实现商品流通的经济活动。其有广义与狭义之分：广义的商业是指所有以营利为目的的事业；而狭义的商业是指专门从事商品交换活动的营利性事业。

商业的定义

即问即答 >>>

“以物易物”“物物交换”是商业吗？
A. 是　　　　B. 不是

即问即答

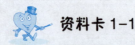

何时出现商业

人类历史上的三次社会大分工

原始社会的早期阶段，人类使用木棒、石块等简陋的生产工具，在自然分工的基础上，从事采集、狩猎和捕鱼，维持最基本的生活。第一次社会大分工是畜牧业从农业中分离出来，社会出现对立阶级，人类进入奴隶社会；第二次社会大分工是手工业从农业中分离出来，促进了社会生产力的发展；第三次社会大分工是商业的分离，商品交换发展到一定时期，交换规模扩大，品种增多，各生产者和消费者之间直接的产品交换越来越不便利，于是出现了不从事生产而专门从事商品交换的商人阶级。

（资料来源：编者整理）

应从以下五个方面理解商业的实质内涵：

①经营商品买卖的主体具有独立的经济地位。在奴隶制时代和封建领主时期，商人是"工商食官"，封建地主制时期是商人阶级，资本主义社会则出现了资本家的私人企业和商业托拉斯等组织形式。

托拉斯

②商品买卖业务完全专业化。商业劳动与物质生产劳动相分离，在此基础上形成社会分工的基本体系。

③商业主体拥有独立的货币资金。商人预付的货币资金专门执行商品交换的职能，实现价值和使用价值，它不生产商品。

④商业资金运动具有特殊的规律性，即遵循着先买再卖、反复买卖的规律运动。

⑤商业资金运动的目的是取得商业利润。贱买贵卖是商业价格形成的一般规律。

工商食官

工商食官是西周官营手工业制度，是指当时的手工业者和商贾都是官府管理的奴仆，他们必须按照官府的规定和要求从事生产与贸易。在这种制度下，周王室和诸侯都有官府管理的各种手工业作坊，属司空管辖。这些手工作坊的各类生产者称为百工，他们既是具有一定技术水平的工匠，又是从事手工业生产的管理者。

（资料来源：杨紫元. 商业文化与素养 [M]. 北京：高等教育出版社，2016：1.）

知识链接

"工商食官"制度崩溃的原因

西周时"工商食官"，私人的经商活动很少。到西周后期，小贵族经商者和开发山泽之利的新兴工商业主开始兴起，有的成为"多藏"的富豪，构成对"工商食官"制度的外在威胁。进入春秋前期，"工商食官"尚以奴隶制的残余一时保持下来，但在建国（郑）、复国（卫）、兴国（晋）的过程中，统治者为了争取商人的支持，改变其低贱的身份，给予经营自由，从而造就了一些受保护、得优待的私营商人，如矫命犒师、智退秦军的郑国商人弦高，就是突出的例子。春秋后期，随着封建制度的形成和发展，原奴隶身份的贾人和百工，为争取自由，经过斗争而获得解放，如郑国五族作乱中的"臣妾多逃"和卫国多次的工匠起义都见诸史册。衰国和亡国的百工商贾之长，在丧职、叛逃后变为民间的工商业者，如东周末参加王子朝作乱的那些人即是。也有的国家新旧两种势力斗争激烈，为收揽人心，各自在工商业上退出一些阵地，私商则因商税减轻、山泽开放而得到较快的发展，如齐国的新兴势力田氏、鲁哀公时的旧公室都做过这样的事情。还有，在国和国之间、卿大夫之间的征战中，工商奴隶立了军功而免除奴隶身份，农奴身份的小工商也进一步获得自由身份，可上升为士。通过这种渠道，挣脱"工商食官"羁绊的人，与西周末春秋初就有的富而不贵的私商的后裔合在一起，都是不受命于官府的私营工商业者和个体小工商。此后，在城市和交通发展、地区之间贩运贸易增加、商品货币关系日益扩大的形势下，士人、在职官僚经商者、平民经商者和弃农经商者的数量日益增多，出现了中国历史上的第一次经商潮。那些具有自由身份、独立经营权利的"自由商人"队伍不断扩大。到战国时私营商业在流通领域已居主要地位，"工商食官"制度崩溃，官营商业只在某些场合下存在。

（资料来源：吴慧. 商业史话 [M]. 北京：社会科学文献出版社，2011：27—28.）

1.1.2　中国商业的起源

商业是一个历史范畴，也就是说它是在历史发展到一定阶段产生的，存在于一定历史时期，不是和人类社会相始终的。

在原始社会后期的母系氏族社会时期，产品偶然有剩余的情况下，便发生偶然、个别的物物交换。到了父系氏族社会时期，随着社会分工进一步发展，手工业和农业分离，交换由偶然逐渐转为经常，交换内容由少数有限的产品逐渐转为相对多的广泛交换。由于物物交换是买与卖的结合，买进的同时也在卖出，这种物物交换在广泛交换的过程中使人感到越来越不方便，便产生了辅助交换的"等价物"。"等价物"的出现使交换活动进入一个崭新的时期，这也使交换过程被分解成为买和卖两个不同的交换阶段。

河南商丘是商人、商品、商业的发源地，有"华商之源"的美誉。《诗经·商颂·玄鸟》说："天命玄鸟，降而生商。"《史记·殷本纪》中记载："三人行浴，见

华商始祖王亥

玄鸟堕其卵，简狄取吞之，因孕生契。"《楚辞》《吕氏春秋》等很多史书也都有简狄因为吞下玄鸟的卵而生下契的记载。商部族始祖契，也就是阏伯，居高丘观星授时、发明殷历二十四节气，指导农业生产，开启古老的农耕文明。农牧业的迅速发展，使商部落很快强大起来，他们生产的东西有了剩余，后来阏伯之孙相土首先发明了马车，六世孙王亥又发明了牛车。这便是史书上"立皂牢，服牛马，以为民利"的记载。王亥为了解决物资过剩的问题，跟其弟王恒讨论如何与其他部落以物换物。决定好之后，两人选一些有活力的牧人，一起亲自将这些动物送至有易国（今河北省易县一带），这就是最早的商业。王亥被专家们论证为中华民族经商第一人，尊称为"华商始祖"。而商族人的这种交换行为开创了华夏商业贸易的先河，久而久之人们就将从事贸易活动的商部落人称为"商人"，将用于交换的物品称为"商品"，将商人从事的职业称为"商业"。

约在公元前1600年，中国进入商代，社会分工不断深化，如酿酒业、蚕丝纺织业、青铜器皿制造业等得到了进一步发展。由于生产力的进步和社会分工的发展，商代是我国古代商业和商品交换迅速发展的时代。

在商代，商业性城市开始出现。商后期的都城殷，经过几代统治者的努力经营，规模扩大了，被称为"大邑商"。城市是奴隶主及其家内奴隶和卫队集中的地方。他们为满足生活的需要，特在都邑里设立交易场所，市内有各种各样的"肆"。城市的发展为商业交换的进一步扩大和深化创造了条件。

在商代，作为贸易活动的结算和支付工具——货币更趋完善，在贸易和交换中已普遍采用海贝作为货币。贝是自然计数单位，坚固耐用，质量轻，体积小，便于携带和保存，因而被选择为货币。到后来，产于远方的海贝难以满足日益扩大的商品流通的需求，于是又出现了骨贝和铜贝。其中，铜贝是世界上已发现的最早的金属货币。它的出现反映了商品交换的发展更需要有货币的媒介来组织发达的商品流通。

■贝币

 资料卡 1-3

世界最早的纸币——交子

交子，是世界上最早使用的纸币，发行于北宋前期（1023年）的成都。

最初的交子实际上是一种存款凭证。北宋初年，四川成都出现了为不便携带巨款的商人经营现金保管业务的"交子铺户"。存款人将现金交付给铺户,铺户将存款数额填写在用楮纸制作的纸卷上,再交还存款人,并收取一定保管费。这种临时填写存款金额的楮纸券便谓之交子。

■宋代交子

随着市场经济的发展,交子的使用也越来越广泛,许多商人联合成立专营发行和兑换交子的交子铺,并在各地设分铺。由于铺户恪守信用,随到随取,交子逐渐赢得了很高的信誉。商人之间的大额交易,为了避免铸币搬运的麻烦,也越来越多地直接用交子来支付货款。后来交子铺户在经营中发现,只动用部分存款,并不会危及交子信誉,于是他们便开始印刷有统一面额和格式的交子,作为一种新的流通手段向市场发行。正是这一步步的发展,交子逐渐具备了信用货币的特性,真正成为纸币。

随着交子影响的逐步扩大,对其进行规范化管理的需求也日益突出。北宋景德年间(1004—1007年),益州知州张泳对交子铺户进行整顿,剔除不法之徒,专由16户富商经营。至此"交子"的发行正式获得了政府认可。宋仁宗天圣元年(1023年),政府设益州交子务,以本钱36万贯为准备金,首届发行"官交子"126万贯,准备金率为28%。

从商业信用凭证到官方法定货币,交子在短短数十年间就发生了脱胎换骨的变化,具备了现代纸币的各种基本要素,是中国最早由政府正式发行的纸币,也被认为是世界上最早使用的纸币,比美国(1692年)、法国(1716年)等西方国家发行纸币要早六七百年。

(资料来源:吴雪莲. 中国最早的纸币 [EB/OL]. http://www.airmb.com/html/5/2017/0911/55335.html,2017-09-11/2020-01-01)

1.1.3　商业存在的意义

所谓"无农不稳，无工不富，无商不活"，商业作为独立的经济部门存在有其深刻的含义，可以概括为以下几点：

①商业的独立存在可以缩短商品的流通时间，加速社会的再生产过程。在商品经济条件下，社会再生产过程是生产过程和流通过程的统一，因而流通时间越短，社会再生产周期的更新就越快，为社会提供的物质财富也就越多。

②商业的独立存在可以节约流通领域的社会劳动。商业部门不只是为一个生产部门和企业推销商品，而是为许多生产部门和企业进行商品购销活动，它可以在一个生产企业的资金周转一次的时间内完成若干次周转，这就比每一个生产部门和企业都设一套供销机构、配备一批销售人员直接进行商品买卖节省了大量的人力、物力和财力。

③商业的独立存在有利于生产分工的发展和生产专业化程度的提高，从而有利于劳动生产率的提高。生产的社会分工要求各个生产者之间要相互联系，且这种联系的深度、广度和社会分工的发展成正比。在商品经济条件下，这种联系是通过商业发挥自己在生产和生产、生产和消费之间的媒介作用来实现的。商业通过为不同的生产企业提供其所需要的流通、交换媒介，为其销售产品，从而促进了社会生产分工的发展和生产专业化程度的提高。

同步训练

同步训练 >>>

多项选择题：商业的存在，有哪些深刻的含义？（　　　　）
A. 缩短商品的流通时间　　　　　B. 节约流通领域的社会劳动
C. 有利于生产分工的发展　　　　D. 有利于生产专业化程度的提高

1.2　我国古代商业文明

古代中国，以农为本，将"重农抑商"作为治国方略，商业经济发展比较缓慢，但尽管如此，我国人民在几千年的商业实践中，还是在积累了丰富的社会物质财富的同时，形成了富有特色的民族商业文明，如爱国守法、重义轻利、诚实守信、克勤克俭，以及高瞻远瞩、重视人才、乐观时变等具有经典意义的商业道德观念和商业经营思想。

1.2.1　春秋时期商业文明

1.2.1.1　春秋时期商业发展概况

商业和商品经济在原始社会已经萌芽，但是到春秋中期一直维持比较低的水平。

春秋时期的商业发展，一方面上承西周，继续保持"工商食官"制度的特点；另一方面私人商业开始逐渐发展起来，为战国时期私人商业的大发展打下了基础。春秋战国时期是一个诸侯纷争的时期，此时周王室力量衰微，失去了控制诸侯的力量，形成了"礼乐征伐自诸侯出"的局面。诸侯国之间战乱不断，互相兼并。为了能够在战争中立足，也为了能够富国强兵，走上霸主的地位，诸侯国采取了多种措施鼓励发展经济，巩固实力，增强统治，农商并举成了终春秋之世各国奉行不悖的政策。春秋列国不抑商，其主要原因是早期商业不仅未能达到分解农业经济的程度，而且农业、手工业也向着初步建立起来的封建经济方面发展。商业担负了诸国内部城乡之间、各经济部门之间、各社会阶层之间的交换任务。这些对封建领主制向封建地主制转变、对封建制度的完全确立和巩固都极为有利。

春秋初期，卫国卫文公就以"务财训农，通商惠工"教民。卫国人子贡就是见识超卓的大商人，不仅能"亿则屡中"，而且"结驷联骑，束帛之币，以聘享诸侯。所至，国君无不分庭与之抗礼"。商人对于诸侯来说也变得越来越重要，他们的身份逐渐被认同，渐渐取得了和市、农、工同等的地位。

春秋时期，随着生产力的发展和社会分工的更加精细，手工业的发展已经达到了很高的水平，剩余产品的增加，使得商业活动越来越成为社会经济生活的重要组成部分。在这个过程中，就出现了专门为了商品买卖的生产者，商品经济也在这个时候正式形成。值得一提的是，在商品经济发展的过程中，诸侯国金属铸币逐渐兴起，金属铸币的大量流通为商业的繁荣提供了极大的帮助。随着社会分工的扩大，加之生产活动所具有的很强的区域性，客观上要求商品交换存在，"以其所有易其所无"，使"四民"之间和地区之间互通有无，满足社会生活的需要，保证社会生产的发展和延续。因此，较大规模的商品交换市场在各地出现，使商业的发展达到了一个前所未有的水平，春秋时期商品经济的发展进入了中国历史上的第一个高峰阶段。

1.2.1.2 春秋时期商业思想

春秋战国时期是历史上思想文化交流最活跃的时期。此时，出现了百家争鸣的景象，在古老的中华大地上产生了许多杰出的思想大家和流派。他们的思想和学说对当时的商业发展和商业文化产生了深刻的影响。例如，儒家思想产生了像子贡那样的"儒商"，兵家思想产生了像白圭那样的天下"法始祖"，法家思想产生了像吕不韦那样的"官商"……诸子百家的思想，几乎每一家都对商业思想产生了影响。

子贡（公元前520年—前456年），孔门十哲之一，春秋末年卫国人，是公认的儒商始祖。儒家思想从其诞生之日起，就以中华正统的身份为世人所瞩目，不可避免地对商业文化产生影响，形成儒商文化。子贡所追求的"以义制利，义利合一"的儒商理想，实际上就是"理性经济人"。商业当然是"逐利"的，但利有小利和大利之分。当个人的利益与大众的利益发生冲突时，必须牺牲"小我"成就"大我"。只有在公平、正义、稳定的外部环境下，个人的商业才能和智慧才能得以最大限度发挥，实现"利益最大化"。从这一点上来说，儒商所强调的是"儒魂"与"商才"的完美结合，即"以儒修身，以商济世"。将儒和商结合在一起，子贡很快做出了一番大事业：从国家层面来说，他帮助鲁国解除困境，游说齐国、吴国、越国和晋国四国，成功地进行了外交上的斡旋。《史记·仲尼弟子列传》记载："故子贡一出，存鲁，乱齐，破吴，强晋而霸越。子贡一使，使势相破，十年之中，五国各有变。"从社会层面来说，子贡将商业活动和社会事业联系在一起，他交往富者，帮助贫民，所以上至君王，下至平民，没有人不称颂他的仁德。

白圭，名丹，战国时期洛阳著名商人，曾在魏国做官，后来到齐、秦，也是一名著名的经济谋略家和理财家。《汉书》称他是经营贸易、发展工商的理论鼻祖，即"天下言治生者祖"。白圭在商业经营中博采兵家之长，开历史先河将《孙子兵法》中孙武提出的"人欲我予，人弃我取"的思想运用于经营活动。他认为经商如孙武用兵，审时度势；如商鞅变法，顺应时机。白圭对经商的时机把握得恰到好处，靠贱买贵卖获取利润。他在谷类成熟的时候收购粮食，出售丝织品、漆类；在蚕茧收获的季节，收购帛絮，出售粮食。白圭还认为真正的商人，不应唯利是图，应当有"智、勇、仁、强"四种秉性，才能在复杂多变、竞争激烈的市场环境中，运筹帷幄，决胜千里。他将经商之道称为"仁术"。他所说的"仁"，具有两方面的含义：一方面是反对"人弃我不取，以待更残时取之，人取我不予，而待更贵时予之"的奸商行径，在一定程度上反映出对商业道德的注重；另一方面是认为经商必须"示观时变"、灵活通达，通过准确的市场预测，有远见地拟定和调整经营方针。除此之外，白圭在其经商活动中，也主张面向大众，薄利多销，重视商品服务的质量，主张以质取胜。这一经营准则，直到今天仍为商界广为运用和提倡。

春秋末期，吴越争霸中出现了计然、范蠡等著名的经济专家。史书记载："计然之策七，越王用其五而得意。"范蠡不仅营救勾践回国，而且还辅佐他在异常艰苦的条件下再度复兴最终反败为胜。在范蠡辅佐越王勾践完成复兴国土的目标后，他便辞去官职为民，解甲经商。他提出一系列经世致用的商业思想：薄利多销、四通贸易、物价之贵贱源于供求之余缺等，十九年之中三致千金，创造出了商界的奇迹，对当时社会及经济发展做出了重要贡献，被后人尊称为"商圣"。

 资料卡 1-4

春秋时期的
商业思想

范蠡经商成功的原因

在春秋末期，"工商食官"的体制已经被突破，自由经营的商人已经登上了历史舞台。他们在复杂多变的市场形势下，要想获利，就必须探索市场行情信息，及时了解商品供求和价格变化。而范蠡就是善于预测行情，敏于掌握时机，在经商上取得极大成功的代表。

■商圣范蠡像

①窥探先机。范蠡在经商中，不仅根据时令而改变，而且充分掌握未来的商品趋势，进而抢占市场，从而牢牢把握经营的主动权。

范蠡根据天时的变化及其所引起的农业生产变化的规律来指导自己的经营。他认为：丰年歉年，旱年涝年，大丰年和大灾年，其活动变化，均有它的规律，只要预知来年的水旱丰歉，就能预测到商品供求变化的趋势，窥其行机，做到"指斗则修备，时用则知物"。丰年收进，旱涝出售。这样，自然能从商品货币的转换中取利。

②掌握物价规律。范蠡深知货物的贵贱是会有反复的。"谛审察阴阳消息，观市之反覆，雌雄之相逐天道乃毕。""八谷亦一贱一贵，极而复反。"这种思想方法，实际上是一种朴素的辩证法，它清晰地表明了物极必反这一道理，并且充分证明了市场规律是可逆的。

范蠡运用"论其有余不足，则知贵贱""贵上极则反贱，贱下极则反贵"的观点经商，无疑会在贱买贵卖经营中获得大利。范蠡的"贱买贵卖"论，已初步接触到商品价值本身了，或者说已运用价值规律经商了。

"贵贱反复"论，不仅说明他已经认识到价格的变动受供求的影响，而且也认识到价格在一定范围内波动反过来又影响商品的供求。由此可见范蠡聪慧的商业头脑。

③信誉取胜。在春秋战国时期，当私营个体手工业大量兴起以后，范蠡提出"务完物"的口号，即是对商品必求质高货真。

范蠡强调储藏货物要完好，禁止自己的商号贩卖或储藏已经腐败变质的货物，以免浪费或损害消费者的利益。

在生意场上，范蠡除"任时"外，又讲"择人"。而这里的"择人"除雇用劳动力外，还包括进货商。他认为，在确定经营目标后，应选择产品质量好的产地和生产厂家去进货。这样，就能以质取胜，信誉昭著，取信于民才是长久的经营之道。

④薄利多销。范蠡认为，无论是薄利，还是"无敢居贵"，都是为了"多销"，而多销又坚持薄利，可以加速经济的周转，也就是使流动资金灵活了。经营者以"薄利"的谋略，达到了"多销"的目标，实现了获大利的目的。范蠡在经商中主张"无敢居贵"，即不谋取高额之利，仅仅去追求利润中的最少利润，这是非常可贵的商业道德。

范蠡在买卖中，出不抬价，进不压价，不在扩大商品的加价率上费心机，而是当买即买，当卖即卖。

范蠡主张钱币应该像水一样迅速流通，就是力求加速商品的周转次数，使同量的资本在同一周期内能做更多的生意，从而在扩大购销中去增加利润的总额。因此，范蠡是无敢居贵、薄利多销型的古代经商者之典范。

⑤合作经营。在民间，流传着这样一个范蠡买马的故事。范蠡在吴越生活了数十年，深知那里需要好马。而在北方收购马匹并不是难事，南北两地马的价钱也相差悬殊，这肯定是一个赚大钱的买卖。但问题在于，马匹的运输很困难，千里迢迢，运输费用高，路上盗匪也极多，给这桩生意增添了无数的风险。

经多方考察，范蠡了解到齐国有一个叫姜子盾的巨商，很有势力，经常贩运麻布到吴越，早已买通了沿途匪人，他的货物畅通无阻。于是，范蠡写了一张榜文，张贴在姜子盾所居城邑的正门。大意是：本人新组建一支马队，开业酬宾，可免费帮人向吴越运送货物。不出所料，姜子盾主动找到范蠡，求运麻布，范蠡满口答应。就这样，范蠡与姜子盾一路同行，货物连同马匹都安全到达吴越。马匹在吴越很快卖出，范蠡赚了一大笔钱。

⑥仗义疏财。范蠡在经商的 19 年之中，曾经三次在大灾荒时一掷千金，多次疏财济困，无愧于"富为行其德者"的赞语。范蠡是见于史籍最早的一位富而好德、行善分财的诚贾良商。他的取利守义、诚信经商、仗义疏财，不仅没有影响其经营，反而为自己赢得了好的名誉，打造了品牌，得到了百姓的信赖，经营越来越好，财富越积越多，由"千金"而至"巨万"。

（资料来源：吴思，朱斯佳 . 可怕的浙商 [M]. 北京：现代出版社，2015：7-10.）

1.2.2　唐宋时期商业发展

唐宋时期的商业，是我国商业发展史上继春秋战国之后的又一个发展高峰。唐朝在隋朝经济初步繁荣的基础上，商业进一步发展，为两宋的商业繁荣创造了良好的物质条件。北宋与南宋尽管经历了诸多战乱，但商业发展的势头仍然不减，也创造了辉煌的业绩。

1.2.2.1　唐朝商业发展概况

唐朝时期，国势强盛、国家开放、文化发达、交通便利，促进了商业的快速发展，主要表现在以下几个方面：

①商业性城市出现和城市商业繁荣。唐朝时期，我国国内出现了一批有代表性的商业城市，如扬州、长安、洛阳等。京杭运河的开通，使得运河沿线城市日益成为往来商船的集散地和物资的集散地。史书中有"商贾贸易车马，填塞于市"的描写，可见商业贸易之活跃。唐朝中前期，坊市分界，白天定时开市、闭市。仅长安城就有东市和西市两座市场，市内店铺林立，各有200多种行业，四方珍奇聚齐，繁华异常，集中了长安城的主要商业。随着商业买卖、交换的越加频繁，固定的交易场所、固定的交易时间已经不能满足人们日常商品交易的需要。于是，在政府默许下出现了坊市逐渐放开的形态，出现了长安、洛阳、扬州、成都等商业都市，城市的发展是商业繁荣的重要标志。

②柜坊、飞钱的出现，货币的统一加速了商业的发展。柜坊是专营钱币存放与借贷的机构，是我国最早的银行雏形。经营的业务是代客商保管金银财物，收取一定的租金，商人需用时，凭帖（相当于支票）或信物提取。与柜坊同时出现的还有"飞钱"，这是我国最早出现的汇兑制度，可以避免长途携带钱币的不便和可能出现的危险，对商业的发展起到了促进作用。与此同时，唐朝对货币的改革，确定了后代货币的范式，对经济的发展也起了不小的推进作用。

飞钱

③对外贸易繁盛。唐朝实行开放的外交政策，对外交通极其发达。陆上和海上丝绸之路并进，与西亚、南亚、东亚、东南亚、欧洲和非洲国家有密切的交往。另外，唐朝时期，鼓励外商到中国境内自由贸易，胡商遍布各大都会。朝廷为规范胡商的经营，专门为胡商立法，在沿海重要港口城市设置市舶司，专门掌管对外贸易。对外贸易随着国力的强大而扩展到更广阔的国家和地区，与世界的联系也更加紧密。

④商品产销和流通管理制度逐渐规范化。专卖制度始于管仲在齐国推行的"官山海"政策，即实行盐铁官营。至西汉时，盐、铁和酒都被列入了国家垄断的专卖范围。到唐朝时，政府专卖变为注重征商。刘晏进行改革，将政府对经济活动的强制干预变为经济管理，在榷盐工作中实行民制、官收、商运、商销的运营模式，从将商人作为打击对象转变为在一定程度上将商人变成国家推行改革的助手。另外，政府还积极规范商税制度，设置了专门课征商税的机构——商税场，这也表明了国家承认和保护私营商业的倾向，从而进一步推动了商品经济的蓬勃发展。

1.2.2.2　宋朝商业发展概况

宋朝商业环境相对宽松，由于经济重心南移、商业政策的改变、航海技术发达等因素，商业也出现了繁荣景象，主要表现在以下几个方面：

①城市商业繁荣，超越了地点和时间的限制。唐末坊市之间的界线开始被打破，到了北宋时期，这种界线被彻底打破，城市街道两旁和居民区都有商业活动，商业渗入坊区，处处是店铺，既方便了商业，也方便了居民生活。旧时日中为市的经营时间限制也被打破，出现了早市、日市、夜市等。城市中出现了各种类型的集市，如定期的庙会、专业性的集市及节令性集市等。

清明上河图

②产品种类繁多，商品化程度提高。宋朝时期，农业耕作技术、农具、农作物品种都有很大改良，使得产量大为提高。生产物除交纳赋税、满足自己需用外，有了相当的剩余，这些剩余的生产物通过商业渠道输往市场，加大了产品的商品化程度。与此同时，纺织业、采掘业等手工业都有了很大的发展。手工业的巨大发展更是极大地丰富了商品种类。据史料记载，北宋时东京（开封）市场上至少有160种行业。到了

南宋，临安府（杭州）的市场上已发展到440行之多。

③区域性市场的形成与发展。宋代众多的水陆交通干线、支线，将地区性中心城市与其他县、镇联结起来，形成了全国性的商业网络，这也是宋代商业繁荣的一个最显著的特征。北宋时期的商业网络已形成若干区域市场，主要有以首都汴京（开封）为中心的北方市场、以苏杭为中心的东南市场、以成都为中心的川蜀市场和以陕西、河东一带为主的西北市场等。南宋时又形成了以首都临安为中心、以建康（南京）为枢纽，联结长江中下游和东南沿海一带的商业网络。这些区域性市场的形成，是宋代商业繁荣的一个重要标志。

④纸币的出现和商业资本的扩大。宋代商业的繁荣造就了一大批富商，良好的商业经营环境又使得他们的财富与日俱增。据史料记载，北宋首都汴京富商云集，家产10万贯文以上者比比皆是，资产百万者已不足为鲜，一些从事海外贸易的富商年收入可达千万。商业资本的扩大和商品交换的日益频繁，使货币铸造量猛增，但也无法满足需求。于是，就出现了世界上最早的纸币——交子。至南宋，纸币的品种又有所增加，主要有东南会子、川引、淮交、湖会四种，且有不同的面额。除币种有所增加外，发行数额也大大增多，这些都大大便利了商业活动。

⑤海上贸易十分发达。宋朝的造船技术和航海技术相当发达，政府制定了一系列有助于发展海运贸易的规定，促进海外贸易发展。与此同时，受到战事的影响，陆上丝绸之路受到阻断，海上贸易成为对外交往的主要手段。此时，同中国进行海路贸易的国家和地区多达50多个。政府陆续在杭州、明州、泉州，以及密州的板桥镇、秀州的华亭县设置市舶司或市舶务，管理对外贸易，征收税金，收购朝廷专买品和管理外商等。

1.2.3 明清时期商业伟绩

明清时期，世界经济结构发生了变化，并引发了一场"商业革命"，形成了"近代资本主义萌芽"之说。这一时期中国经济同样发生了很大变化：小农经济与市场的联系日益密切，农产品商品化得到了快速发展，城镇经济空前繁荣，农村商贸也很繁荣。全国性的商贸城市不断出现，汇集了四面八方的特产。

明朝中期，随着海禁政策的放松，无论是农村还是城镇，受到西方工业文明的影响已相当显著。这种影响在农村，主要表现为随着农业生产的快速发展，分工不断扩大，生产的商品化倾向不断增强，农村雇佣劳动者的队伍也日益壮大，贫富差距加剧，阶级日益分化，货币地租日渐取代实物地租。农产品市场的扩大，不仅推动了商业的发展，而且极大地刺激了手工业的发展，从而促进了市镇经济的繁荣。大批农村无产者为寻求生机，不断涌入市镇。人员的流动，不仅为市镇经济的繁荣增添了力量，还进一步促进了贸易的发展。此时，兴起了一大批以经济功能为主的中小工商业市镇，尤以江南地区为盛。在这些市镇中，手工业作坊、工场林立，有的规模大得惊人，浙东地区出现了具有资本主义萌芽性质的"机户"和"包买商"，这可能是中国最早的个体工商户。此时，还形成了几个颇具特色的经济区域，如高效农业与丝、棉纺织业并重的江南，全国最大的商品粮输出区——长江中上游地区等，全国性的市场网络进一步形成和整合。另外，还出现了各种商行，这些商行不仅控制了商业，而且利用资本不断影响和控制着生产，这标志着商业资本已经逐渐向产业资本转化。

明朝中期起，交通条件大为改观，商品生产日益发展，商品流通愈加发达。在支付方式上改变了传统的支付方式，白银逐步货币化，提高了结算效率，推进和刺激了商品的大规模流通。随着商品行业繁杂和数量增多，商人队伍日渐壮大，竞争日益激烈。为了避免恶性竞争、排除异己和垄断市场，全国各地涌现出了许多地域性的商人群体，这些群体被称为商帮。其中，最著名的是十大商帮，其中以晋商和徽商势力最大，影响深远。吴承明先生认为："16世纪即明嘉（靖）万（历）年间（1522—1620年）大商帮的兴起是一个信号。"经济学界一些学者称之为"现代化的因子"，是当时经济繁荣的一个显著标志，它说明商业、市场、商品经济的发展进入了一个崭新的阶段，"标志着中国开始走上近代化或者现代化的过程"。

明清时期地域性商人群体涌现

同步训练 >>>

目的：理解中国古代商业管理政策与商业文明发展。

同步训练

1.3　我国近代以来商业发展

1.3.1　清末民初商业曲折发展

19世纪60—90年代，晚清洋务派进行了一场引进西方军事装备、机器生产和科学技术以挽救清朝统治的自救运动。兴办了许多军工业和民用工业，并成立了中国最早的股份制企业轮船招商局，客观上推动了民族工商业的发展。但甲午战争与洋务运动失败，中国工商业由于《马关条约》的签订再度陷入低谷。

1911年辛亥革命推翻了封建专制统治，代表资产阶级利益的孙中山等人制定了一系列政策大力发展民族工商业。从中央到地方都建立了专门负责振兴实业的机构，制定了许多发展资本主义工商业的政策和措施，为民国初年工商业健康有序地发展起到了积极的推动作用。与此同时，中国一度出现了兴办工商业浪潮，极大地促进了工商业的发展，但随着帝国主义的剥削压迫，商业发展再次减缓。

1914年，第一次世界大战爆发，各帝国主义国家忙于战争，无暇顾及中国。以张謇等人为首的民族实业家提出了"实业救国"的口号，许多爱国人士纷纷设厂救国，创办纱厂、面粉厂等多种工商企业，还兴办学校，试图以实业所得资助教育，用教育改进实业，凭实业发展救国。中国工商业在这一时期一度发展到巅峰，年均国内生产总值甚至超过日本。但随着第一次世界大战结束，帝国主义国家重新来到中国，中国工商业又迅速消沉下去。

1927年，南京国民政府成立。国民政府开展"国民经济建设运动"，鼓励发展农业、工商业和交通运输业。1927—1936年，民族工商业得到较快的发展。1937年，日本发动全面侵华战争，中国民族企业遭受空前残酷的打击。在沦陷区，来不及内迁的民族企业或被日军侵毁，或被日军吞并。在国统区，国民政府实行战时体制，强化对经济的全面控制。虽然是出于抗战需要，但是国民党官僚阶层却借此控制经济命脉，压榨民族企业，从而使官僚资本迅速膨胀，民族资本日益萎缩，战乱及动荡的社会使中国商业发展处于停滞状态。

抗战胜利后，蒋介石为取得美国援助不惜大肆出卖国家主权。国民政府与美国签订了《中美友好通商航海条约》，美国取得了在华的政治、经济等特权。美国商品大量涌入中国市场，排挤国货。国民政府还不断增加苛捐杂税、滥发纸币，导致通货急剧膨胀，造成原料昂贵而产品滞销，民族工业陷入绝境，整个商业也处于崩溃的边缘。

1.3.2　中华人民共和国成立初商业低潮

从中华人民共和国成立初期到 20 世纪 70 年代末，中国的商业经历了将半殖民地、半封建的旧中国商业改造成为社会主义商业，并进而发展成高度集中的计划商业体制的过程，中国的工商业活动基本处于低潮期。

中华人民共和国成立初期，商业主要通过三个方面的途径得以建立。其一，对官僚资本主义商业的剥夺。中华人民共和国成立后庞大的、处于垄断地位的官僚资本主义商业被剥夺并向社会主义商业的直接转化，构成了新中国国营商业的雄厚实力基础。其二，对民族资本主义商业进行以"赎买"为特征的社会主义改造，使其逐步转化为社会主义的国营商业。其三，以农村小农经济为基础的民间商贸活动的集体化改造，形成了社会主义的合作商业。20 世纪 50 年代末，随着"三大改造"的基本完成，国营和合作商业已经完全控制了中国的商品流通领域，高度集中的计划商业体制基本形成。

在长达 30 年的计划商业体制时期，商品流通是在单一封闭的系统内运行的。所有的物资和消费品，由国家按照统一的计划实行收购、调拨和销售；商品严格按照一、二、三级批发流通体系实行单渠道的流通；以国营和合作商业为代表的公有制商业成为商品流通领域的唯一主体，商品的市场价格也受到计划的严密控制。该时期中国经济的基本特征是一种"分配型"经济，商业的主要作用是按计划将相当稀缺的社会资源均衡地分配到社会的各个方面，以维持基本的生产活动和满足基本的消费需求。"发展经济，保障供给"是当时指导商业的基本方针，商业在很大程度上受到生产的影响和制约，生产决定流通是一种主要的倾向。

中华人民共和国成立初期通过建立集中统一的社会主义计划商业体制，保障了社会资源的均衡分配，形成大规模的商品流通，使社会流通成本大大降低，达到了稳定市场和稳定经济的目的。然而，高度集中的计划商业体制同商品交换和流通的市场化要求毕竟是相违背的。首先，其限制了生产者根据市场需求来发展生产的主动性和积极性，从而使生产的发展受到了制约。其次，其不可能形成必要的市场竞争环境，使市场机制无法成为促进和引导企业发展的基本动力。最后，其扼制了消费需求的发展，使需求的规模和种类长期处于一个较低的水平。因此，20 世纪六七十年代，在生产能力和消费需求都已有很大提高的情况下，计划商业体制的各种弊端就明显地暴露出来。

知识链接

计划经济

中华人民共和国成立后，我国逐步走上了计划经济体制的轨道。它的基本形成过程，大致可以分为三个阶段：

第一阶段（1949年10月—1950年6月），是计划经济体制的萌生阶段。1949年年底，国家没收了2 858个官僚资本主义的工业企业，建立了国营工业（占全国工业资金的78.3%），掌握了国民经济命脉，开始建立了社会主义公有制。不久，对非公有制的私营工商业实行了调整，使私营企业初步纳入了计划生产的轨道。在组织机构方面，1949年10月建立了中央财政经济委员会，国家开始对经济活动实行行政指令的直接管理，并通过1950年2月召开的全国财政会议，以指令性方式提出了"六个统一"：财政收支统一、公粮统一、税收统一、编制统一、贸易统一、银行统一。这一时期已开始提出发展国民经济的某些计划和措施。如粮食、皮棉、煤炭等安排了1950年生产的计划指标。

第二阶段（1950年6月—1952年8月），是计划经济体制的初步形成阶段。党的七届三中全会初步形成了我国计划经济体制的决策结构，在国家的集中统一领导下，以制订指令性的经济发展计划的形式，对国民经济各方面开始实行全面的计划管理，计划经济体制初步形成。中央首先加强了对国营工业生产和基本建设的计划管理。"在工厂内，以实行生产计划为中心，实行党政工团的统一领导"。毛主席在政协第一届全国委员会常务委员会上宣布："经过两年半的奋斗，现在国民经济已经恢复，而且已经开始有计划的建设了。"

第三阶段（1952年9月—1956年12月），是计划经济体制的基本形成阶段。1952年9月，毛主席提出了"10年到15年基本上完成社会主义"的目标。为了实现这一目标，计划经济体制进一步健全并得到法律的确认，在已建立的各种专门性的计划管理机构的基础上，1952年11月成立了国家计划委员会。1954年4月中央又成立了编制五年计划纲要草案的工作小组，以过渡时期总路线为指导，形成了第一个五年计划草案（初稿）。1954年我国制定和颁布了第一部宪法，其第十五条规定："国家用经济计划指导国民经济的发展和改造，使生产力不断提高，以改进人民的物质生活和文化生活，巩固国家的独立和安全。"这表明，计划经济体制已成为我国法定的经济体制。

总之，中华人民共和国成立初期在产权方面，经过社会主义改造，基本实现了对社会主义公有制目标的追求；在对经济活动的管理形式方面，以行政命令方式制订颁布了发展国民经济的第一个五年计划并于1956年年底提前完成了"一五"计划中预定的大部分指标。在实际经济生活中运行的这种计划经济体制已被《中华人民共和国宪法》明文确认为国家法定的经济体制。因此，到1956年年底我国的计划经济体制已基本形成。

（资料来源：百度百科.计划经济［EB/OL］. https：//baike. baidu. com/item/计划经济，2018-08-20/2020-01-01，笔者整理）

1.3.3 改革开放以来商业繁荣

1978 年 12 月 18 日，中国共产党十一届三中全会胜利召开，它是我党历史上具有深远意义的伟大转折。以十一届三中全会为起点，中国进入了改革开放和社会主义现代化建设的新时期，以邓小平为核心的党中央开辟了一条建设中国特色社会主义的道路，揭开了中国社会主义改革开放的序幕。40 多年来，中国人民沿着这条道路取得了举世瞩目的建设成就。中国经济高速增长，人民财富迅速积累，中国创造性地颠覆了拥有几千年根基的传统轻商的伦理观，激发了全民的创富热情，中华民族也随之找到了一条伟大复兴的新路径：重新界定了个人与国家的本位属性，更明晰地框定了个人与国家命运之间的价值诉求边界。在制度建设上，力求将推动社会和谐的力量根植于制度范围内，保障各种思想最大限度地转化为生产力。

英国经济学家亚当·斯密认为："人的本能是追求财富，因此无须计划就促进了整个国家的崛起。"邓小平则用"致富光荣"的四字秘诀，将创造财富的权利和钥匙交给了人民，从而将中国这列巨大的列车推上发展的轨道。

1.3.3.1 探索经济改革阶段，市场经济"走"起来（1978—1991 年）

从 20 世纪 80 年代初到 90 年代初，中国商业进入了计划调节与市场调节相结合的阶段，商品流通开始形成"主体多元化，渠道多元化，形式多样化"的基本格局。

从 20 世纪 80 年代初开始，为了改变高度集中的计划商业体制给生产、流通和消费的发展形成制约的状况，我国采取了一系列改革措施：首先，对商品的购销体制进行了大幅度的调整和改革，将原来由国家计划严格控制的"统购统销""统购包销"的商品购销体制逐步放开，允许生产者在一定范围内将产品自行销售、自由采购。其次，改变了严格按一、二、三级批发流通体系实行商品流通的单渠道流通状况，实行了多渠道的流通。一方面，将原属中央管理的一级采购供应站和省属的二级采购供应站下放到地方管理，减少了商品流通环节；另一方面，积极发展城市贸易中心和农产品集贸市场，实行商品的多渠道流通。最后，对商业企业的管理制度实行了全面改革，建立和完善承包经营责任制，并对小型商业企业实行"改、转、租、卖"，强化了商业企业独立自主开展经营的能力。

通过这一系列的改革，中国商业发展格局产生了巨大的变化，社会经济发展迅速，特别是乡镇企业的迅速发展，物品短缺现象逐步缓解。这一时期，政府职能的行为边界有所调整，政府、企业、市场的边界逐渐清晰，为后来社会主义市场经济体制的建立奠定了基础。

1.3.3.2 政策推动阶段，市场经济"跑"起来（1992—2002 年）

1992 年，邓小平同志南方谈话及党的十四大明确建立社会主义市场经济体制的改革目标之后，全国掀起新一轮改革和发展浪潮。1993 年 11 月，中国共产党十四届三中全会《中共中央关于建立社会主义市场经济体制若干问题的决定》提出了"整体推进、重点突破"的改革战略，明确了社会主义市场经济体制的基本框架。随后，进行财政体制、金融体制、企业制度和外汇管理体制等改革，建立新的社会保障体系，这些改革加强了中央政府的宏观调控能力，对改善企业的市场环境起了重要的作用。长期制约经济增长的供给数量"瓶颈"逐步消除，从而总体上结束了"短缺"时代，国内市场由卖方市场向买方市场转化。与此同时，国企改革从放权让利和承包制转向建立现代企业制度的制度创新和有进有退、有所为有所不为的战略性布局调整。鼓励个体、私营等非公有制经济的发展，使之成为社会主义市场经济的重要组成部分。改革开放以来率先形成多种所有制经济共同发展格局的东南沿海地区的经济获得了迅猛发展，出现了苏南模式、新苏南模式、温州模式、珠江模式等。

1.3.3.3　转型阶段，市场经济"强"起来（2003 年至今）

2003 年，中国宣布社会主义市场经济体制已经基本建立，经济转型进入体制完善与深化改革的新阶段，开始从单一或部分领域的转型进入经济社会各领域的全面转型，中国的商业改革也进入了一个新的层次。

①商业体制进一步向市场化的方向发展，产品从生产企业进入市场的渠道进一步呈现出多元化趋势，销售网络不断完善，邮购、电视直销、批发市场交易等销售模式层出不穷，特别是电子商务的兴起，对商业发展模式的改变起了强大的推动作用。2018 年中国国际电子商务中心发布的《2017 世界电子商务报告》显示，2017 年，中国电子商务交易总额达 29.2 万亿元，同比增长 11.7%，B2C（企业对个人）销售额和网购消费者人数均排名全球第一。

②商业经营主体进一步多元化，国有、集体、私有、合资等多种经济成分共同参与社会商品流通竞争，形成了多种所有制并存、共同发展的局面。在市场机制的驱动下，多种经营主体通过优胜劣汰分离产生一大批企业，以资本融合的方式不断向产业渗透。

③各种新型的商业业态开始出现，连锁商业得到了迅猛的发展。专卖店、专业店、超级市场、便利店、百货店、折扣店等各种业态遍地开花，显示了强大的生命力，且均保持稳定发展的态势。

④现代企业制度的建设步伐加快，商业政企分离的改革得到进一步深化，各地区的商业行政管理（厅）局基本撤销，以"控股公司—集团公司—经营公司"为框架的新型管理模式开始形成。小型商业企业逐步以股份合作、个人承包或买断以及租赁经营等方式转变为集体或私人所有，商业企业的经营机制更为灵活。

至此，中国商业的发展已完全和世界接轨。中华民族进入了一个全新的商业时代。

 知识链接

连锁商业

连锁商业是指商业活动中若干个同行业的店铺以共同进货、共享统一的经营技术或是经营同一种商品的方式联系起来，以实现提高规模效益为目的的一种商业经营方式。

连锁商业的特征

连锁商业是以标准化、规范化为基本特征。其突破了传统的商业企业以单独店铺为单位的组织形式，实现零售经营规模大型化，创造出符合零售经营本质要求的现代化零售经营方式。一般要求做到几个"统一"，如统一采购、统一配送、统一商店标识、统一经营方针、统一服务规范、统一广告宣传和统一销售价格等。这些"统一"的目的就是将复杂的商业活动分解为像工业生产流水线上那样相对简单的环节，以提高经营效率，实现规模效益，增强竞争能力。

> **连锁商业的类型**
>
> 连锁商业目前在国际上存在着多种类型，如按所有权和经营权的集中程度划分，主要有以下三种类型：
>
> （1）正规连锁（也称直营连锁）。正规连锁是同属于一个资本的统一经营的若干企业的连锁，即一个产权主体经营的多店铺商店。其所有权和经营权高度集中统一，实施人财物、产供销等统一管理。这种类型的连锁是由连锁集团公司（或总部）直接经营其所属分店，实行几个"统一"。
>
> （2）特许连锁（也称加盟连锁）。特许连锁是总部与加盟店签订合同，各加盟店对店铺拥有所有权，经营权集中于总部。各加盟店在合同规定的时间内经营总部的某种商品，使用统一商标或服务标记，并按销售额或毛利的一定比例，向总部支付特许使用费。
>
> （3）自由连锁（也称自愿连锁）。自由连锁是各成员店保留单个资本所有权的联合经营形式。总部与成员店之间是协商和服务的关系，实行统一采购和送货、统一使用信息和广告宣传、统一制定销售战略，但各成员店独立核算、自负盈亏。各成员店每年按销售额或毛利的一定比例向总部上交加盟金。
>
> 以上三种类型，是国际上采用的主要形式。可以说，连锁经营的最大特点在于众多店铺统一经营的规模优势，能够发挥出最佳的规模效益。
>
> （资料来源：百度文库 . 连锁商业 ［EB/OL］. https：//wenku. baidu. com/view/337981619f 3143323968011ca300a6c30c22f1f1. html.）

1.4　桂商文化起源与发展

1.4.1　广西文明的起源

岭南的历史可以追溯到距今约 80 万年前的右江流域古人类活动时期。当时就已有原始人类在岭南偏西、珠江中上游流域的土地上劳作生息。在桂西、桂南、桂北山区活动着的古人类"柳江人"（今柳州市柳江区境内），已进入母系氏族社会初期。距今 2 万~1 万年前，生活在广西的人类以"麒麟山人"（今来宾市兴宾区境内）为代表，已学会制造和使用钻孔与磨尖的石器，属于旧石器时代晚期。而"甑皮岩人"（今桂林市象山区境内）遗址则说明，距今 1 万~6 000 年前，广西古人类已进入新石器时代，开始从事原始的农业、畜牧业和制陶业。这里不仅是现代华南人乃至东南亚人古老祖先的居住地之一，也是古人类陶器的重要起源地之一。

距今 3 000 年左右，广西开始逐渐进入文明社会。由于部落众多，又统称"百越"。距今 4 000 年左右，岭南越人已经由原始公社形态进入阶级社会的文明形态，形成相对稳定的族群集团。壮族就是古代百越（百粤）部族西瓯和骆（雒）越支系的后裔，是广西最早的原住民之一。他们过着基本定居的农耕生活，使用各种石器，并且很早就开始培植与栽种水稻，构筑防雨水、防潮湿、防蛇虫、防猛兽的竹木土石结构干栏式住宅。

广西境内最早的古国见诸文献记载的，是苍梧古国。苍梧古国与中原的尧舜禹汤同时存在，比伏羲女娲、黄炎蚩尤等要晚。苍梧古国的分布范围，主要是在湘江流域及其南部，即湖南的南部和西南部、广东的北部和西北部、广西的东部和东北部等地区。

大约在战国前后，在广西的大部分地区、广东的部分地区，出现了西瓯、骆越两大方国。这是岭南地区方国的鼎盛时期。与西瓯、骆越方国同时存在的句町国，也是壮族等民族先祖建立的方国实体。

1.4.2 广西历史简要

公元前 221 年，秦始皇统一中原后，发动了征服岭南的战争。秦始皇命大将屠睢率兵 50 万，分五路南征百粤，每路要占领五岭一个主要隘道。而占领湘、桂两地边境山岭隘道的，就是其中一个军。他们最初遭到当地民众的顽强抵抗，3 年间兵不能进，粮草转运困难。公元前 219 年，秦始皇命监御史禄掌管军需供应，督率士兵、民夫，在今桂林市兴安县境内的湘江（长江支流）与漓江（珠江上游西江支流）之间，修建一条运河，也就是著名的灵渠。大批粮草经水路迅速运往岭南，秦军有了充足的物资供应，为其继续南下提供了重要的保证。

公元前 214 年，灵渠凿成，秦始皇迅速占领岭南，并在此建立三个郡：桂林郡、象郡与南海郡，在历史上首次将岭南正式纳入秦王朝（也就是中国）的版图。象郡的南部到达今天越南的中部地区。东汉时，马援征交趾立铜柱（铜柱是当时汉王朝政权所达地域的象征性标志）于象郡南（今越南中部）。

到西汉初年，南海郡尉赵佗兼并桂林郡、象郡，建立南越国，面积很大，国都番禺（今广州）。元鼎六年（公元前 111 年）汉武帝平定南越，苍梧广信（两汉时期交州首府，前文已提到）成为交趾部九个郡的行政中心；广西境内还有郁林、合浦二郡。西汉时，合浦是我国"海上丝绸之路"始发港之一。东汉末年，交趾部改为交州，今广东境内包括交州所治整个南海郡，还包括苍梧郡、和浦郡、荆州贵阳郡和扬州豫章郡的一部分。东汉后期的交州，辖区包括今越南北部和中部、中国两广。

三国两晋时期，广西先隶属吴国，其后归于晋朝及不断更替的南朝宋、齐、梁、陈各政权。三国时期，建安二十二年（217 年），交州刺史吴国分交州为广州和交州，步骘把交州州治从广信东迁番禺。隶属广州。宋、齐、梁、陈时，广西属湘州和广州。

隋初广西隶属扬州部，隋末为大将萧铣所据。唐初地方设州、县；岭南 45 州分属广州、桂州、邕州、容州、安南五个都督府（又称岭南五管），隶属岭南道。唐高宗李治时期，即 655 年以后，此五府皆隶属广州，长官称为五府（管）经略使，由广州刺史兼任。唐肃宗至德六年（756 年），升五府经略使为岭南节度使。

唐僖宗咸通三年（862 年），岭南道被分为岭南东道和岭南西道，并升邕管经略使为岭南西道节度使，这是广西最早成为一级独立政区；又开始在广西少数民族聚居区设置羁縻州县，任用当地民族首领世袭管理。李唐时期，广西的社会经济、文化得到了较大发展，桂、柳、邕、容等重要政治、商贸市镇兴起；并修筑了沟通桂江和柳江的水利工程"相思埭"（即桂林市境内的古桂柳运河）与中国历史上唯一的海上运河"天威遥"（即防城港市境内的古潭蓬运河）。

唐李吉甫撰《元和郡县志》，这样描述当时的广西河网交通与商业往来："自扬（扬州）、益（成都）、湘南至交（今越南北、中部）、广（两广）、闽中（今福建）等州，公家运槽，私人商旅，舳舻相继。"

五代十国时期，楚与南汉长期争夺广西统治权。北宋分广南路为广南东路和广南西路，广南西路简称为广西，广西之名即始于此。

元朝时，广西隶属湖广行中书省。元政府统治广西，基本上着重于军事控制，在各主要隘口附近派驻屯兵，实行军事性质的屯田。元顺帝至正二十三年（1363年），朝廷设置广西行中书省，为广西建省之始。

明朝时期，撤销元朝行省之名，设司、府（州）、县（土州）三级区域制。全国划分为13个布政使司。明太祖洪武二年（1369年），将原属广西所辖的廉州、钦州划拨广东统辖，遂使曾经"海上丝绸之路"起点的广西竟多年不靠海。洪武九年（1376年）设广西承宣布政使司，"广西"名称遂由此固定下来。洪武二十七年（1394年），全州自永州府改隶桂林府后，今广西地域大体形成。

清朝时期，推行省、道、府（直隶厅）或州（直隶州）、县四级。复设广西省，省会驻桂林府。广西全省划分为十一个府、两个直隶厅、两个直隶州，分别统辖各州市县。

辛亥革命推翻清王朝，于1912年成立中华民国。民国期间，广西沿袭清朝称省，地域大致相同。1912—1934年，广西被新、旧桂系军阀统治达28年之久。全省划分为1市（桂林）、15区、99县。但钦州、北海、合浦、灵山、防城等地仍属广东统辖。在民国新桂系军阀统治时期，广西是全国模范省。

新桂系军阀统治时期，广西经济文化事业发展较快；但由于统治阶级横征暴敛，广大劳动人民却日趋贫困。全面抗战初期，因沦陷区不少企业内迁，广西工商业一度出现繁荣；但到后期，因日寇入侵，广西经济遭到严重破坏。从抗战胜利到中华人民共和国成立前夕，新桂系忙于内战，无暇顾及经济恢复和发展，广西社会呈现一片败落景象。

1949年12月11日，中国人民解放军解放广西，设立广西省，省会在南宁市。广西迎来空前繁荣、迅速发展的全新局面。

1951—1955年，钦州、廉州从广东划入广西。

1952年12月10日，在邕宁、宜山、百色三个专区成立桂西僮族自治区。

1955—1965年，钦州、廉州再度划入广东。

1956年3月，桂西僮族自治区改为桂西僮族自治州。10月，中共中央提出建立广西僮族自治区的倡议。12月，鉴于正在筹建广西僮族自治区，国务院做出撤销桂西僮族自治州的决定。

1957年6月，国务院做出关于建立广西僮族自治区的决定，并在此年7月召开的第一届全国人民代表大会第四次会议上通过相应决议。

1958年3月5日，广西省改为广西僮族自治区。

1965年，钦州、廉州再度划入广西。

同年10月12日，经国务院批准，广西僮族自治区改名为广西壮族自治区。

1.4.3　广西古代商业经济

早在两汉时期，广西的苍梧、合浦、布山（今贵港市境内）等地就有了商贸集市，合浦还成为海外贸易港口；从贵县（今贵港）罗泊湾一号汉墓出土的纱衣残片，经广西轻工业厅绢纺工业研究所鉴定，认为是平纹组织的麻织品，支数无法确认，古人纺出这样的细度纱支令人惊叹。

灵渠的开凿沟通了湘江与漓江，也就是长江与珠江，从而使广西成为南北交通要道，自此，北方的货物源源不断远销到两广及中南半岛诸国，而广西自己的特产（如珍珠、象牙、铜器、陶瓷、水果等）也通过灵渠卖到了全国各地。

由于灵渠的便利水运，到了唐代，桂州（今桂林）、柳州、邕州（今南宁）、容州（今容县）城乡出现了定期圩市，商业繁荣，"桂布"闻名遐迩，成了京城长安（今西安）等地上层人士独宠的奢侈品；制铜业也很发达，长期保存在容州开元寺的唐代大铜钟，重达 3 500 斤[1]，技术十分精湛高超；仅有唐一代，广西就建造了 98 座城池，约占全国总数的五分之一，居各省份之首。而在同时期，整个广东只建了 17 座城池。在汉唐及其之前的朝代，广西经济居于全国领先地位。

到宋代时，农业生产已广泛使用铁器和耕牛；已出现与交趾（今越南北部）商人开展货物交换的搏易场，邕州横山寨（今田东县平马镇）、永平寨（今宁明县境内）及钦州三大博易场，成为西南民族集市或与越南等国贸易的国际市镇；广西的矿冶、纺织、陶瓷、交通运输、商业和对外贸易等都有了较大发展，梧州元丰监成为江南六大铸钱监之一，纺织品尤其是苎麻织品质量上乘。

明清时，广西由于人口、畜力迅速增加，水利设施不断完善，某些地方官吏采取奖励人们垦荒和实行轻课减役等政策，耕地面积不断增加，粮食产量有较快增长。原有的采矿业也有了很大进步，主要是金、银、铜、铝、铅、锡、铁等矿。据统计，清顺治六年至十八年（1649—1661 年）报开的矿场便达 127 处，居全国第三位。此外，造纸、榨油、制糖、酿酒等家庭手工业也有了新的进展。

清朝末年，中法战争期间，西方帝国主义强迫清廷把龙州（沿边）、梧州（沿江）辟为通商口岸，使资本主义经济势力大举侵入广西。同时，西方列强又廉价掠夺广西的农副产品和其他原料。由于资本主义国家在广西开设工商业和洋务运动的影响，广西的资本主义经济有所发展。

 知识链接

灵 渠

灵渠也叫兴安运河、湘桂运河、陡河、灵河，位于桂林市兴安县，是我国保存最为完整的古代水利工程之一。人们把都江堰、郑国渠和灵渠并称"秦代三大水利工程"。

灵渠货通南北

除了政治、军事、国防等功能外，灵渠的一个重要功能是货物运输。

---

[1] 1 斤=0.5 千克。

随着灵渠的建成，南北地区商品的交换愈加频繁，尤其是靠海的岭南地区盛产的珍珠、玳瑁、象牙等物品，在中原地区被奉为上品；此外还有药材、香料、名贵木材、热带水果、丝绸、绫罗等本地土特产纷纷被运送到中原地带。

唐代长安的上层社会曾流行一种叫"桂布"的高级面料，白居易做过一首诗："桂布白如雪，吴绵软于云。布重绵且厚，为裘有余温。"桂布运到长安，主要采取水运，而沟通南北商路的就是闻名遐迩的灵渠。

外舶蕃货、香料、奇珍异宝等，多数是从广州沿西江至梧州，过灵渠或是牂牁江（现北盘江）转运至中原长安、洛阳等地的，而中原各地的丝绸、陶瓷、漆器等，也是通过水路汇集至梧州再转运至广州出海。奢侈品"桂布"经过这条商道，远销东瀛、朝鲜半岛等海外市场。

清代以来，灵渠航运达到繁荣的高峰。当时过往船只运输繁忙，商船满载油、盐、粮、布匹、陶瓷、铁器等货物，灵渠曾出现过一天过往船舶200多艘船的情景。

商业的繁荣使灵渠周边崛起了一大批新兴的市镇、码头、农村墟市。明清时期桂林府新增的圩市达到70多个，吸引了来自各地客商前来转贩贸易。船只顺着灵渠穿城而过，两岸吊脚楼沿着灵渠修建，沿水店铺林立，旅客不用下船就可以购买商品。

运河促进经济繁荣

由于广西古代交通主要依靠水路，陆路交通不便，商人进入广西往往顺水而行，商业多分布在沿江的桂东北、桂东南、桂南和桂中地区，而从湖南一线进入广西需要经过湘江-灵渠-漓江这一黄金水道。

当时在桂北圩镇的商人，主要是来自广东、湖南，其次是江西、福建等省的"客民"。这些外籍商人历经几代人的发展，把广西当作故乡，认同自己的广西身份，成为桂商的一员。

2 000多年来，灵渠为沟通中原与岭南百越，促进岭南地区经济的发展，起到重要的作用。有人说灵渠"使大半个中国的水运全盘皆活"，就是夸奖灵渠具有的极其重要的战略意义。

除了灵渠，在广西还有在唐代开凿的临桂县（现临桂区）的桂柳运河，以及防城港江山半岛横嵩和潭蓬两村之间，俗称"天威遥"的潭蓬运河。三条历史悠久的古运河对各个地区的经济、文化交流有着重要的作用，反过来又影响各个时期政治、经济格局的形成。

（资料来源：《广西三大古运河的概况及历史意义》陈晓洁）

1.4.4 广西近代商业发展

广西商业萌发于秦汉，成长于唐宋，成熟于明清，正式登上历史舞台则与广西梧州密切相关。梧州是广西的"水上门户"，是珠江流域内河水路的交通枢纽，优越的交通位置推动了梧州经济，广西的商品经济首先是在梧州发展起来的。明清时期，梧州商业繁荣发达，广西最早的商会就是1907年成立的梧州商会。梧州政治开明，经济开放，商人们积极响应辛亥革命，真正成为一股社会力量。

1908年，梧州商界创办西江航业股份有限公司，与外国商人争夺西江航运权，提出"中国人搭中国船"的口号，打破了外国垄断梧州航运业的局面，因而受到客商的欢迎。

1911年7月，梧州商界发出通电，反对清廷以铁路国有为名，收回民办的粤汉、川汉铁路，商人们由此开展了轰轰烈烈的"护路运动"。

1911年10月梧州宣布独立，成为广西第一个宣布响应辛亥革命起义，反清独立的城市。宣布独立当天，梧州全城商铺遍插白旗，白旗上写着"梧州反清独立"，街上张灯结彩，市民们纷纷涌上街头剪掉辫子，燃放鞭炮长达两个小时。在梧州独立后的一段时间，梧州的商会和商会的民团武装肩负起了维护全市地方治安，保一方平安的重任。

1911—1931年，梧州的航运业、商业、工业、金融业迅速发展，桂商在吸收了广西周边粤商、赣商、湘商、闽商等先进商业文化基础上发展壮大起来。在商界带动下，20世纪20年代的梧州，人口有10万人，是广西最大最发达的城市，被认为是广西商业的中心，在广西的经济地位十分重要。

梧州成为广西现代工业的发源地，成为当时广西最大的港口和口岸城市，还是广西的第一个省辖市。1934年广西成立了全省性的商会"广西商会联合会"。不同籍贯的商人之间的交往促进了商会的发展，为桂商"开放包容"的特质奠定了基础。并在商业经营和创业实践中，形成了自己既有共性又有个性的桂商精神与文化特质。

和历史上著名的明清十大商帮相比，桂商的特点是中小企业的商人比较多，因此桂商善于"抱团取暖"，组成商会、会馆，目的是维护自身权益，适应市场的竞争。在广西，外省会馆比较多，广东、湖南、江西的会馆最为突出。因此，桂商不仅仅是指广西籍的商人，也包括扎根广西，为广西发展贡献力量的外省籍的商人。

20世纪70年代末改革开放以后，桂商群体迅速崛起，成为促进广西经济社会发展的一支不可或缺的重要力量。桂商文化作为一种区域特色文化，推动着广西经济社会的发展。从某种意义上说，广西经济发展的历史，就是桂商的推动史。中华民族优秀的商文化里蕴含着"以商富国、以商福民"的精神，凝结着中国商人"爱国、敬业、诚信、友善"的优秀基因。桂商文化代表着广西商人的精神，是中华民族优秀商贸文化的重要组成部分。

 知识链接

广西的别称

广西的名称来源有三个，一为唐僖宗咸通三年（862年），岭南道分东、西两道，并以邕管经略使为"岭南西道"节度使，成为一级独立政区；二为北宋太宗至道三年（997年）所建制的行政单位"广南西路"，后简称"广西路"，当时还包括了雷州半岛、海南岛等地；三为得名于古地名"广信"（即广信县，古代地名；两汉时期苍梧郡广信县地处离水与郁水交汇处，今广西梧州市境内），两广以广信为分界，广信之东谓广东，广信之西谓广西。元顺帝至正二十三年（1363年），元廷设置广西行中书省，此乃广西建省之始。

　　宋代以来，广西的代称有"岭西""八桂""粤西"等。宋代文学家李彦弼在《八桂堂记》以"八桂"代指广西，其中"湘水之南，粤壤之西，是为桂林"，桂林是"广南西路"治所，"粤壤之西"代指广西。后来的文人普遍认可这种指代，旅行家徐霞客有《粤西游记》一文。

　　广西被称为"八桂大地"，典故出自古老的《山海经·海内南经》一书："桂林八树，在贲隅西。"桂树，包括药用的肉桂和八月飘香的桂花树。这两种树自古以来都以广西出产最多，是标志性的土特产。最早以八桂咏喻广西的是南朝梁沈约，其《齐司空柳世隆形状》有"临姑苏而想八桂，登衡山而望九疑"，唐朝韩愈《送桂州严大夫》诗："苍苍森八桂，兹地在湘南。江作青罗带，山如碧玉簪。"桂林郡曾长期是广西的省会或行政中心，所以"八桂大地"也就成了广西的别称，"桂"就约定俗成成了广西的简称，而广西的商界、商人、商业团队、商业文化被统称为"桂商"，代表着历代广西商人的渊源与血脉。

　　（资料来源：http：//www.360doc.com/content/19/1111/16/137012_872460913.shtml）

同步训练

📀 本章小结

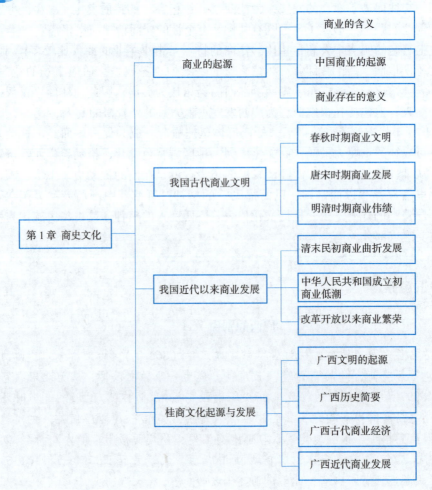

理论自测

选择题

1. "八桂"一词指的是 (   )。

A. 湖南   B. 云南   C. 江苏   D. 广西

2. "桂布"曾是 (   ) 的奢侈品。

A. 西汉   B. 南宋   C. 唐代   D. 清代

3. 桂商的"护路运动"是在 (   )。

A. 1909 年   B. 1910 年   C. 1911 年   D. 1912 年

4. 广西的第一个省辖市是 (   )。

A. 南宁   B. 梧州   C. 柳州   D. 桂林

5. 20 世纪 70 年代末改革开放以后，(   ) 群体迅速崛起，成为促进广西经济社会发展的一支不可或缺的重要力量。

A. 桂商   B. 晋商   C. 湘商   D. 粤商

理论自测

判断题

(   ) 1. 1965 年 10 月 12 日广西省改为"广西僮族自治区"。

(   ) 2. 桂商不仅仅是指广西籍的商人，也包括扎根广西，为广西发展贡献力量的外省籍的商人。

(   ) 3. 秦始皇派大将史禄在桂林开凿了灵渠。

(   ) 4. 民国时期，广西建造了 98 座城池，约占全国总数的五分之一，居各省份之首。

(   ) 5. 1934 年广西成立了全省性的商会"广西商会联合会"。

理论自测步骤

1. 学生打开智慧职教慕课平台 https：//mooc. icve. com. cn/cms/index. do。

2. 平台首页输入"桂商文化"查询，加入课程学习。

3. 在限定时间内完成测试。测试完毕，系统自动评卷。

应用自测

(一) 总体要求

根据本章学习的内容，构建并绘制"中国商业发展框架图""广西商业发展框架图"，要求：

1. 以时间为结点，将商业发展进程及主要标志标入框架图中；

2. 时间应包括古代、近代、现代。

(二) 自测目标

1. 加深学生对商业发展的理性理解；

2. 让学生对我国特别是广西商业发展的各阶段及特点有清晰的认识；

3. 训练学生搜集、归纳、整理信息的能力。

(三) 背景资料

通过课程学习，同时利用网络、报纸、图书等方式，搜集我国商业发展的相关资料，搜寻我国商业发展的脉络，完成应用自测要求。

应用自测

自我评价

学习成果	自我评价
我已经理解商业的含义	□很好 □较好 □一般 □较差 □很差
我已经理解商业的起源	□很好 □较好 □一般 □较差 □很差
我已经了解我国古代商业文明	□很好 □较好 □一般 □较差 □很差
我已经掌握我国近现代商业发展	□很好 □较好 □一般 □较差 □很差
我已经了解广西商业的起源	□很好 □较好 □一般 □较差 □很差
我已经掌握广西商业的发展	□很好 □较好 □一般 □较差 □很差

第2章

商路文化

凿空之旅　大国雄风

引导语

　　商业繁荣与发达的商品流通密不可分，而商路的开辟是商品流通的基础，没有畅达的商业交通，大规模的商业活动就无从谈起。我国传统商人通过艰辛探索，构建了以陆上丝绸之路、海上丝绸之路、大运河、茶马古道等为代表的四通八达的水陆交通网络，不仅覆盖了全国，还扩展到国外。这些商路让不同地域互通有无，让不同文明相互接触，货贸东西，商通天下；同时，商路的开辟与发展势必伴随着大规模的人员流动，人员的往来也会带来文化的交流。所以，商路不仅是商贸之路，还是文化之路、信息之路、富民之路、强国之路。当前，中国向世界发出共建"一带一路"的倡议，并不断在探索中前进、在发展中完善、在合作中成长。本章将从商路起源、丝绸之路、大运河等内容入手，学习、认知、发掘、探索商路的时代意义和文化价值，从中汲取历史智慧，再创时代新辉煌。

教学说明

学习目标

　　◎掌握我国主要商路的形成和发展过程；
　　◎熟悉代表性商路和沿线的商业重镇；
　　◎了解商路中主要的商品和贸易形式；
　　◎学会分析我国商路发展和演变的一般规律，培养从历史中提炼现实价值和意义的能力。

导学单

2.1　商路概述

2.1.1　商路的含义

　　商路，是因商人的贸易活动而形成的线路。中国商路特指在中国历史上由中外商人依托人力、畜力和物力等传统运输手段长途贩运商品而形成的商贸往来线路。商路从形成、发展到衰落经历了一个漫长的演变过程，其兴衰演化的规律及留存的各类遗产具有典型的商贸历史文化价值。据《尚书·禹贡》记载，禹分天下为九州：冀、兖、青、徐、扬、荆、豫、梁、雍，并且"相地宜所有以贡"，规定其他八州经各条水陆道向王都冀州入贡，同时，夏王朝又以冀州物产加以赏赐。可以认为，贡路是中国商路的早期形态。

我国古代道路的起源

知识链接

鲁方彝盖

　　鲁方彝盖，西周晚期（公元前9世纪中叶—前771年），岐山县流龙嘴村出土，现存于陕西历史博物馆。盖高 29 厘米，口横 31.5 厘米，口纵 16 厘米，质量为 8.5 千克。状似庑殿形屋顶，下有子口，盖钮亦同，脊上均有扉棱。四坡均饰鸟纹和倒置的外卷角兽面纹，纹饰粗犷，无地纹。

■鲁方彝盖及内铭文拓片

鲁方彝盖的里面有一段六行五十字的铭文，字间有方格范痕。铭文不太长，但对认识西周社会经济有重要意义。铭文"佳（惟）八年十又二月初吉丁亥，齐生鲁肇贾休多赢，佳（惟）联文考乙公永启余，鲁用乍（作）联文考乙公宝蹲彝，鲁其万年子子孙孙永宝用"。

铭文简单地说就是一位名鲁的齐生做了商人，从齐地到周地做生意赚了钱，还与诸侯交了朋友，故做了一件彝纪念。这件记载齐国商人不远千里、将生意做到了周地的文物，也证明了古代商路的繁荣。

（资料来源：编者根据百度百科整理）

2.1.2 我国古代典型商路

（1）丝绸之路

丝绸之路是因政治、经济的需要由商队、探险家和军队走出来的一条国际经济、文化和军事通道。丝绸之路因为不是人工筑建，因此，起止点、行经路线和里程都随着政治、经济等因素的变化在各个时期有所不同，其开通年代也无法确定。在西汉以前，文献很少有对西域（今新疆维吾尔自治区和中亚地区）的记载，所以一般认为，丝绸之路的开通以公元前 139 年汉武帝派张骞出使西域为标志。在此之前的与埃及和欧洲的丝绸贸易都是零星的商队行为。丝绸之路的陆路终点，一般认为在黑海或地中海东部沿岸港口，起点在西汉的都城长安（今陕西省西安市），东汉时期起点则是东都洛阳。其直线距离在 7 000 千米左右，地面实际里程在 10 000 千米以上，其中在中国境内约 5 000 千米。

（2）南方丝绸之路

南方丝绸之路又称西南丝绸之路，是中国最古老的对外商业通道之一，是一条从陕西中部经四川、贵州、云南通往缅甸、印度及中亚地区的贸易通道。汉朝以前，南方丝绸之路大部分为商旅开拓的自然道路，西汉对其中部分重要路段进行修建，其中包括子午道、褒斜道、灵关道和夜郎道等著名道路。

（3）唐蕃古道

唐蕃古道的大部分路段是商旅、军队开拓的非人工建造的道路，岔道、支路和辅道众多。起点为长安，终点为吐蕃王国都城逻些（今西藏自治区拉萨市）。唐蕃古道开通年代无法考证，一般认为在公元7世纪初，松赞干布统一西藏前后。文成公主入藏和亲使唐蕃古道声名远扬，现在一般以文成公主和金成公主入藏线路为唐蕃古道的主线，并以文成公主进藏为唐蕃古道开通的标志。

（4）茶马古道

茶马古道是分布于云南、四川和吐蕃（今西藏自治区）之间的马帮小道，马帮以汉区的茶叶与藏区的马匹贸易为主，故称为茶马古道。茶马古道始于唐宋，最终成型于明朝中叶，即15世纪末16世纪初。早在唐朝时文成公主入藏前后（公元7世纪中期）茶叶就已传入西藏，当时茶叶经由唐蕃古道运入吐蕃，由于藏区以食肉为主，茶叶的传入提高了维生素的摄入量，当地人的平均寿命延长，茶叶遂成为吐蕃的生活必需品，需求量开始上升。到明朝中叶，云南、四川的茶叶通过马帮从川、滇两地跨过横断山等山脉直接入藏，逐渐形成密布这一地区的茶马古道。

（5）大运河

大运河又被称为京杭大运河，流经北京、天津、河北、山东、江苏、浙江六个省市，连接了海河、黄河、淮河、长江和钱塘江五大河流，是中国古代最伟大的水利工程，也是世界上开凿历史最悠久、长度最长的运河。这条古老的运河是我国南北水运的大动脉，它将最大的经济中心、文化中心和政治中心联系起来，促进了中国政治的统一、民族的融合和商业经济的发展。

 知识链接

闯关东

闯关东是指清代和民国时期，华北民众迫于生计向关东大地移民的活动。其既是中国历史上一次空前的移民壮举，也是山东、河北、山西、河南等地商人大力拓展市场范围的壮举。关东泛指由今辽宁、吉林、黑龙江三省及内蒙古东部构成的东北地区，因其位于山海关以东，故称为"关东"。

1904年以后，关内移民东北的浪潮持续高涨。因山东半岛与辽东半岛距离较近，加之山东地区人口压力大，山东人遂成闯关东的主力。1911—1949年的38年间，山东平均每年有48万人闯关东，总数超过1830万人，留居东北的山东人达792万人。

闯关东的移民除从事农业生产外，还大量经营工商业，推动了东北工商业的发展和城市化进程。在前往东北的各地商人中，鲁商居绝对优势地位，他们在东北经营的行业随着时代演进而不断扩大。清初，他们在关东各地主要是开杂货店经营百货生意，或长途贩运粮食、木材、人参、棉布等。随着实力的增强，经营范围也不断拓展，涉及粮栈、货栈、杂货铺、当铺、钱庄、药铺、饭铺、皮货铺等 10 余类行业。如清咸丰年间，掖县（今莱州市）吕士适兄弟在营口先后投资设立了宏顺东、合兴东等商号，后来又到辽阳投资，陆续开设了"顺"字七家联号：裕顺成、德顺成、大顺成、合顺成、东顺成、顺记西栈、永顺成。到了清末民初，一些资本雄厚的鲁商开始投身实业、金融业、航运业等。掖县人张廷阁 1915 年在哈尔滨创办双合盛制粉厂；1920 年投资 100 万现大洋在松花江边兴建双合盛制革厂；1924 年承办奉天航运公司；1927 年创办兴记航运公司。至 1937 年，张廷阁领导下的双合盛公司总资本已达 182 万现大洋，成为当时哈尔滨最大的民族资本集团之一。

（资料来源：谭景玉，齐廉允. 货殖列传：中国传统商贸文化［M］. 济南：山东大学出版社，2017.）

同步训练 >>>

目的：理解中国商路的起源。

同步训练

2.2　丝绸之路

丝绸之路简称丝路，广义的丝路可分为陆上丝绸之路和海上丝绸之路。其中，陆上丝绸之路，是指中国古代经中亚通往南亚、西亚及欧洲、北非的陆上商业贸易通道。它形成于公元前 2 世纪到公元 1 世纪，至 16 世纪仍使用，大量的中国丝和丝织品多经此路西运。

1877 年，德国地质地理学家李希霍芬在其著作《中国》一书中，将"从前 114 年至公元 127 年间，中国与中亚、中国与印度间以丝绸贸易为媒介的这条西域交通道路"命名为"丝绸之路"，这一名词很快被学术界和大众接受，并正式运用。

2.2.1　陆上丝绸之路

陆上丝绸之路始于先秦，兴于汉代，盛于唐代，绵延 2 000 余年。因不同朝代的政治、经济和自然环境等因素的影响，陆上丝绸之路经历了凿通、发展、繁荣、衰落四个阶段的演变过程，并从东向西延伸，形成丝路东段、丝路中段和丝路西段，连接了占世界陆地面积三分之一的亚欧大陆。

2.2.1.1　陆上丝绸之路的发展变迁

（1）起源

西汉初期，匈奴控制了中国西北方、北方、东北方的大部地区，公元前138年，汉武帝派遣张骞领着使团马队带着丝绸等物品出使西域，其目的是联合大月氏夹击匈奴。途经匈奴疆域时张骞被俘，10年后张骞逃出匈奴到达大月氏，后又被匈奴俘获扣留1年多，后趁匈奴内乱终于逃回长安。张骞这次出使西域虽然没有达到最初的目的，但使汉朝的影响直达西域，建立了与西域各民族之间的联系，打开了中西直接交往的通道。公元前119年，汉武帝派张骞第二次出使西域。这次张骞率领出访使团、庞大商队，带着上万头牛羊和大量丝绸，访问了西域许多国家。

张骞两次出使西域，开辟了东起长安，经甘肃、新疆，到中亚、西亚，并连接地中海各国，西到罗马的陆上通道。自此，汉朝频繁派使者到西域各国，汉朝和西域各国交往从此日趋频繁。此后，各国的使者、商人往来于这条路上，东行的西域人带着马、毛皮及玉石，西行的中原人带着丝绸，从长安沿河西走廊到敦煌，互市贸易、民间贸易日渐兴旺，胡商和中原商人聚集在敦煌进行丝绸、马、毛皮及玉石等商品交易。司马迁在《史记》中以"凿空之旅"称赞张骞开通丝绸之路的卓越贡献。

（2）繁荣与发展

张骞"凿通"陆上丝绸之路后，陆上丝绸之路时断时续地向西扩展。73年，班超出使西域，进一步开通了陆上丝绸之路的东、中两段。之后，历经三国、两晋、南北朝，陆上丝绸之路的路线虽时有中断，但整体还是畅通的，并在原有基础上又有所扩展。到隋朝时期形成了以敦煌为出发点，三条到达地中海东岸的主干线，还开辟了很多支线。609年，隋炀帝出巡武威、张掖等地，西域27国国王和使者拜谒隋炀帝，被史学家称为古丝绸之路上的"万国博览盛会"。通过陆上丝绸之路，中国的丝绸、火药及先进物品被大量运往沿线欧亚各国。西域的宝石、香料、玻璃器具，以及菠菜、葡萄、石榴等蔬菜水果，也源源不断地运至中国。

唐朝初期东西方经济和文化交流出现了高潮，陆上丝绸之路达到繁荣。唐太宗完成了对漠北地区的统一，扫除了高昌、焉耆、龟兹等分裂势力，在西域地区设立安西都护府，加强了西北部边疆的军事和行政管理，保证了丝绸之路的繁荣畅通。唐朝时期丝绸的质量、品种和销量均达到空前的水平。丝绸以其丝滑、柔顺、轻盈散发出强大的魅力，古罗马市场上的丝绸，一两丝与一两黄金同价。丝绸还被作为商品交换中的一般等价物，可以与多数商品直接交换，陆上丝绸之路沿线生意异常兴隆。巨额的关税收入让唐朝国库充盈、国力强盛，成为当时世界上最强大的帝国。繁盛的丝绸贸易使长安的商人越来越多，在唐朝都城长安，来自中亚、西亚、南亚、东南亚及欧洲的各国商人随处可见。与此同时，中国僧侣进入印度，详细记载了从河西经青海，由西藏进入尼泊尔的路线。这条支线的开辟反映了丝绸之路已向南面大大扩展。陆上丝绸之路发展到了高峰，形成了它的"黄金时期"。

（3）衰落

唐朝中期以后，受战乱、海路贸易、环境恶化三个方面因素的制约，陆上丝绸之路的贸易急剧衰落，陆上丝绸之路逐步被海上丝绸之路替代。

①战乱。唐朝中期战乱频发，丝路被阻。安史之乱后，西藏吐蕃越过昆仑山北进，侵占西域大部。至南宋，政府已无法控制西北，商人为求自保而不愿远行，陆上丝绸之路日益衰落。

②海运贸易的兴起。15世纪，奥斯曼帝国崛起，陆上丝绸之路上的税收开始增加，以谋求利益为主的商旅开始逐渐放弃这条商业通道。而且大航海时代新型贸易通道的形成，使陆上丝绸之路的地位完全衰落，功能几乎丧失殆尽。

③自然环境恶化。14世纪开始，西域地区因气候干旱、降水减少、河流改道等自然因素，土地大量盐碱化、沙漠化，很多地区已经不再适合人类居住，曾经繁荣的西域古国销声匿迹。

 知识链接

赶大营

赶大营是指天津杨柳青商人从清光绪初年开始并持续到民国年间的赴新疆贸易的活动。

光绪三年（1877年）陕甘总督加授钦差大臣左宗棠积极备战，收复全疆。当时天津一带连年饥荒，兵祸不断，人们纷纷外出谋生。杨柳青一带的流动货郎就趁机联络数百名农民挑着担子，置备零售生活用品和常用中成药，跟着左宗棠的大军做小生意，因追随部队大营不断迁移，且处于西北边疆，故谓之"赶西大营"。战事平息后，已无大营可"赶"，后续的杨柳青人进疆谋生就称"上西大营"或"跑西大营"，这是"赶大营"的继续和延伸。进疆赶大营的人被称为"大营客"。

赶大营货郎所做生意看似微小，但获利不菲，"一挑之货，几次转易，利即数倍，其能直至迪化（今乌鲁木齐，编者注）者，盖已颇有积累。其魄力巨大者，即由行商而变为坐庄"，加之善于经营，逐渐腰缠万贯。这对频受水灾、困苦不堪的杨柳青人产生了巨大号召力，人们前赴后继奔向新疆以图改变命运，一时有"三千货郎满天山"之说。

持续数十年的赶大营使3 000余户，至少15 000名杨柳青人移民新疆，成功开辟了从渤海之滨到天山南北的商贸大通道，使久已尘封的丝绸之路东段重新恢复了活力。赶大营奠定了新疆商业的基础，促进了边城的商业开埠，为新疆的繁荣与发展做出了历史性贡献。

（资料来源：谭景玉，齐廉允. 货殖列传：中国传统商贸文化 [M]. 济南：山东大学出版社，2017.）

2.2.1.2 陆上丝绸之路的贸易活动

（1）陆上丝绸之路的主要贸易形式

陆上丝绸之路主要有互市贸易、朝贡贸易、民间贸易三种形式。

①互市贸易是由政府组织并在指定地点、指定时间内，对外国和少数民族的贸易的通称。隋唐时期对于互市贸易有规范的官方管理机构和制度。隋朝设有"交市监"，管理互市贸易各项事宜，唐太宗将"交市监"改名为"互市监"。

②朝贡贸易就是中央政府与域外各国的进贡与回赐关系，其实质是带有浓厚的政治色彩的以物易物。汉唐中期，中原王朝国力强盛，生产力发展，物产丰富。域外诸国纷纷称臣或与中原建立友好邦交，按规定时间前来朝贡。中国自古就是礼仪之邦，深知礼尚往来之道，故对朝贡者大都根据所贡物品价值，回赠相当数量的中国丝绸等特产作为答谢。为了适应陆上丝绸之路畅通所带来的朝贡贸易繁荣局面，中原王朝渐趋设立了贸易管理机构。其中，太府寺和鸿胪寺是两个最为典型的贸易管理机构。

太府寺和
鸿胪寺

③民间贸易是民间自发开展的商业活动。除国家控制的互市贸易外，零散商人和有组织的商队常年往返于固定城市之间，进行商品转卖和贩运，即民间贸易，是丝绸运往西域和中亚、欧洲的一种重要贸易形式。

（2）陆上丝绸之路贸易的主要商品

中国通过陆上丝绸之路向外输出的商品相当丰富，品种多样，技术含量较高。在特色商品方面，主要有丝绸、生丝、陶瓷、茶叶、铁器、铜器、金银首饰、兵器、火药、医药品等。在先进技术方面，主要有冶炼和制造技术、水利和灌溉技术、养蚕和纺织技术、制瓷技术、造纸和印刷技术、火药制造技术、医学、先进的农耕经验等。当然，丝绸是丝路上流通量最大、最为珍贵的商品，丝绸之路因此得名。

同样，通过丝绸之路，西域也有大量商品输入我国。除一般物品外，还有农作物，以及艺术品、生产技术等。农作物包括西域特有的胡桃、红蓝花、石榴、葡萄、苜蓿、胡麻、胡豆、胡葱、胡瓜（豌豆、大蒜）、酒杯藤等；生产技术方面有优良牲畜饲养技术、农作物品种及其栽培技术、葡萄酒酿造技术等，另外，西方的绘画技艺、天文学和宗教文化等也随之进入中原。

2.2.1.3 陆上丝绸之路的影响

①促进了沿线国家和地区的社会经济发展。陆上丝绸之路在很长一段时间内是陆路通往西方的必经商路，遍布陆上丝绸之路沿线的大小绿洲城郭，是来往商贾进行贸易活动和贸易联络的必经城镇，在沿线的集市贸易中既能看到来自中原地区的物产，也能看到远道而来的舶来品。商品的流通促进了经济的发展，推动了整个沿线地区的社会经济繁荣。中原商人商队输出的以丝绸为主的各种产品，为沿线各个地区的社会经济发展注入了新鲜元素。中国的丝织品在欧洲享有盛誉，特别是罗马帝国，将中国的丝织品当作珍贵物品，称中国为"丝国"。由西域传入中原的马、牛、羊，以及哈密瓜、葡萄、核桃、胡萝卜、胡椒、胡豆、菠菜、黄瓜、石榴等品种多样的农牧业产品，则为中原人民的生活提供了丰富的物产，像葡萄酒等西域特产经过久远的发展也融入中国的传统酒文化中。

行商与住商

②推进了中西方经济、科技、文化的交融。陆上丝绸之路向外传播的不仅仅是丝

绸，还将我国当时一些先进的科学技术一并西传。作为中国古代文明重要标志的四大发明——指南针、造纸术、火药、活字印刷术，就是通过陆上丝绸之路传向世界各地的。四大发明的西传对整个人类社会，特别对西方文明的发展起到了重要的促进作用，为西方的启蒙运动及科技的发展和文明的传播奠定了物质基础。陆上丝绸之路还为中亚、欧洲等地区带去了中国先进的冶铁技术，为中亚带去了坎儿井和先进的水利灌溉技术，带去了古代中国的医学，促进了近代医学的发展。同时，来自西方的宗教和艺术，给中原的固有文化以很大的冲击。佛教、基督教、摩尼教和道教都曾在陆上丝绸之路沿线地区进行传播。随着阿拉伯帝国的崛起，伊斯兰教逐步向东扩大影响。西域艺术传入中国，大大丰富了中国的传统艺术，与中国固有的艺术相结合，形成了独具特色的艺术形式与文化内涵，对中国的服饰、音乐、绘画等均产生了深远的影响。

③促进了沿线各民族的融合。横跨中西的陆上丝绸之路，穿过众多游牧民族、不同人种聚居区，在长距离、大范围的丝路贸易活动中，他们不断融合，形成新的民族，来中原经商的胡商演变成为回族，就是其中的典型。陆上丝绸之路所经之地，还为我们留下了大量的文化历史遗迹，成为当今的旅游胜地。

④形成了不畏艰险、勇闯商路的商人精神。张骞"凿通"陆上丝绸之路以来，一批又一批商人不畏艰险，投身于陆上丝绸之路的商贸活动之中。在恶劣的自然和社会条件下，历代在陆上丝绸之路上以经营丝绸为主的贸易活动中的行商、住商，凭借肩背、骆驼运，不畏路途艰辛、官府打压、盗匪抢掠，在互助共生的合作精神下，穿行于 7 000 多千米的陆上丝绸之路，走出了辉煌的丝绸商道，缔造了独特的商贸富国的商业文明。这种不畏艰险、勇闯丝绸商道的商业精神与实践，不但是中华民族难能可贵的历史文化财富，而且是人类文明历程的宝贵财富，值得全人类借鉴。

中国在 2013 年提出"一带一路"倡议，过去陆上丝绸之路的辉煌又将造福于沿线各国。2014 年 6 月 22 日，中国、哈萨克斯坦和吉尔吉斯斯坦联合申报"丝绸之路：长安—天山廊道的路网"正式被联合国教科文组织纳入世界文化遗产，丝绸商路文化成为人类社会共同的文化遗产。今天的中国，重温丝绸商路的历史，借鉴古丝路的地理空间和战略构想，正在开创"一带一路"的崭新时代。

2.2.2　海上丝绸之路

海上丝绸之路简称"海上丝路"，是古代中国与世界其他地区进行经济文化交流的海上通道的统称。相对于"丝绸之路"的命名来说，"海上丝绸之路"的提法出现较晚，直到 1913 年才由法国东方学家沙畹（Edouard Chavannes）在其所著的《西突厥史料》一书中首次提及。海上丝绸之路由两条干线组成：一条是东海航线，也称"东方海上丝路"，即由中国通往朝鲜半岛、日本列岛的东海航线；另一条是南海航线，也称"南海丝路"，即由中国通往东南亚及印度洋地区的南海航线。

2.2.2.1　海上丝绸之路的发展变迁

（1）起源

①东方海上丝路始于秦汉时期。秦朝时，方士徐福率众自山东半岛出发，沿渤海海岸航行至朝鲜半岛南部，过朝鲜海峡，到达日本。徐福东渡的真实性尚存疑问，但

相关文献反映了秦汉之际，从中国到朝鲜、日本的海上交通路线的形成，标志着东海丝路已经开辟。其航线大体是从登州（今蓬莱）或莱州出发至辽东半岛南端过渤海海峡，沿岸东北行至鸭绿江口。然后沿朝鲜半岛西海岸南下，经朝鲜海峡至日本。

②南海丝路起源于西汉时期。汉武帝时，曾派遣近侍内臣率领招募来的商人、水手，携带黄金及各类丝织品远航印度洋，购买海外的珍珠、宝石及各种珍奇异物。由此实现了中印海上航路的畅通，沟通了太平洋和印度洋，中国与东南亚、南亚的海上交通贸易往来正式开始，海上丝路初步形成。汉代形成的南海至印度洋航线大致为：从广东徐闻或广西合浦出发，沿着海岸线驶过南海，进入泰国湾，穿过马来半岛后进入孟加拉湾，最后到达印度半岛的东南端。

（2）繁荣与发展

魏晋南北朝时期的东吴、东晋、宋、齐、梁、陈六朝政府非常重视造船航运业，使这一时期造船业获得空前发展，海上丝路逐步向前延伸。一是广州港的兴起。随着珠江流域经济的开发，广州很快以其特有的区位优势取代了徐闻、合浦的地位，成为中国海外贸易首要口岸，海上丝路的起点也因此移至广州。二是海上丝路继续向西方延伸，其终点已开始从印度半岛东南部向西，跨越阿拉伯海，抵达波斯湾。

唐朝时，南海丝路从广州至波斯湾的航线已经经常化、固定化。"广州通海夷道"大体上从广州出发，经香港大屿山以北入海，经海南岛东部向南抵达越南占婆岛、昆仑岛；向南经新加坡至苏门答腊岛或爪哇岛；经马六甲海峡进入印度洋，西航至斯里兰卡，再沿印度西海岸至巴基斯坦卡拉奇，向西进入波斯湾，抵今伊朗阿巴丹、奥波拉，溯幼发拉底河至巴士拉，由此陆运至阿拉伯帝国首都巴格达。将东亚、东南亚、南亚、波斯湾、阿拉伯半岛东南岸和东非沿岸连接起来，成为16世纪以前人类定期使用的最长航线。海上航线的扩展，带来了唐朝海上贸易的繁荣，特别是唐后期，由于陆上丝绸之路受阻，海上丝绸之路贸易逐渐占据了中国对外贸易的主导地位。

宋元时期，在社会经济向前发展的基础上，宋代出海船舶的抗沉性和稳定性有了进一步增强，实现了航海技术的重大突破。宋人不仅熟练地掌握了海洋季风的规律，而且将指南针应用于航海，使航行线路准确，航程缩短，风险降低。在此基础上，宋元海上丝绸之路进一步向前延伸到阿拉伯半岛西端的亚丁及东非沿岸，带来了中国与阿拉伯半岛及东非沿岸各国间贸易关系的密切。

进入明朝以后，海上丝绸之路最终成型，进入鼎盛时期。明朝政府多次对海上丝绸之路沿线国家进行友好访问与通商贸易活动。明朝造船业发达，出现了很多著名的造船厂。明成祖永乐三年到宣宗宣德八年（1405—1433年），历时28年，郑和先后七次率领庞大船队（每次出使大小船只200余艘，2万多人）装载着馈赠礼物和商品，巡航、访问海上丝绸之路沿线近40个国家和地区，与亚非各国开展了广泛的政治、经济与文化交流。郑和七下西洋成就了人类航海史上的伟大壮举，使明代乃至整个古代中国的朝贡贸易发展到顶峰。

（3）衰落

明宣德年间，因受倭寇侵扰，明朝政府重申海禁政策，海上贸易被迫中断。随着欧洲资本主义的兴起、新航线的发现，西方的殖民者、商人、传教士、探险家等来到

海上丝路的
商人

东方，清代的对外关系发生了巨大变化，传统的海上贸易被冲破。面对西方的商业、传教、殖民、炮舰、掠夺和战争的挑战，以及台湾岛上明朝残余势力不断对沿海地区的骚扰，清代初期实行"海禁"和"闭关政策"，禁止外商到江苏、浙江、福建等地贸易，广州再次成为唯一的对外贸易口岸。嘉庆之后，随着国力日衰，传统的海上丝绸之路逐渐衰落，原先以中国的丝绸、瓷器、茶叶等为主的商品最终被西方国家的机制品和东方各国多样化的原材料取代。

 知识链接

下南洋

下南洋是指东南沿海的民众漂洋过海到东南亚一带谋生的活动。

南洋包括今新加坡、马来西亚、印度尼西亚等东南亚 11 个国家。在中国古代文献中，这一地区先后被称为"南海""西南海""东西洋"，清代泛称"南洋"，后沿用至 20 世纪中期。"下南洋"在福建、广东、台湾一带也称"过番"，意指到南洋一带谋生。

东南亚与中国山水相连，自古以来便是东南沿海民众通商、移居的主要目的地。《汉书·地理志》中就有中国海商进入东南亚的记载。唐宋时期，中国海商已遍布东南亚沿海地区。他们将中国的绫绢、青白瓷器、纸、笔、布、草席、凉伞等货物运销南洋诸国。时人下南洋，乘的是风帆，要依靠季候风向，有些人错过返航季风，只好在当地住下来，待次年再北返。后随着贸易的发展，为便于商品交易，渐渐有中国人居住下来，而且一住就是很多年，并娶妻生子。这些人就是早期的华侨。

真正形成规模并影响至今的移民经商活动，则是近代的"下南洋"。鸦片战争后，清政府被迫允许西方各国在东南沿海招募华工。应募者因为要订立契约，所以被称为"契约华工"。数十年间，仅东南亚地区就有约 200 万华工前往务工。民国年间，下南洋之风依然兴盛不减，数百万人到南洋从事种植园、采矿、航运、金融、制造等行业。这一时期也有不少华人以自由劳工的身份前往东南亚从事商业、手工业与农业活动。

下南洋的中国人在侨居国从事商业活动，负责管理海外贸易，收购当地土特产，销售该国货物，从而构建了一个联系中国与海外贸易的商业网络。这些人不仅赚取了巨额财富，彻底改变了自己与家族的命运，也多为当地政府所倚重。暹罗王室就曾表示："如果没有华侨，宫廷什么买卖也做不成。"还有相当一部分华人从事裁缝、鞋匠、金匠、银匠、雕刻师、泥水匠等手工业，从事农业、园艺和渔业的也不少。下南洋的中国人就这样成了当地经济开发的主力军。他们的勤奋与努力改变了所在国经济落后的状况。英国的海峡殖民地总督瑞天咸也承认马来半岛的繁荣昌盛都是华侨促成的。

（资料来源：谭景玉，齐廉允. 货殖列传：中国传统商贸文化［M］. 济南：山东大学出版社，2017.）

2.2.2.2　海上丝绸之路的贸易活动

（1）海外贸易政策和管理制度

海上丝绸之路自汉代形成后，以此为通道的贸易活动便逐步展开，至明代的郑和下西洋达到顶峰。我国很早就制定了海外贸易政策和管理制度，保障了古代海上贸易的发展。从唐代至明代，中国海外贸易政策经历了从积极鼓励到严格限制的演变过程，市舶制度也经历了从发展、完善到衰落的历程。

市舶制度

唐宋时期，海外贸易受到高度重视，朝廷奉行积极发展海外贸易的政策，海外贸易税收成为重要的财政来源。国家优待外国使团和商人，尊重外商习俗和宗教信仰，为来华外商在华活动提供便利条件，保护外商的合法利益，甚至主动向海外派遣使者，招徕外商。

明清时期，虽然偶尔也采取有限制的开海贸易政策，但大多数时间，都是采取海禁政策限制海上贸易活动。海禁，即禁止民间海外贸易，一方面禁止国内百姓出海贸易，另一方面禁止外商以私人身份来华贸易。朝贡贸易成为唯一合法的对外贸易方式。为有效实施海禁政策，从顺治十七年到康熙十七年（1660—1678年），清政府先后三次颁布实施迁海令，强迫沿海居民内迁。到康熙二十三年（1684年）颁布开海贸易令，允许商民出海贸易，并于次年在江南松江、浙江宁波、福建厦门、广东广州分别设立江、浙、闽、粤四大海关，负责管理各省沿海的对外贸易，但中国的海外贸易并未得到真正的鼓励，清政府的开海令附加了诸多限制性规定，对出海贸易的商人、商船、来华贸易的外商及其船只、进出口商品予以严格的限制。乾隆二十二年（1757年）清廷下令禁止外商到江、浙、闽三关贸易，只许在广州口通商。1759年，清廷又颁布实施了由两广总督李侍尧提出的《防范外夷规条》，对外商在华活动限制日趋严格。

（2）海上丝绸之路的贸易形式

海上丝绸之路贸易得到历代政府的重视和积极参与，我国古代形成了官方主导的朝贡贸易、互市贸易、民间贸易、官民合营等多种贸易形式。

①朝贡贸易是中国政府与海外诸国官方的进贡、回赐关系。唐朝以前就有很多国家前来寻求与中国建立友好关系。唐朝前期，延续了以前的朝贡贸易，对来朝贡的国家给予相当丰厚的回赐；安史之乱后，唐朝国力大伤，朝贡贸易萎缩不振，开始用市舶贸易替代朝贡贸易。明朝推行海禁政策，禁止私人对外贸易，所有的外贸又以朝贡形式进行。明朝对于亚非国家来华的贵宾和使节给予很高的礼遇，一般都受到皇帝的亲自接见，并屡次给予朝见宴会的特殊招待。使者来华，都会在初次朝见时向皇帝贡献带来的物品；礼尚往来，皇帝也会给予丰厚的惠赐。清朝延续了明代的朝贡贸易制度，直到《马关条约》签订，越南、朝鲜脱离朝贡体系，标志着推行了2 000多年的朝贡贸易体系的崩溃。

②海上互市贸易主要体现在中国与外国之间的贸易，有时也称通商或通市。唐朝以前，海上互市贸易虽然已经开展，但其重心则一直都在中原地区。唐朝初期，设市舶使，掌管南海贸易。中唐以后，东南海运繁盛，海上互市贸易超过陆地。互市处在政府的严格控制下，贸易物品多有限制。宋、元时期，海外的互市贸易更加重要。宋朝在广州、临安、明州、泉州、密州板桥镇等地设市舶司，又在上海镇、华亭县、青龙镇、江阴、温州等地设船务和船场。元朝在泉州、广州、杭州、庆元、温州、上海

等地设市舶司。明朝在海上仅准贡舶互市。清朝海外互市方面，初有海禁，康熙二十三年（1684年）开放海禁后，才在广州、漳州、宁波、云台山设关，监督管理与西洋的通商贸易。乾隆二十二年（1757年）关闭三关，仅留广州一关互市，直至鸦片战争时期。

③海上的民间贸易活动主要是在宋朝造船航海技术的进步及政府鼓励性的海外贸易政策之下，沿海众多的民众参与到海外贸易活动之中。到了明王朝虽然一禁再禁，但以走私形式出现的私人海外贸易仍不断扩大。当时巨商郑芝龙兄弟拥有商船百艘，海员千余人，常到景德镇采购青花瓷、茶叶，去浙江采购绸缎，然后派遣海船运到东南亚、阿拉伯、东非各地销售，深受欢迎。

（3）海上丝绸之路上的商品

海上丝绸之路流通的商品种类更加多元化，除丝绸外，瓷器、香料、茶叶均是大宗货物，因而海上丝绸之路有时又被称为瓷器之路、茶叶之路、香料之路。海上丝绸之路贩运的商品种类比陆上丝绸之路更为丰富，从中国输往海外的主要是丝绸、瓷器、香料、茶叶等大宗货物，而从海外输入中国的主要是香料及各种自然资源。例如，唐宋以来随着海上丝绸之路贸易的兴盛，大量香料源源不断输入中国，成为进口贸易的最大宗货物。其中，规模较大的如来自东南亚、南亚的胡椒、乳香、木香等。产于东南亚的锡、铅等也是中国自海路进口的重要商品。

2.2.2.3 海上丝绸之路的影响

海上丝绸之路的发展，一方面促进了中国农业及商品经济的发展。通过海上丝绸之路，一些域外的植物品种传入中国。如唐朝引进伊朗的波斯枣和波罗蜜、苏门答腊的小茴香、印度的胡椒，宋朝引进的棉花，明朝以后引进的南瓜、番茄、苦瓜、烟草、花生等蔬菜和经济作物，促进了中国农业的商品化进程，为手工业、商业的进一步发展奠定了基础。另一方面沿着海上丝绸之路，中国独特的手工业、农业生产技术、物种、古代科学及儒家文化等传播到世界各地。中国以四大发明为代表的科学技术向外传播，特别是印刷术、指南针、火药基本上是通过海上丝绸之路外传。指南针的输出不但推动了世界航海业的发展，而且为地理大发现提供了技术基础。随着印刷术的发明，书籍也成为中国对朝鲜、日本及中南半岛各国出口的重要商品。自唐宋时期开始，中国的"四书五经"在上述地区流传，中国传统文化在这些地区逐步传播，其中日本、朝鲜及越南受中国儒学的影响尤为显著。

同步训练

同步训练 >>>

目的：理解古代丝绸之路的发展历程、商贸文化与现代的"一带一路"。

2.2.3 "一带一路"倡议与区域经济合作

2.2.3.1 "一带一路"倡议的提出

以古代丝绸之路的精神文化为基础，2013年9月和10月，中国国家主席习近平在出访中亚和东南亚国家期间，先后提出共建"丝绸之路经济带"和"21世纪海上丝绸之路"的重大倡议（合称"一带一路"倡议），受到国际社会高度关注。丝绸之路经济带对内圈定了新疆、重庆、陕西、甘肃、宁夏、青海、内蒙古、黑龙江、吉林、辽宁、广西、云南、西藏 13 省市，对外涵盖东南亚经济整合、涵盖东北亚经济整合，并最终融合在一起通向欧洲，形成欧亚大陆经济整合的大趋势。21 世纪海上丝绸之路经济带对内圈定上海、福建、广东、浙江、海南 5 省市，对外从海上联通欧亚非三大洲和丝绸之路经济带形成一个海上、陆地的闭环。

2.2.3.2　"一带一路"倡议的重要意义

"一带一路"的建设惠利多多，在经济上不仅能够加快我国东部区域、中部区域与西部区域的经济发展速度，还能促进和周边国家之间的区域经济相互合作、共同发展。在社会发展上，利用我国在公路、铁路建设等方面拥有的先进技术，加速推进基础设施互联互通，形成我国与相关国家的立体化区域大通道。在政治上，加强了我国与"一带一路"沿线国家友好对话与磋商，积极推动了交流合作机制形成，最大限度求同存异，进一步巩固政治互信。在贸易上，统筹"一带一路"沿线国家的比较优势和不同的发展基础条件，改善贸易结构，扩大贸易规模，签署和完善双边投资保护协定，打破贸易壁垒和贸易禁区，逐步提高双方贸易和投资便利化水平，把合作的蛋糕做大，把合作的效益做优。与此同时，"一带一路"建设还有利于继承和发扬我国与沿线国家世代友好的基本精神，利用我国文化多样的特点，推动特色交流，建立互相包容的合作理念，充分发掘不同文化的内涵，在区域合作中不断使各种文化相互交融，找到相互认同的基础，在教育、文化、科技、旅游等领域实现密切的人文合作，从政府到民间、从精神到理念保持协同，从而为深化区域合作增添内在动力。

 知识链接

投身"一带一路"民企步伐铿锵

2023 年是共建"一带一路"倡议提出 10 周年。倡议提出以来，中国与"一带一路"沿线国家贸易往来日益紧密，民营企业与沿线国家贸易活力进一步激发。海关总署最新发布的数据显示，2022 年中国民营企业对沿线国家进出口 7.85 万亿元，增长 26.7%，占同期中国与沿线国家进出口总值的 56.8%，比重比上年提升 3.3 个百分点。

"一带一路"为民营企业"走出去"搭建了广阔舞台，但与此同时，民营企业在"走出去"的过程中也面临风险与挑战。专家认为，民营企业在参与"一带一路"建设过程中主要面临世界政局不稳定、东道国商务环境不健全和信息搜集分析成本较高等挑战，建议有关部门加快配套法规细则，同时完善政府、企业、商会互济的信息服务体系。

把握机遇民企高质量参与"一带一路"建设

近年来，民营企业融入共建"一带一路"的热情持续升温。全国工商联发布的《2022 中国民营企业 500 强调研分析报告》显示，2021 年有 195 家民营企业 500 强企业参与了"一带一路"共建，比 2020 年增加 4 家。从投资意愿看，未来 3 年，共有 287 家 500 强企业有意向参与"一带一路"建设，占 500 强比例为 57.40%。

直面挑战多措并举护航企业"走出去"

当前民营企业"走出去"主要面临三重挑战。一是东道国内部的政治风险。二是东道国基础设施水平和整体设施联通度较低。三是"一带一路"沿线国家有着迥异的历史、文化、宗教和国情，对于准备"走出去"的民营企业而言，收集和分析这些信息的工作需要花费较大成本，无形中为民营企业"走出去"增加了挑战。

有鉴于此，南开大学滨海开发研究院副院长薄文广建议，有关部门应加快配套法规细则，尽快出台国内企业和个人赴境外投资的法律以及相关配套法规，并就相关细则做出较为清晰的界定，更好地为民营企业步入"一带一路"市场提供法律保障。其次，相关主管部门应协同做好预警工作及应急预案，更好地维护企业的相关利益。同时，各级政府应建立所在辖区"走出去"的相关项目库，从而更有针对性地为企业和项目提供政策服务和信息咨询服务。另外，商会、协会、海外侨商联等社会组织以及会计、税务、律师、咨询等中介机构也要发挥专业技术优势和市场网络优势，为民营企业"走出去"提供业务支持和信息服务功能。大学、智库等专业机构应整合和完善境外投资公共服务平台，及时发布"一带一路"沿线国家的政治环境、市场需求、产业特点、税收政策、投资项目等信息。

（资料来源：洪剑儒，投身"一带一路"民企步伐铿锵，中工网，https：//baijiahao. baidu. com/s？id=1755318400632593089&wfr=spider&for=pc）

同步训练 >>>

目的：联系身边的例子，谈谈"一带一路"倡议对我国社会经济发展的重要意义。

2.2.4 "一带一路"倡议与广西区域经济发展

2.2.4.1 广西区域经济发展的"三大定位"

广西在"一带一路"建设中既有古代海上丝绸之路的历史底蕴，更有海陆统筹的独特地位和作用，国家赋予了广西参与"一带一路"建设、扩大开放合作、写好海上丝绸之路新篇章的时代要求。2011年，国家"十二五"规划提出，要把广西打造成为"中国与东盟合作新高地"。2013年年底，国务院批准《云南广西建设沿边金融综合改革试验区总体方案》，成为继上海自由贸易试验区之后，中国批复的第二个区域性综合改革试验区方案。2014年，珠江—西江经济带发展正式上升为国家战略；同年底，国家把广西定位为丝绸之路经济带和21世纪海上丝绸之路有机衔接的重要门户。2015年"两会"期间习总书记参加广西代表团讨论时指出，广西要构建面向东盟的国际大通道，打造西南中南地区开放发展新的战略支点，形成21世纪海上丝绸之路与丝绸之路经济带有机衔接的重要门户的"三大定位"。

2.2.4.2 广西"一带一路"建设

为更好发挥"一带一路"重要门户作用，广西坚持构建全方位开放平台。一是实施"双核驱动"战略，构建"三区统筹"格局，在经济发展新常态中赢得主动。二是加快推动和融入泛北部湾经济合作、大湄公河次区域合作、中越"两廊一圈"合作、南宁—新加坡经济走廊建设，积极参与 RCEP 合作，在 21 世纪海上丝绸之路和中国—东盟自由贸易区升级版建设中发挥越来越重要的作用。三是加快构建面向东盟的互联互通大通道步伐，重点编织港口网、高速公路网、铁路网、航空网和通信光纤网"五张网"。

中央赋予广西三大新定位、新使命以来，广西积极参与"一带一路"建设。广西不仅加强了与东盟各国的产业对接，促进优势互补合作共赢，还加快了边境口岸基础设施建设，促进我国与东盟地区经贸合作达到更高水平，还大力实施"走出去"战略，让越来越多的广西企业抢滩海外市场。积极参与"一带一路"建设，持续推动中国—东盟开放合作走深走实，让广西外贸进出口总额、境外投资额节节攀升，激发了广西区域社会经济发展的活力。

如今，广西扩建"新海丝"人文交流圈，青年以组织化的方式在更广范围、更深层次上参与到"一带一路"中来，在促进"一带一路"沿线各国青年互学互鉴、增进友谊中发挥着重大作用，使青年成长为中国与世界友好关系的继承者和振兴国家发展的生力军，让青年力量推动广西区域经济可持续发展。

自 2020 年东盟历史性地成为中国第一大对外贸易伙伴，2022 年区域全面经济伙伴关系协定（RCEP）正式生效后，中国与东盟区域的合作一直在加深。而广西又与东盟国家接壤，处于"一带一路"关键节点，毗邻粤港澳大湾区，现在享有西部陆海新通道、中国—东盟自由贸易区等国家政策惠利，还拥有发达地区不具备的"绿水青山"、民族文化资源和产业基础，桂商在这样的经济条件下，相信以后也会书写更多的新故事。

 知识链接

在广西看中国—东盟贸易盛况

站在中越边境友谊关的中方一侧，看着如洪流一般的卡车、巴士、轿车、电动车、自行车往来于中越之间，原商务部亚洲司司长吕克检感叹："看不到手抄报关单，看不到开箱检查，卡车就开过去了，如同在国内过 ETC 高速公路口。"

友谊关作为广西陆路第一大口岸，在智能化通关、信息化系统建设、通关效率等方面不断提升。采取"提前审结"模式以来，整体通关时间由原来的平均 2 小时缩短至平均 10 分钟，车辆进出卡口时间由原来的 2~3 分钟缩短至 30 秒左右，通关效率的大大提高为中越边贸带来了极大便利。

在南宁，广西国际博览事务局副局长梁艺光特别强调了广西的陆海均与越南等国相邻的特点，利用这一优势，2022 年 8 月 28 日，从南宁到北部湾的平陆运河开始开凿，这是中国自京杭大运河后 1 000 多年来修建的又一条大运河。

过去内陆城市货物大多走水路经过珠江到广州出海，今后有了这条 135 千米的运河后，广西等地方的货物，装载在 5 000 吨的货船上，可以直接运送到越南等东盟国家。广西与东盟的关系也会越发紧密。

　　如果像40年前的深圳、20年前的上海那样，用好中国最大贸易伙伴这一得天独厚的交易条件，广西、云南、贵州等实现经济起飞，这无疑能推动中国经济更快地向前发展。在贸易之后肯定有巨量的产品生产、新技术的研发、市场扩大出现，如今历史将新的发展机遇赋予了广西，广西用高速发展回应了历史的需求。

　　从宏观经济环境看，RCEP让中国与东盟的贸易关系更加稳定。韩国、日本企业这两年关注广西，参与东博会，看好在这里发展与东盟国家的关系的区位优势，并通过参与博览会发展与中国及东盟各国的贸易往来。

　　也许数年后，中越边境不仅有友谊关的热闹景象，经过平陆运河源源不断从内陆运送到北部湾的商品，同样能支撑起一个新的繁荣局面。

　　（资料来源：陈言，在广西看中国—东盟贸易盛况，中国东盟报道，https：//view. inews. qq. com/qd/20220922A0498G00？refer＝wx_hot）

同步训练 >>>

"一带一路"倡议指的是（　　　）。

A. 丝绸之路经济带　　　　　B. 21世纪海上丝绸之路

C. 西部陆海新通道　　　　　D. A 和 B

2.3　大运河

　　大运河是中国古代贯通南北的水路交通大动脉。它起自北京，途经河北、天津、山东、江苏、浙江六省市，终至杭州，故又称"京杭运河"。其沟通了海河、黄河、淮河、长江、钱塘江五大水系，全长近1 800千米，分为七段——北运河（包括通惠河）、南运河、会通河（包括济宁以南的泗水河段）、黄河航运段、淮扬运河（不同时代又称"邗沟"或"江北运河"）、渡江段和江南运河，是世界上开凿时间较早、距离最长、规模最大的运河。

2.3.1　大运河的发展历程

2.3.1.1　大运河的雏形

　　中国的运河始于春秋时期，最早开凿的运河是楚国的荆汉运河和巢肥运河。邗沟是中国最早开凿的运河之一，是中国大运河的重要组成部分，沟通了长江与淮河。邗沟最初由春秋时的期吴国开凿，动机是军事防护。春秋战国时期诸侯纷争，战争不断，军资运输频繁，吴国地处水乡，百姓习于舟楫，吴王夫差有争霸天下的野心，但当时江淮间不通水路，绕海路则增加时间、风险且贻误战机，所以开凿邗沟，利用射阳湖、白马湖、樊梁湖等自然水域运输军粮和兵丁。

除此之外，春秋战国时期开凿的运河和水利工程还有鸿沟、淄济运河、郑国渠、都江堰等，它们共同的特征在于都充分利用了自然河道，人工开凿的距离较短，多服务于军事运粮、运兵，维护成本较小，统治者并不十分重视，多为区域性、临时性的河道，也有一些用作农业灌溉，客观上促进了经济的交流与发展，为后来的全国性水运交通网的形成奠定了基础。

2.3.1.2 大运河的完善

对中国历史足以产生重大影响的首推隋唐宋大运河。隋朝的建立和统一结束了汉末近400年的分裂状态，但此时饱经战乱的北方已无法满足京城和边防的粮食供应，而分裂时期的江南经济有显著发展，粮食丰盛，南粮北运成为大势所趋。但是陆路运输耗费人力巨大，费用高、速度慢、运量小，因此，利用运河进行水运成为当务之急，而且从治理的角度看，运河的开通也有利于隋朝政权对南北方的控制，维护国家统一、巩固新生政权。隋文帝杨坚开挖并疏浚了广通渠，引渭水东流，过潼关通黄河，连接天下。隋炀帝杨广开凿了长达2 000里①的通济渠，沟通了洛水、黄河与淮河，连通了洛阳和扬州，之后又修筑了从洛阳到涿郡的永济渠，沟通了攻打辽东的两个水陆军事基地东莱和涿郡。形成了以洛阳为中心，以北京和杭州为起止点的东南西北方向的大运河，包括通济渠、永济渠、山阳、江南河等一系列河段，沟通了海河、黄河、淮河、长江和钱塘江五大水系，初步建立起全国性的水路交通网。

2.3.1.3 大运河的繁盛

明清时期是运河水路的繁盛期，其繁盛的基础是一系列的运河治理工程措施及漕运管理制度的实施，从而真正实现了运河水路的全线贯通，以最短的距离纵贯整个东部的富庶区。运河漕运的繁盛主要体现在以下几个方面：

（1）物资的流转

每年沿京杭运河北上的漕运官船达11 000多只，运军（漕运军队）约12万人，除运送国家规定的有漕运的六省份的正粮400多万石外，还运送竹木、砖瓦、棉花、烟草及搭载运军随漕船携带的土宜（土产）产品。除官船外，还有从事商业活动的民船，主要短途运送各种农产品及手工业品，一般集中在粮食、布匹、棉花、盐等几类商品及部分特产和工艺品上。

（2）机构的设置

唐宋以后，政府设专职官员管理运河交通。到明清时期，为确保漕运的畅通，政府围绕运河漕运活动建立了一整套的管理制度，设置了相应的管理机构，驻扎了大批官员，对运河河道进行疏浚整治，对沿途仓储、税关进行管理。

漕运管理
机构的设置

（3）人员的往来

在古代，水运是相对舒适、快捷的交通方式。由于运河的畅通，在商品经济的刺激下，外来流动人口甚多。舒适、畅通的交通方式便利了人员的往来，官员士绅、士子客旅及普通百姓，往往取道运河。流传至今的官绅"旅行日记"可见一斑，日记大量记载了行走运河的情况，甚至康熙、乾隆下江南，也多次取道运河。另外，大量运军、水手及各地商人商贩前来进行贸易活动，经营谋生，明显的标志是沿线商人会馆

---

① 1里=500米。

遍布。人员的往来流动，也促进了运河水路的繁荣。

（4）城镇的崛起

运河商路的畅通，促成了沿线一批城镇兴起和繁荣，形成大大小小不同层级规模的商品集散地，如北京、通州、直沽、沧州、德州、临清、聊城、济宁、淮安、扬州、张秋、邵伯等。北京因物资多来源于外地，有"漂来的北京城"之说。运河城镇多位于水陆交通要冲之区，水网密布、物产丰富，城镇多因漕、盐等原因从无到有、由小到大发展起来，前者如夏镇、清江浦，后者如临清、济宁、淮安、扬州等。其中，小城镇占绝对优势，中等城镇居中，中心枢纽城镇数量最少。天津作为重要的漕运要道和中转码头，是北方的经济重镇。济宁在乾隆时升为直隶州，为"百货物聚处，客商往来，南北通满，不分昼夜"的场所。淮安为南船北马、九省通衢的咽喉之地，来自湖广、江西、浙江、江南的粮船汇聚于此。扬州在乾隆年间发展成为"四方豪商大贾鳞集麇至，侨寄户居者不下数十万"的大城市。苏州作为全国最大的商业都市之一，"货物店肆充溢金闻，贸易锻至辐辏"。杭州在清中期发展成为商业枢纽城市。

2.3.1.4　大运河的衰落

自清朝后期开始，运河水路物资运输的作用逐渐减小。一方面，由于漕粮海运、盐法改革、黄河北徙、运河淤塞等因素，运河水路的重要地位一落千丈，"云帆转海，河运单微，贸易衰而物价滋"，河道、漕运等管理机构相继被裁撤，商人纷纷转往其他城市；另一方面，由于港口、铁路等新式交通的兴起，原来借助运河水路进行的物资交流商贾随之向沿海转移，大量的粮食等农副产品及煤炭等工业品不再取道运河，而是转为铁路运输。交通路线的重大变迁，直接导致了运河水路的衰落。

2.3.2　大运河的贸易

大运河水路的贸易活动，将中国的南方与北方连通起来，造就了大规模长途商品流通的基础。运河水路上贸易商品多、流通范围大，在全国的商品流通网络中发挥着重要的作用。

2.3.2.1　运河水路的贸易形式

运河水路的贸易形式可分为商民船贩运、漕船夹带、坐地经营、游商散贩等几种。

（1）商民船贩运

明清时期，全国最有实力的商人就是贩运商。贩运包括长途贩运和短途贩运。其中，长途贩运的一般是大买卖，货物规模大，所需资本大，周转时间长，行程艰难，多选择便宜的线路。与陆路运输方式相比，水路运输因量大价低而成为大宗货物的首选。大运河全线贯通以后，发达的水路交通与特殊的区位优势为长途贩运提供了便利条件，一些大宗商品不再局限于狭小的区域内市场，而是长途贩运至很远的地方销售。纳入长途贩运的商品，一般集中在粮食、布匹、棉花、盐等几类商品及部分特产和工艺品上，尤其是粮食，运河沿线出现了许多著名的粮食市场。根据日本学者松浦章的研究，大运河上每年有 4 000 只左右的漕船，约占航行于大运河上帆船总数的 10%。这样，运河上的商船多达四五万只，其所贩运的商品数量当非常可观。

（2）漕船夹带

漕船夹带主要是指运军随漕船夹带的土宜私货。朝廷为体恤运军生活不易，自明洪熙年间开始，规定运军随漕船携带一定数量的"土宜"，可以沿途买卖，并且免征课税。不断增加的土产品携带，进一步扩大了南北物资的交流。除朝廷明文规定的夹带数量外，运军还私自夹带腌猪、豆麻饼、棉花、红黑枣、梨、柴、菜等，而且数量更大。运军至京师卸粮后，漕船回空南返时，还沿途违规承揽大量商品，附带私盐，搭载商客，往往导致漕船延迟。数量庞大的土宜产品的长途贩运，促进了全国物资交流和商品经济的发展，使得大大小小城镇中店铺林立，商贾辐辏，百货集聚。

（3）坐地经营

明清时期，朝廷对长途贩运行商的管理非常严格，行商出外经商，需要先向政府申请路引，对于无引、引目不符及持假引者，逮捕治罪。这种情况下，除部分实力雄厚的大商人外，大多数中小商人会选择坐地经营，在城镇开设市肆店铺或在乡村集市设有固定摊位，从事商品的批发及零售，被称坐商、坐贾、铺户、行户。坐商经营规模大小不等，中小商人居多，从事服务行业、饮食业和零售业的居多。他们或者收购零散商货卖给长途贩运者，或者向长途贩运商购买外地商品，或者集手工业者和商人于一身，前店后坊，是运河沿线市镇中的主要群体和中坚力量，活跃了运河区域的商品经济。

另外，还有一些游商散贩，本小利微，数量庞杂，活跃于城乡街巷或集市，吃喝叫卖，以服务性行业为多。

2.3.2.2　运河水路的贸易商品

每年400万石的漕粮运输，是运河上的主要物资，但漕粮不是商品。运河上的贸易商品，主要是指借助运河水路输送的、远超漕粮数量的一般商品，数量巨大，品种繁多。

（1）粮食

在大运河的商品流通中，占比例最大的还是粮食，特别是长距离的粮食贩运。例如，江南地区因人地矛盾加剧，粮食缺口大，所需稻米借助长江漕路取自江西、湖广，所需豆麦借助运河粮路取自北方各省。康熙年间，苏州城周边的枫桥一带出现了专门的米豆粮食市场。乾隆年间，浒墅关以米谷为大宗，当时过浒墅关的米麦豆粮船每年有5万多只，过扬州关的麦豆粮船每年有1万多只。据有关研究，乾隆时由运河抵达江南的粮食500万石。咸丰以后，江南地区的运河仍旧畅通，无锡成为中国四大米市之一，面粉厂、米厂滨河而建，城北运河两岸的北塘一带，来自湖广、江西等处的粮船，经无锡转运至上海、杭州、天津等城市。

（2）棉花、棉布和丝绸

明朝北方地区盛产棉花，而棉纺织业、丝织业则是南方农村的两大支柱性产业，松江、常熟一带盛产棉布，因此，北方的棉花通过运河销往南方，而棉布则由南方经运河销往北方。南京、苏州、杭州一带丝织业著名，吸引商贾前来贩运。这种情况下，一些运河城市发展成为棉花、棉布和丝绸的转销市场。清朝以后，随着北方棉纺织业的发展，出现了不少棉纺织中心，江南棉布的销售范围有所收缩，使棉布的流通格局发生变化：山东部分地区已由棉布输入区变为棉布输出区，东北被开辟为新的江南棉布销售市场。从事丝织品贩运的有晋商、徽商、吴越商等，尤以徽商著名。

（3）食盐

盐运发展带来巨大的商机和利润。北直隶长芦食盐多利用水路，自运河入滏河，经河间、真定、顺天、广平至磁州。或由大名县的白水潭运至卫辉及道口镇，然后车运渡黄河，再行分运。山东海盐由济南泺口运至阿城镇，然后转运至河南、苏北等地区。两淮盐场位于苏北地区，以淮河为界分淮北盐场和淮南盐场，有"两淮盐课，足当天下之半" 之说。水陆交通之便吸引了大批商人与土著居民从事盐业贸易，造就了一大批盐业中心，如沧州、杨柳青、阳谷县阿城镇、张秋镇等，扬州、淮安更是淮盐转运的枢纽，城市发展与盐业关系密切。乾隆、嘉庆时期是扬州盐业的极盛时期，同治十二年（1873 年）扬州盐宗庙的创建，从一个侧面反映了扬州盐业的发达。扬州河与淮安河下一带均是盐商的聚居区，尤以徽商居多，还吸引来自陕西、山西、湖广、江西等地的商人纷纷来此经营。

（4）果品和南北杂货

除粮食和纺织品外，运河粮路上的商品还有梨、枣等果品及各种南北杂货，沿线的泊头、临清、聊城、张秋、台儿庄等城镇是干果鲜品的集散码头。

总之，经由运河水路往来运输的一般贸易商品来自漕船的夹带、回空装载及商民船运输，有粮食、棉花、棉布、食盐、果品、茶叶、瓷器、南北杂货等。其中农副产品占有相当比重，尤其以粗重的粮食、布匹为主，表明了城市商业与周边农村的产业息息相关。沿线城镇因各种商品的汇聚，逐渐形成专业性街巷。

2.3.3 大运河的影响

大运河的贯通，为人口、物品、船只的往来提供了有利条件，带动了商品经济的发展。运河漕运每年约承担 400 万石的漕粮运输，满足了京城、边防及卫所粮食供给，保证了国家的经济命脉和安定统一。同时，也便利了商民船只的往来，促进商品经济的发展。

2.3.3.1 维系着古代中国的国家命运

大运河是国家重要的经济命脉和维系大一统的政治纽带，加强了北方政治中心与南方经济区域的联系，对于南北经济文化交流及国家统一作用巨大。大一统的趋势是中国历史的主流，全国性运河交通网络的出现是大一统的结果，也有利于大一统局面的巩固和发展。隋唐及元明清时期是中国的大一统时期，同时，也是运河漕路畅通、作用充分发挥的时期，促进了各地区的经济联系，影响到城市的布局与发展。

2.3.3.2 促进了南北方及沿线的商品流通

尽管漕粮本身不是商品，但伴随这一过程的商业活动无处不在，给沿途地区带来了经济繁荣。运河是交通要道也是商品流通之路，运河即商路。物资运输是运河最本质的功能，作为南北经济交流的大动脉，运河密切了运河区域的经济联系，便利了各地的商人往来，扩大了商品的流通范围，促进了沿线城镇的兴起与发展，统一的运河区域市场也逐渐形成。

2.3.3.3 促进了各地的交通网络建设

商品流通不仅是物资的互通有无，还加强了各地区的相互联系。为了连通运河主干道，各地的水陆交通网络不断开拓，商业线路不断延伸，流通范围不断扩大，越来越多的地区被纳入商品流通的洪流之中，地方商品市场得到发展，以集镇为中心的地方小市场便利了农村百姓的商品交流活动。

2.3.3.4 推动了各地文化的交流与传播

在频繁的商品经济交流中，运河流动的黄金水道便利了文化的交流与传播，齐鲁文化、吴越文化、燕赵文化等在这里交融，中外文化在这里碰撞，运河成为南北文化交流与传播的重要载体。

时至今日，古老的运河作为鲜活的、流动的人类文化遗产依旧发挥作用，继续为商品经济的发展服务。

同步训练 >>>

同步训练

目的：理解中国大运河的发展历程与商贸文化。

2.3.4　广西三大古运河

2.3.4.1　灵渠

灵渠又名湘桂运河、兴安运河、陡河，位于广西壮族自治区兴安县境内，全长36.4千米，于公元前214年凿成通航。灵渠流向由东向西，沟通了长江水系的湘江与珠江水系的漓江，成为中原通往岭南的主航道，成为全国南北航运干线的有机组成部分。灵渠是世界上最古老的运河之一，有着"世界古代水利建筑明珠"的美誉。

在漫长的历史中，灵渠成为中国南北交往的重要通道，对我国的国家统一、经济联系和文化交流，发挥过重要的作用，至今仍然发挥着灌溉和供水的作用。如今，灵渠又成为"一带一路"和海上丝绸之路的组成部分，对于促进民族大团结、大融合和边疆巩固安宁有着重大的现实意义。近年来，广西聚焦灵渠"大发展"，积极保护这一历史文化遗产，不断挖掘和传承其文化内涵，先后实施了保护、修缮、文化展示等九大工程和灵渠补水、灵渠公园等改造提升工程，力将灵渠打造为世界一流"生态旅游示范带"。

2.3.4.2　相思埭运河

相思埭运河又名桂柳运河，曾名临桂陡河、南陡河、西渠、南渠等，位于广西临桂区，全长约16千米，开凿于唐代长寿元年（692年），连接漓江的支流良丰江和柳江支流洛清江，它与灵渠并称为桂林府的东西二陡河。

古时，相思埭工程是为适应边疆开发和经济发展需要而建设的水运工程之一。统治者可以依靠这条运河输送大量的军队物资，快速地经过桂林控制整个岭南和西南地域。商贾平民也利用该运河运输商品货物，使黔东南之土特产水运经融江、柳江过相思埭越灵渠到达中原，这样既利惠贾通商、又利经济文化交流，繁荣了沿岸经济。如今，广西桂林市已将相思埭运河列为重点文物保护单位，启动古桂柳运河生态修复工程，增添滨水娱乐、民俗体验、历史教育等设施，使桂柳运河成为漓江、两江四湖之后桂林第三条旅游黄金水道。

2.3.4.3　潭蓬运河

潭蓬运河又称仙人垅，在古籍中又被称为"天威遥"或"天威径"，位于防城港市西南的江山半岛上，连接防城港和珍珠港，全长约10千米，于唐代咸通年间（806—874年）由安南节度使高骈募工开凿，是中国古代唯一的一条海上运河。

潭蓬运河凿通后，往来船舶可以通过该运河直接往来航行于防城港和珍珠港之间，不但缩短了航程，而且避开了江山半岛南端白龙尾的风浪搏击，使船舶安全航行。今已被列为广西壮族自治区重点文物保护单位。

 知识链接

八桂古道·相思埭

692 年，当时世界上最强盛的国家之一——唐朝的统治者武则天已经 68 岁。尽管年近古稀，但刚刚称帝一年多的她并没有停止让这个帝国变得更强大。九月庚子日，武则天以自己齿落而更生为理由，改年号为"长寿"。她派出大将出征西北，收复龟兹、疏勒、于阗、碎叶等安西四镇；而在西南，她命人于岭南道灵渠以南 80 千米处，修筑一条新的运河。这便是今天的古桂柳运河，它还有一个美丽的名字——相思埭。

北宋仁宗皇祐四年（1052 年），广源州首领侬智高起兵反宋，攻破邕州。九月，朝廷派狄青出征。大军十二月至桂林，进入漓江之后，通过相思埭直下柳州，最后击败侬智高。

元、明两代，当地政府不断修缮、增建相思埭运河的陡门。到了清代，相思埭运河迎来它的鼎盛时期，成为连接中原和西南边疆贸易的黄金水道。在至少宽 10 米、最宽达 30 米的运河河道上，几乎每天都有各地商船满载稻米、木材、药材、食盐等物资，往来不绝。

航运的繁忙带来商贸的繁荣。相思埭运河流经的临桂区，明代时有圩市 9 处，到了清代前期就增至 29 处。随着运河交通网络的形成，码头、会馆等也相应增多，再加上运河本身就具有蓄泄灌溉功能，相思埭运河周围汇集了大量商业和农业人口。

旧村，相思埭运河支流上的一个回族村，主要由明清时期外地迁徙而来的回族同胞聚居而成。这里以特色美食板鸭闻名，制作工艺有 200 年以上的历史。如今，村里 40 多户人家基本家家做板鸭。旧村板鸭不仅深受国内"吃货"的喜爱，还远销新加坡、马来西亚等"一带一路"国家。

（资料来源：广西卫视，《广西故事——八桂古道·相思埭》，https://view.inews.qq.com/k/20201226A0ATPO00？web_channel＝wap&openApp＝false）

同步训练 >>>

目的：理解广西三大古运河的发展历程及商贸文化。

2.3.5　平陆运河

2.3.5.1　平陆运河的基本情况

平陆运河位于广西壮族自治区，于 2022 年 8 月 28 日正式开工建设，全长约 135 千米，起于南宁市横州市西津库区平塘江口，经钦州市灵山县陆屋镇沿钦江进入北部湾，连通西江航运干线与北部湾海域，建成后将在我国西南地区开辟一条由西江干流向南入海的江海联运大通道，是西部陆海新通道的骨干工程。

2.3.5.2　平陆运河的战略意义

（1）助力新通道效能提升，服务构建新发展格局

平陆运河的建设通航，对广西，甚至中国西南、东南部都有很重要的战略意义。

广西作为一个沿海省份，此前只能从郁江绕行854千米到达广州，最后出海。平陆运河连通西江和钦江水系，建成后南宁、贵港等广西城市的货物经平陆运河到北部湾港，出海路程将缩短560多千米，极大地节约了运输成本和时间。

平陆运河将在一定程度上变南宁为"滨海城市"，形成南宁、北海、钦州、防城港城市群格局，促进北部湾国际门户港建设，推动向海经济发展。且平陆运河通航后，将有望带动上游（从南宁到左右江），一直到云南方向，对整个区域形成驱动作用，同时反哺整个北部湾的产业发展，实现江海河联动、港产城融合，促进沿线产业布局优化调整和运河经济带形成。可以说，平陆运河对西部地区融入共建"一带一路"，高水平共建西部陆海新通道、服务构建新发展格局、构建中国—东盟命运共同体都具有重要意义。

（2）构建绿色生态运河，驱动沿岸经济发展

平陆运河沿线生态资源丰富，生态经济潜力极大。以"河畅、水清、鱼翔、岸绿、景美、低碳"为目标，广西在建设平陆运河的过程中，依法依规开展环境影响评估，落实保护措施。同时，通过合理设置过鱼设施和鱼类增殖站、建设生物多样性观测站等举措，对运河沿线陆生、河流和海洋生态进行定期观测，保护沿线生物多样性，实施保护性开发。

运河沿线经过不少农村，平陆运河项目建设可为沿线约65万亩①灌区提供用水保障，通过土石方综合利用预计新增耕地指标800多公顷，并扩大有效投资，带动就业，提升沿线城镇防洪能力。其次，运河一旦建成，再加上旅游开发，沿岸生态环境改变，将打开沿岸经济发展新局面。

 知识链接

平陆运河　百年圆梦

"平陆运河"之"平陆"二字，取自广西南宁西江干流"平塘江口"中的"平"和钦江干流入口钦州市"陆屋镇"的"陆"。2022年8月28日，广西平陆运河项目正式开工。它不仅是"十四五"期间我国在长江以南规划建设的三大运河之一，更是跨越千年历史，中国开凿的第二条运河。

早在民国年间，孙中山先生在《建国方略》（1917—1919年完稿）里就提出了建设平陆运河的设想。中华人民共和国成立后，国家和广西先后组织力量进行数次勘察，并先后出了《平陆运河规划报告》。但由于整体工程难度大，所需要的技术复杂以及资金需求大等因素，"平陆运河"一直徘徊在前期筹备阶段。近年来，国家及多个部委将推进平陆运河开发建设列为重要议事日程。2019年，《西部陆海新通道总体规划》印发，四川、重庆到广西北部湾，将形成三条陆海新通道。

---

① 1亩=666.67平方米。

2021 年，中共中央、国务院印发的《国家综合立体交通网规划纲要》将平陆运河纳入"四纵四横两网"国家高等级航道布局；《中华人民共和国国民经济和社会发展第十四个五年规划和 2035 年远景目标纲要》提出"研究平陆运河等跨水系运河连通工程"；国务院印发的《"十四五"现代综合交通运输体系发展规划》提出"研究建设平陆运河"。国家发改委、交通运输部也多次发文推进平陆运河建设工作，平陆运河建设项目进入加速实质性推进阶段。

平陆运河开通后，南宁通过钦州出海较通过广州出海，距离缩短 560 千米，"广西货物绕道广东出海"的尴尬将得以缓解。对于广西乃至整个西南、中南部分地区，平陆运河都将是一条距离最短、更经济更便捷的出海水运新通道。

（资料来源：编者整理）

2.4 茶马古道

茶马古道是我国西南地区伴随茶马交易和马帮运输发展而形成的陆上商贸通道。茶马古道穿越世界上地形最复杂和最独特的高山峡谷地区，是世界上地势最高、最险峻也最遥远的文化传播古道之一。起源于唐朝的茶马互市，即古代中原地区与西北、西南边疆少数民族地区之间一种传统的以茶易马或以马换茶为中心内容的贸易往来。茶马互市兴于宋朝，繁盛于明朝，清后期逐渐衰落。茶马古道主要有三条干线，即青（青海）藏线、川（四川）藏线、滇（云南）藏线，最终向外延伸至南亚、西亚、中亚和东南亚。

2.4.1 茶马古道的发展历程

2.4.1.1 茶马古道的形成

汉朝以来中央政权十分重视与西北少数民族地区的贸易往来，在茶马互市形成之前，中央政权主要用金银、绢帛及各种手工业品来交换周边少数民族的马匹及其他畜产品，历史上将这种互通有无的民族贸易称为绢马贸易。唐朝后期，绢马贸易日益发展为茶马互市。

唐朝中期以后，饮茶的习俗开始在中原形成并逐渐辐射西北、西南少数民族地区。641 年，文成公主一行从长安出发，长途跋涉到吐蕃和亲，将茶叶和许多工艺品、谷物、菜籽、药材等带到藏区。由于唐朝中央政权对与西域少数民族地区互市的重视，加之对马匹的迫切需求，促成茶马互市在汉藏民族间形成。由于当时茶叶还只是少数民族上层的奢侈品，社会需求量十分有限，因此，汉藏之间的茶马贸易没有大规模发展。唐朝的茶马贸易走的就是文成公主进藏的唐蕃古道。

宋朝茶马互市成为正式制度。由于茶叶具有解油腻、助消化的功能，不仅贵族，即使普通牧民也已饮茶成风。西北各民族纷纷卖马以购买茶叶，而宋朝为了获得战马，便决定在西北开展茶马贸易，通过出卖茶叶换取战马。宋朝茶叶生产的发展，为开拓茶马互市提供了物质基础。为了加强管理推动茶马互市贸易的发展，熙宁七年（1074 年）宋朝在成都设置榷茶司，在秦州（甘肃天水）设买马司，分别对买卖茶叶和马匹进行管理，并在不久后将上述两个机构合并为都大提举茶马司，统一管理茶马互市事宜。据估计，北宋时四川茶叶交换藏区的马匹每年 2 万匹以上，南宋时 1 万匹以上，而两宋时四川年产茶 3 000 万斤，其中半数以上销往藏区。北宋末期，榷茶制改为茶引制。茶引又称护票，类似现代的购货凭证和纳税凭证，同时，也具有专卖凭证的性质，是茶商缴纳茶税后获得的茶叶专卖凭证。

宋朝的汉藏茶马贸易依然主要走唐蕃古道，虽然宋朝时期这条古道的政治、军事作用大为削弱，却因为茶马贸易的日益兴盛而真正成为汉藏茶马贸易的重要通道。当时四川茶叶占据入藏茶叶的二分之一以上，通过西山道，即由今四川都江堰出发沿岷江谷北上，纵贯岷山山脉，通往甘肃、青海藏区，或北上连接唐蕃古道，进入西藏。

2.4.1.2 茶马古道的繁盛

元朝虽然不再用茶叶换取马匹，但茶叶贸易带来的巨额税赋使朝廷依然重视茶叶向藏区的销售，重视道路的开拓，不断设置驿站，从而使茶马古道得以延伸拓展，直至在明朝和清前期达到繁盛。

明朝汉藏茶马贸易交易量激增。1661 年，普洱茶年产干茶约 8 万石，达到了历史最高水平，销往藏区的普洱茶就达 3 万石之多。贸易通道得到拓展完善，沿线城镇兴盛。为了强化汉藏之间的联系，便利贸易，明朝开辟了碉门（四川天全县）—昂州（四川泸州岗安镇）—长河西（四川康定）的碉门路茶道，在昂州设立卫所加以保护。成化七年（1471 年）规定乌斯藏、朵甘思（西藏自治区昌都市东部）各部朝贡必须由四川路进京。从此，川藏线贡道、官道合为一体，成为入藏驿道，是茶叶贸易的主要通道。

清朝茶马古道的川藏线形成南、北两路，昌都是南、北两路的交会点，也是滇藏交通的枢纽，成为茶马古道上最重要的贸易中心。南路即川藏官道，雅安—康定—雅江—理塘—芒康—昌都；北路即川藏商道，雅安—康定—炉霍—甘孜—昌都。茶马古道滇藏线从丽江到德钦也形成三条线路。输藏茶叶规模的扩大，促进了茶马古道沿线城镇的兴起和繁荣，也使四川在茶马贸易中的地位更加重要。康熙三十五年（1696 年）打箭炉（四川康定）获准成为汉藏贸易的市场，并于康熙四十一年（1702 年）设立茶关，使边茶集散地由雅安碉门深入藏区。乾隆时，松潘也发展为川西北、甘青以至蒙古的边茶集散地。

茶马贸易的繁盛促使贸易制度发生了很大变化。朝廷通过茶马贸易巩固和强化对藏区的统治，大量设置茶马司机构和官员，管理茶马贸易。清朝前期由于大规模战事的需要，继续积极推行茶马贸易政策。此后为了扭转官茶贸易的萎缩，朝廷对四川茶叶贸易进行了重大制度改革，变茶引制为引岸制，即商人经营茶叶均须纳税申请领取茶引，并按茶引定额在划定范围内采购茶叶，卖茶也要在指定的地点（口岸）销售和易货，不准任意销往其他地区。开展茶马贸易的地区，除此前的四川、青海、甘肃等地外，云南也成为最主要的区域。

2.4.1.3 茶马古道的衰落

清朝中期以后，边疆地区经济发展，对内地商品的需求日益增加，内地与边疆商人交易日益频繁，逐渐冲破了官办茶马贸易的垄断。同时，由于茶叶在中国出口贸易值的比重占一半以上及出口数量不断增长，这促使清廷从重视茶马古道的茶马贸易转向重视出口贸易，茶马贸易开始衰落，茶马贸易管理机构纷纷裁撤，普洱茶年产量回落，雅安茶号骤减。从此，历经 1 000 多年的茶马贸易逐渐退出历史舞台，茶马古道也因此而衰落。

2.4.2　茶马古道的贸易

茶马古道的
商人组织

茶马古道上的茶马交易是在世界上地势最高、最险峻的古道上进行的买卖活动。因茶马交易的特殊性，历代政府长期执行榷茶政策，无论采取朝贡贸易、榷茶、榷茶易马，还是召商中茶及严禁私茶政策，均由政府管理机构确定和执行，使茶马交易在较长的历史时期中相对稳定，并体现了特定商品、古道上特定交易、特定商路的古代商贸形式。

2.4.2.1　茶马古道的贸易形式

（1）朝贡贸易

唐宋时期，茶马贸易大量采用朝贡贸易形式。唐太宗贞观八年（634 年）始至武宗会昌三年（843 年），吐蕃王朝使臣入唐 125 次，朝贡贸易异常繁荣；北宋时期茶马朝贡贸易仍旧延续；明朝时期朝贡贸易在茶马贸易方面已不占主要地位；到了清朝，朝贡贸易完全被其他贸易形式取代。

（2）互市贸易

①榷茶易马。榷茶（茶叶专卖税）是中国唐朝以后各朝代所实行的一种茶叶专卖制度。榷茶始于唐朝，但作为一种比较固定的制度，始行于宋朝初年。榷茶规定，园户生产茶叶，先向山场领取"本钱"，茶叶采制以后，除缴纳租税和本钱的茶叶外，余额也全部交售给山场。商人买茶，先向榷货务（旧时收税的关卡）交付金帛，然后凭凭证到榷货务或指定的山场兑取茶叶。

以茶易马是我国古代统治者长期推行的一种政策，即在西南（四川、云南）茶叶产地和靠近边境少数民族聚居区的交通要道上设立关卡，设立机构制定茶马法，专司以茶易马的职能，用茶叶换取边区少数民族的马匹和其他物品。

宋朝在绝大部分产茶区实行唐朝始创而未实行的榷茶法。宋朝榷茶的政策和制度变化很大。宋徽宗崇宁四年（1105 年）改榷茶制为茶引制，即商人高价买茶引，凭引向园户购茶（自付茶价），严密的茶引制度由此开始。宋朝以后，除元朝未实行茶马互市外，明朝和清朝前期虽有时也实行税茶或其他榷茶方法，但基本上都沿用北宋的茶引制。清朝咸丰（1851—1861 年）以后，茶引法逐渐废止，榷茶才最后被征收厘金或其他捐税所代替，榷茶易马改为民间自由经营。

②召商中茶。召商中茶即官府允许商人直接参与茶马互市，是官府默认民间茶马自由贸易的措施。明朝成化（1465—1487 年）时期民间茶马贸易日趋频繁，茶叶多私运出境。于是弘治三年（1490 年）被迫开放商营贸易，出榜招商。要求商人到指定茶场买茶，并将茶叶送到指定茶马司，收购来的茶叶官府留下四成，其余六成由商人自行销售。此法一行，私茶贸易一发不可遏制，导致好马尽入民间商人之手；官员将吏为了牟取私利，有的故意压低马价，以次茶充好茶，有的用私马替代番马，造成

官营茶马贸易衰落。

③民间贸易。虽然茶马互市兴起以来历代官府限制民间贸易，并实行了严格的榷茶制度，但是因为民间茶马贸易交易成本较低、回报率较高，所以，民间茶马贸易、私茶贩卖始终存在。明朝是茶马贸易的鼎盛时期，但民间茶马贸易的发展也很快，并且有了一定的社会基础。尤其明朝政府无奈采取召商中茶措施后，默认了民间茶马贸易的合法性。清朝以后，民间自由贸易逐渐成为茶马古道上贸易的主流，贸易形式更加灵活，贸易范围更加广泛，交易利润也更为可观。由于走私贩茶利润较高，不仅一般商人，就连达官贵族以至驻军头目也参与其中，利用权力进行走私贩茶。

2.4.2.2　茶马古道贸易的商品

（1）茶叶

茶马古道的名称决定了这条古代贸易通道上流通的商品主角是茶叶和马匹。从茶马古道运往西藏等地的茶主要是黑茶的紧压茶及少量的绿茶。茶马古道流通的茶叶主要产自四川和云南两地的川茶与滇茶。

（2）马匹

中国古代马的产地主要在今甘肃、青海、西藏、新疆、陕西、内蒙古、四川、云南等地。唐朝茶马互市的马匹主要来自新疆和西藏地区，北宋时期主要来自甘肃藏区，南宋以后主要来自西藏、甘肃藏区。中原地区不产马匹，或者说缺少放牧成千上万马匹的牧场，蒙古草原、青藏高原都是适宜马匹生长的地区，因此，中原王朝将目光集中到了青藏高原。唐朝并不存在正式的茶马贸易，宋朝之后的明清时期，茶马贸易成为正式的国家贸易。此时中原王朝茶马贸易政策的出发点，一是为了获得与北方游牧民族抗衡的战马，二是通过茶马贸易取得利益。

（3）其他商品

茶马古道上交易的商品除茶叶、马匹外，日用品和土特产品品类繁多。随着时代的推进，日用品和土特产品日益成为主角。唐朝前期，丝绸、马匹和盐是交易的主要商品。唐宋时期，除茶叶、马匹和盐外，还有棉毛制品、名贵香料、珍贵药材、金银器、玉器等。明清时期则为茶叶、铜器、铁器、银饰、宝石、布匹、毛皮、毡毯、兰香、虫草、鹿茸、贝母等。

2.4.3　茶马古道的影响

茶马古道这条在中国西南边陲由茶马帮用血汗和生命踏出的沟通藏区的商路，对区域经济与社会的发展、民族与地域文化的交流、边疆与内陆政治的融合等发挥了重要的影响作用。

2.4.3.1　推动了相关区域经济与社会的发展

茶马古道这条穿行于青藏高原、横断山脉的雪域云端的古道，伴随茶马贸易，不仅将茶文化传播到广袤的青藏高原，还将大量内地工农业产品输入藏区，丰富了藏区的物质生活，而且内地的先进工艺、技术和能工巧匠也由此进入藏区，推动了藏区经济社会的发展，因而也推动了内地工商业特别是制茶业的发展。同样，藏区马匹的输入保障了中原政权的稳定和统一，大量日用品和土特产品的输入丰富了内陆居民的物质生活与消费。尤其是茶马古道还连接着西藏、云南周边的国家和地区，是古代中国与南亚地区一条重要的贸易通道，也是中国历史上对外交流的第五条通道，其在中外经济发展、文化交流和世界文明发展史上的作用，与西北地区的丝绸之路有着异曲同工之妙。

茶马古道上的许多交易市场，驮队、商旅的集散地和食宿点，逐渐形成为居民集聚的市镇，促进了西南地区的城镇化发展。像雅安、康定、昌都、丽江、德钦等市镇，都是依托茶马贸易而发展成为商业集散中心的。在茶马贸易的带动下，位于大陆腹地世界屋脊的藏区商业活动迅速兴起，出现了一批著名的藏商。

2.4.3.2 促进了各民族与地域文化的交流

茶马古道将原本被山川屏障的各民族和地方文化在茶马贸易活动中连接、冲突、碰撞、互动、团结、融合，将不同民族、不同语言和不同习俗的地区有机地串联起来，使其既保持自己的特点又彼此沟通联系并协同发展。特别是茶马古道的贸易活动，成为汉藏两大文明交流与融合的重要渠道，促成汉藏民族的沟通并在行为、心理、情感上亲近、团结和融合。

2.4.3.3 促进了边疆与内陆政治的融合

茶马古道的拓展和茶马贸易的兴盛，促进了中国西南边疆的安定和巩固，茶马古道成为促进西藏与祖国统一的政治、经济纽带。中国古代王朝实行茶马贸易的目的除获得战马外，就是实现对西南边疆和少数民族的笼络。历史上宋朝、明朝尽管未在藏区驻扎一兵一卒，却始终与藏区保持不可分割的关系。藏区各部归服，心向统一，茶马古道在其中发挥了至关重要的作用。

2.4.3.4 锻造了不畏艰险勇闯商路的商业精神

茶马古道崎岖险峻和通行之艰难世所罕见。沿线天寒地冻，氧气稀薄，气候变幻莫测。当地民谚形容古道行路之难："正二三，雪封山；四五六，淋得哭；七八九，稍好走；十冬腊，学狗爬。"广袤的西南边疆地广人稀，自然条件恶劣，农牧业基础薄弱，20世纪中期以前始终处于游牧社会，茶马古道通行之前几乎没有工商业基础。

正是在这种恶劣的自然和社会条件下，历代在茶马古道上经营茶马贸易和其他贸易的各族商户、马帮脚夫，凭着他们的双脚、双手、双肩，凭着他们为了生存和生意不畏山高水险、不畏官府打压、不畏匪劫盗抢、不畏商路迷茫的冒险精神，凭着他们逢山开路、遇水架桥的开拓勇气和经营智慧，凭着他们宽容亲和、互助共生的合作精神，凭着他们不辞辛劳、勤勉经营的坚韧毅力，凭着他们执着守信的职业操守，走出了举世无双的茶马商路，创造了独特的商业文明。这种不畏艰险、勇闯商路的商业精神和实践，发生在长期重农抑商的古代中国，出现在经济社会发展最为落后的中国西南边疆地区，与古丝绸之路上的商人既并驾齐驱又一脉相承；这种不畏艰险、勇闯商路的商业精神和实践，是中华民族难能可贵的历史文化财富，值得正在开拓建设现代化事业的中国人继承和弘扬；这种不畏艰险、勇闯商路的商业精神和实践，是人类文明历程的宝贵财富，值得全人类借鉴。

同步训练

同步训练 >>>

> **目的：**理解茶马古道的发展历程与商贸文化。

知识链接

走西口

走西口也称"走口外"，是指山西、陕西等地民众前往长城以外的内蒙古草原垦荒、经商的谋生活动。所谓"口"，原是指明隆庆以后在长城沿线开设的互市关口，后演变成为对蒙贸易的关卡。山西商人习惯称大同山西省右玉县杀虎口旧堡南门以东的张家口为"东口"，称大同右玉县杀虎口以西的各口为"西口"。杀虎口距离归化城（今内蒙古呼和浩特）比较近，所以在一些人眼里，"走西口"也就等于"去归化"。

历史上的走西口活动主要经历了两次高潮：其一为康熙年间到乾隆年间（1662—1795年）；其二为光绪年间（1875—1908年）到1936年。走西口的人一般是通过杀虎口首先进入和林格尔与清水河，然后到土默特、包头等地，也有部分人到达鄂尔多斯达拉特旗、准格尔、河套平原及大青山以北地区。晋西北和陕北神木、榆林、府谷等地的人则出长城北上进入鄂尔多斯、河套平原等地，也有一些甘肃人自宁夏渡黄河进入鄂尔多斯、河套平原。一般来说，走西口者主要有三类：一是无地或有少量贫瘠土地但收成不足以养家糊口的贫苦农民及一部分手工业者，他们是走西口的主体；二是商人；三是躲避兵役和官司的人。走西口的商人以晋中地区的人为主，按其从商特点可分为四类：一是行商，肩背车载，周游蒙境，主要从事汉蒙贸易和中俄贸易；二是坐商，一般是指在城镇开设店铺的商人，其中大部分是从事小本经营的商人，另有部分为大商人；三是从事多种经营的商人，一般拥有巨资，除在城镇开设商铺外，还开设手工业作坊和账房，有的也从事骡马运输或开设旅店及仓库等；四是从事票号钱庄者，清朝中后期随着内蒙古商业贸易的发展，票号、钱庄、当铺等在内蒙古各城镇中普遍兴起，不少晋商在经营金融业的同时，也逐渐渗透到商业和手工业中。明弘治以后出现的"货郎"是走西口晋商的先行者。当时，他们三五合伙，肩挑背扛，在晋北沿边地区和蒙古草原与蒙古牧民进行易货贸易，被蒙古人称为"丹门庆"（汉语"货郎"），汉人则称他们为"走草地的买卖人"。他们资本并不雄厚，开始时只在归化、张家口一带的商品集散地活动，或合股集资购买或赊买大商号的一些茶叶、烟酒、布帛等蒙古牧民的生活必需品，远赴蒙古大草原各地奔波兜售。天长日久，聚沙成塔，很多人终成大业。乔家、渠家、常家、曹家等众多晋商巨子都是从辽阔的蒙古大草原上发家的。大盛魁商号就是由山西太谷县肩挑小贩创办的，其前身是杀虎口的小店"吉盛堂"，后因善抓商机而发迹，获利丰厚，声名远播。

走西口的磨炼使晋商人才辈出，兴盛数百年。大盛魁与祁县乔氏"复"字商号等都在走西口商贸中将晋商的经营谋略发挥得淋漓尽致。蒙古牧民喜饮砖茶，大盛魁便自设茶庄加工"三九"砖茶；蒙古牧民需要结实耐穿的斜纹布，大盛魁便大量购进任牧民选购。走西口为山西商人带来了巨额财富。据说大盛魁的财产如果全部铸成50两重的银元宝，一安挨一键，能从库伦（今蒙古国乌兰巴托）一直铺到北京。

走西口还打开了一条贯通俄罗斯的新商道。当时在中俄贸易中，茶叶占主要份额，早在明朝，它就通过山西大同的茶马互市流入蒙古，继而输入俄国。清雍正以后，走西口的晋商开始垄断对俄茶叶贸易。道光十七年至十九年（1837—1839年），每年从对俄贸易重镇恰克图输往俄国的茶叶都达 8 071 880 俄磅①，价值 800 万卢布。恰克图最盛时有山西商号 60 余家。规模最大、经营最久的首推榆次常氏开办的大德玉、大升玉等商号。为更好地开展对俄贸易，他们开辟了一条以山西、河北为枢纽，南起中国福建、两湖，北越长城，横贯蒙古戈壁沙漠抵库伦，再至恰克图，进而深入俄境西伯利亚，又达彼得堡、莫斯科的国际商路。中国茶叶找到了更为广阔的销售市场，从而惠及中外，名扬四海。

（资料来源：谭景玉，齐廉允. 货殖列传：中国传统商贸文化 [M]. 济南：山东大学出版社，2017.）

本章小结

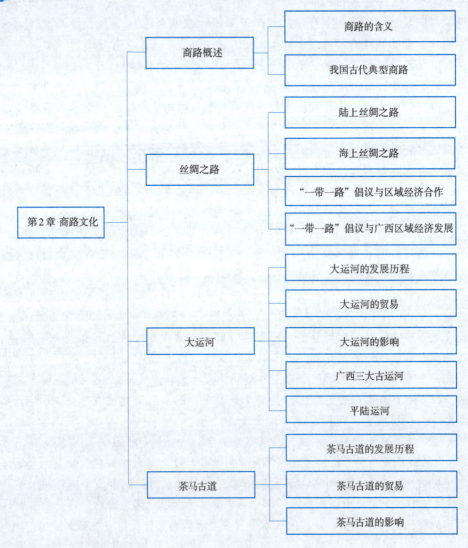

---

① 1 俄磅≈409. 512 克。

理论自测

理论自测

选择题

1. 灵渠始建于（　　）。

A. 公元前 214 年　　　　　　　　B. 公元前 215 年

C. 公元前 216 年　　　　　　　　D. 公元前 217 年

2. 灵渠沟通了（　　）的故事人物。

A. 湘江与漓江　　　　　　　　　B. 湘江与邕江

C. 漓江与邕江　　　　　　　　　D. 防城港和珍珠港

3. （　　）与灵渠并称为桂林府的东西二陡河。

A. 潭蓬运河　　　　　　　　　　B. 相思埭运河

C. 平陆运河　　　　　　　　　　D. 京杭大运河

4. 潭蓬运河位于（　　）。

A. 南宁　　　　　B. 防城港　　　　　C. 钦州　　　　　D. 北海

5. 平陆运河于（　　）正式开工建设。

A. 2022 年 8 月 25 日　　　　　　B. 2022 年 8 月 26 日

C. 2022 年 8 月 27 日　　　　　　D. 2022 年 8 月 28 日

判断题

（　　）1. 丝绸之路经济带战略对内圈定了新疆、重庆、陕西、甘肃、宁夏、青海、内蒙古、黑龙江、吉林、辽宁、广西、云南、西藏 13 省市。

（　　）2. 灵渠是世界上最古老的运河之一，有着"世界古代水利建筑明珠"的美誉。

（　　）3. 潭蓬运河是中国古代唯一的一条海上运河。

（　　）4. 平陆运河连通长江航运干线与北部湾海域。

（　　）5. 平陆运河的作用以发展航运为主，结合供水、灌溉、防洪、改善水生态环境等。

理论自测步骤

1. 学生打开智慧职教慕课平台 https：//mooc. icve. com. cn/cms/index. do。

2. 平台首页输入"桂商文化"查询，加入课程学习。

3. 在限定时间内完成测试。测试完毕，系统自动评卷。

应用自测

应用自测

（一）总体要求

根据本章学习的内容，介绍一条广西古运河。

要求：

1. 说好广西古运河的开凿历史；

2. 总结广西古运河对当时社会经济发展的重要意义。

（二）能力目标

1. 加深对商路文化的理性理解；

2. 理解商路文化对广西经济社会发展的推动作用；

3. 提升搜集、归纳、整理信息的能力。

（三）背景资料

通过课程学习，同时利用网络、报纸、图书等方式，搜集我国商路文化故事，特别是广西商路文化的相关资料，搜寻广西商路文化故事，完成应用自测要求。

 自我评价

学习成果	自我评价
我已经理解商路的内涵	□很好 □较好 □一般 □较差 □很差
我已经理解商路文化的定义和内涵	□很好 □较好 □一般 □较差 □很差
我会讲好广西"商路故事"	□很好 □较好 □一般 □较差 □很差
我会弘扬并传承优秀的桂商精神	□很好 □较好 □一般 □较差 □很差

第3章

商帮文化

无商不活　艰苦卓绝

引导语

　　明清之际曾引发了一场"商业革命"，在这场"革命"中相继崛起了赫赫有名的中国十大商帮。这些平凡又独特的创富团体，用他们的商业智慧铸就辉煌，名扬天下，在中国商业发展史上留下了浓墨重彩的一笔。在中国商业历史上，商帮的经营活动是推动商品经济发展的支柱性力量，商帮的兴衰及其启示更是现代商业发展的一笔宝贵遗产。本章将围绕明清十大商帮的经商风格和商业道德、新商帮的文化渊源等内容展开学习，既有历史的镜鉴也有未来的启发。

教学说明

学习目标

◎理解商帮的含义与起源；
◎掌握我国明清十大商帮及其经营风格与特点；
◎了解商帮的兴衰与新商帮的文化渊源；
◎传承商帮文化，继承优秀品质。

导学单

3.1　商帮概述

3.1.1　商帮的含义

　　清人徐珂在他编撰的《清稗类钞》中指出："客商之携货运行者，咸以同乡或同业关系，结成团体，俗称客帮。"中国学者卫聚贤、陈其国等早在20世纪30年代就研究了晋商，日本学者也研究了晋商、徽商。今人张海鹏、张海瀛先生在其主编的《中国十大商帮》中给商帮下了一个被广为接受的定义："商帮，是以地域为中心，以血缘、乡谊为纽带，以'相亲相助'为宗旨，以会馆、公所为其在异乡的联络、计议的一种既'亲密'又松散的自发形成的商人群体。根据前人的论述，可以把商帮定义为：商帮是明清两代以地域为纽带的封建商业联盟。商帮的出现，标志着我国封建商品经济发展到了最后阶段。"从定义上看，商帮应具有以下特征：

　　①地域性。商帮是建立在地缘基础上的商人组织，商帮一般以"地"为名，这个地域可以是省、州、县，甚至是镇。商帮的活动中心一般在本地，但主要经商活动可以在其他地方，活动中心和经营活动均可以不在本地。

资料卡 3-1

▶▶▶▶▶▶▶▶▶▶▶▶▶▶▶▶▶▶▶▶▶▶▶▶▶▶▶▶▶▶▶▶

商帮"以地为名"

　　商帮既然是以"地"为名，自然是以地域为中心，以乡谊为纽带。商帮就是某地的商人群体。这里要说明的是：第一，商帮中的某个企业或集团以血缘为纽带，是家族企业，但联系各个家族企业的商帮的纽带不是血缘，而是同乡之谊。第二，商帮以地域为中心是指某个商帮由某地的人组成。这个地域可以是省，如山西人的晋商；可以是州，如徽州人的徽商；也可以是县，如浙江龙游县的龙游商；甚至可以小到镇，如江苏东山镇与西山镇的洞庭商。各个商帮的活动中心可以在本地，但主要经商活动在其他地方。如晋商的中心在山西，但经商活动在全国，甚至国外。也可以活动中心不在本地，经营也不在本地。如徽商的活动中心在扬州，经营则在全国。某个商帮指的还是某地人所形成的商业群体。

（资料来源：梁小民. 走马看商帮 [M]. 上海：上海书店出版社，2011.）

②亲缘性。商帮是某地人所形成的商业群体。中国人乡土观念极为浓厚，由于籍贯相同、口音相同、生活习惯相同，甚至思维习惯和价值取向也相同，从而形成同乡之间特有的亲近感。

③组织性。商帮的核心在"帮"字上。"帮"字的含义是为政治或经济目的而结成的集团。"商帮"就是为商业目的而结成的集团。有"商"并结为集团才能称为"商帮"。这种集团主要是以正式组织的形成出现的。在本地可以称为行会，如粤商的十三行行会。在外地则有会馆或公所，如遍及全国的山西会馆。作为一个正式的组织，内部有各自的行规。加入这种组织的商人要严格遵守行规，如若违反，还有相应的惩罚措施。

 知识链接

会　馆

会馆是中国明清时期都市中由同乡或同业组成的封建性团体。始设于明朝前期，迄今所知最早的会馆是建于永乐年间的北京芜湖会馆。嘉靖、万历时期趋于兴盛，清朝中期最多。即使到了清朝后期，突破地域的行业性会馆仍然只是相当个别的。此时出现的一些超地域的行业组织，大多以同业公会的面目出现。明朝时期大量工商业会馆的出现，在一定条件下，对于保护工商业者的自身利益起了某些作用。但会馆与乡土观念及封建势力的结合，也阻碍了商品交换的扩大和社会经济的发展。

明清时期的会馆大体可分为三种：北京的大多数会馆，主要为同乡官僚、缙绅和科举之士居停聚会之处，故又称为试馆；北京的少数会馆和苏州、汉口、上海等工商业城市的大多数会馆，是以工商业者、行帮为主体的同乡会馆；四川的大多数会馆，是入清以后由陕西、湖广、江西、福建、广东等省迁来的客民建立的同乡移民会馆。早期的会馆绝大部分设于北京。这一时期的北京会馆，主要以地域关系作为建馆的基础，是一种同乡组织，与工商业者绝少关系。明朝中期以后，具有工商业性质的会馆大量出现，会馆制度开始从单纯的同乡组织向工商业组织发展。后期的工商业会馆还可能同中国古代的纲运制度有着渊源关系。明朝后期，工商性质的会馆虽占很大比重，但这些工商业会馆仍保持着浓厚的地域特色，绝大多数仍然是工商业者的同乡行帮会馆。

会馆的职能：

(1) 联络情谊，制定条规，救助贫困；

(2) 约束同行，规范经营，维护主客双方利益，建立社会信誉；

(3) 对外抗争，遵纪守法，维护自身利益；

(4) 保存了历史文化与古代建筑艺术（附带）。

（资料来源：编者整理）

④互助性。商帮的"帮"也可以理解为相互帮助的"帮"。同一个商帮的商人之间除正式的联系外，还有一些非正式的联系，如不同商人家族之间的姻亲关系。商帮的目的就是通过这种正式或非正式的组织联系，规范帮内商人的行为，制止相互之间的恶性竞争，并实现互帮互助，对外则是利用集团的力量为本帮经商创造一个有利的环境，实现共存共荣。

同步训练 >>>

目的：理解商帮的含义。

同步训练

3.1.2　商帮的兴起

商帮的兴起

商帮是中国历史上特有的现象，始于明清时期。在中国历史上，商业活动很早就出现了，而且一直有发达的商业，但商帮的形成是明朝之后的事，正如张海鹏、张海瀛先生所指出的："在明代之前，我国商人的经商活动，多是单个的、分散的，是'人自为战'，没有出现具有特色的商人群体，也即是有'商'而无'帮'。"

商帮形成的基础是商品经济的发展。我国商品经济发展较早，但一直发展缓慢。纵观我国商业发展史，商品经济出现了三次发展高潮：第一次高潮发生在秦汉时期，出现大商人；第二次高潮在唐宋时期，出现南北商派；第三次高潮在明清时期。明清时期商品种类繁杂、数量增多，商人队伍日渐壮大，竞争日益激烈。而封建社会统治者向来推行重本抑末的政策，在"士、农、工、商"的社会阶层排序中，商也是位于末位。对于商人而言，国家没有明文法律对其保护，而民间又对商人有"奸商"的刻板印象。因而，在那样的年代，商人利用他们天然的乡里、宗族关系联系起来，互相支持，和衷共济，成为市场价格的接受者和市场价格的制定者与左右者。商帮在规避内部恶性竞争，增强外部竞争力的同时，在封建体制内利用集体的力量更好地保护自己。

即问即答 >>>

历史上一直都有"商帮"吗？

A. 有　　　　　　B. 没有

即问即答

商帮形成的具体时间是在明朝朱元璋推出"食盐开中"政策之后。春秋战国时期，齐国的管仲是重商主义理论的创始人与实践者，他认为富国的一个前提，一定是富民，即"以民为本"。齐国有丰富的盐铁资源，他提出了"官山海"的主张，即将山上的铁、海中的盐收归官府管理，其中对盐创制了食盐"民产、官收、官运、官销"的一套官营制度。盐是生活必需品，食盐官营从根本上保证了国家稳定盐利，同时，客观上也保证了食盐的正常供给，从总体上看，是利国利民的好事。自管仲实行食盐官营后，对食盐官营多有批评，虽然辩论不休，但官营或专营为历代多效法，其理由在于"为富国之计"。明朝之所以实行"国退民进"的开中制并非政府自愿的，是北部边防压力需要，政府被迫无奈的结果。将盐引给粮商，就等于授予其生财之道，这也为山西、陕西和徽州盐商推动各自区域商帮兴起奠定了基础。开中制开始是纳米换盐，根据边区的实际需要，后来还衍生出了纳麦、纳粟、纳纱、纳豆、纳谷草、纳金、纳银、纳茶、纳绢、纳棉花等方式。

 知识链接

开中制

所谓"开中"，就是国家利用手中的食盐专卖特权，吸引商人纳粟于边，官给引目，支盐于坐派之场，货卖于限定地方。为了达到制度设计的目的，明朝廷方面曾努力为商人开中销盐提供方便。

在开中制下，封建中央政府直接控制着盐的生产，掌握着盐的专卖权，可以根据边防军事需要，定期或不定期地出榜招商。应招的商人必须将政府需要的实物代为输送到边防卫所，才能取得贩卖食盐的专门执照——盐引。然后凭盐引到指定的盐场支盐，并在政府指定的范围内销售。

在明朝初期，由于边境的军队需要大量粮草补给，开中制发展为政府以盐引向民间商人购买运输服务的制度。根据王毓铨《中国经济通史·明代经济卷》中的记载："随着明王朝统一战争的胜利，北边地区于洪武三年（1370年）六月提出实行开中盐粮的方案，以解决军队的军需供给。据明实录记载：'山西行省言：大同粮储自陵县、长芦运至太和岭，路远费重，若募商人于大同仓入米一石，太原仓入米一石三斗者，给淮盐一引，引二百斤。商人鬻毕，即以原给引目赴所在官司缴之，如此则转输入之费省而军备之用充矣。从之。'在明代盐法关系文献中，这是最早且最具代表性的有关开中法的记行，其中的含义主要有：第一，召商于大同、太原仓所纳米的数量，同朝廷所支给的淮盐盐引，当存在相应的比价关系。第二，朝廷支给淮盐引数，则是对商人支付'转输之费'即脚价的补偿，其盐价当远高于脚价，否则召商运盐恐不能行。第三，商人转输的'米'，当是朝廷于陵县、长芦征收积储'复行秋粮'即'官米'，并非是商人所购之米。随着开中法的推行，由于盐粮价格悬殊，以及边方实行米粮采买制，这才可能出现商人购米上纳开中的情况，这一点在明初的开中记载中是十分明确的。"

（资料来源：编者整理）

开中制运行一段时间后，出现了一系列问题，其中官员腐败，统治者故意拖延盐商支盐的时间、收支问题无法解决等，导致开中制失败。到了明朝中期，户部尚书叶琪变法，盐业政策由开中制向折色制转化。政府准许盐商用银两换取盐引，盐商无须再运送军需物品到边境地区，这就是所谓的折色制。政策的转变使得盐商被分为边商与内商，仍在北部边境地区换盐引者叫作边商；在内地纳银换盐引者叫作内商。折色制的实施使内商迅速发展，盐业中心由北部边疆地区转移到两淮、江浙地区，中心在扬州，部分晋商向扬州移民，而后徽州商帮的兴起，成为内商主力军。

明朝初期的开中制实施之后，盐商们就形成了自己的行帮，当时称为"纲"。清雍正时的《长芦盐法志》中记载："明初，分商之纲领者五，曰浙直之纲，曰宣大之纲，曰泽潞之纲，曰平阳之纲，曰蒲州之纲。"这五个"纲"中除浙直纲外均为山西人，可见当初晋商之光盛。

开中制给官员利用权力牟利创造了机会，官员滥发盐引，以至于盐产量小于盐引。明朝中后期，有20万盐引未支盐。为了疏清旧引，政府将持有盐引的商人分为十纲，以圣、德、超、千、古、皇、凤、廊、九、围命名，每年对其中一纲的旧引支盐，其他九纲只支新盐引。此制度即纲盐制，如果叶琪变法让徽商第一次大批到达两淮流域，那么纲盐制则揭开了徽商第二次成批到达两淮的序幕，此时，徽商成为中国的第二大商帮。

粤商靠对外贸易的垄断权成为富甲天下的商帮之一，其形成也是与清朝政府政策有直接关系。清朝政府闭关锁国，实行严厉的海禁政策，但统治者又想获得海外国家的各种奇珍异宝，就利用商人与洋人打交道，进行交易。1757年，随着乾隆皇帝仅留粤海关一口对外通商上谕的颁布，清朝的对外贸易便锁定在广州十三行。清康熙二十五年（1686年），广东省政府招了十三家较有实力的商人，指定他们代皇帝接受外商贡品，进行贸易，并代征关税，代为管束洋人。这就是十三行的来源，也是粤商的形成原因。

 知识链接

广州十三行

广州十三行是清朝专做对外贸易的牙行，是清朝政府指定专营对外贸易的垄断机构。

自唐朝以来，广州一直是我国最重要的商港之一，而广州十三行，在17世纪后期至19世纪中期，又是我国对外贸易中的一种特殊的组织。康熙二十三年（1684年），粤海关官府招募了十三家较有实力的商行，指定它们与洋船上的外商做生意并代海关征缴关税。后来行商家数变动不定，少则4家，多时20多家，但"十三行"始终是成为这个商人团队约定俗成的称谓。

到乾隆二十二年（1757年），清朝实行闭关锁国政策，乾隆下令"一口通商"，仅保留广州一地作为对外通商港口，而十三行则是当时中国唯一合法的外贸渠道，其真正名号是"外洋行"。此后的100年间，十三行向清朝政府提供了40%的关税收入。

（资料来源：编者整理）

其他商帮与政府政策也有不同程度的关系，如福建商帮，其以海商为主体，显著的特点是采取了亦盗亦商的武装贸易形式，这也是明朝的海禁政策促成的。又如宁波商帮虽形成于明朝但兴盛在近代，与政府政策没有直接关系，是明朝商品经济发展和政府放松对商业活动压制的产物。总体来看，中国商帮中主要商帮形成和发展与明朝的政府政策息息相关。

3.2　明清十大商帮

中国封建社会重义轻利的儒家文化和农耕经济的主流使得市场经济之花难以绽放，可事实上，人类社会一直就未曾离开过商人的活动。在明清之际出现了一场"商业革命"，在这场"革命"中相继崛起了十大商帮。其中，晋商、徽商、粤商为势力最大、影响最远的三大商帮。

3.2.1　晋商

晋商

十大商帮中最早崛起的就是山西商人，历史上，山西商人称为晋商。晋商是明清时期国内最大的商帮，在商界活跃了 500 多年，足迹不仅遍及国内各地，还出现在欧洲、日本、东南亚和阿拉伯国家，完全可以与世界著名的威尼斯商人和犹太商人相媲美。

晋商的历史可以追溯到周朝的晋唐时期；但真正崛起于明代（1368—1398 年），至清乾隆、嘉庆、道光时期已发展到鼎盛。到清朝中期，山西商人逐步适应金融业汇兑业务的需要，由经营商业向金融业发展，咸同（1851—1874 年）时期山西票号几乎独占全国的汇兑业务，成为执全国金融牛耳的强大商业金融资本集团，并形成山西北号（票号）南庄（钱庄）两大晋商劲旅。

 资料卡 3-2

>>>

中国第一家票号——日昇昌

嘉庆年间，在平遥众多的商号中，有一家叫西裕成的颜料庄，总号设立在城内西大街，财东是西达蒲村李家。西裕成商号经营多年，资力雄厚，在京师、天津、汉口、成都等城市开设有分号。先后在汉口分庄和京师分庄任经理的雷履泰，在经营同乡、亲友少量汇兑银两的过程中，借鉴古代飞钱、便钱（或便换）的经验，克服账局只经营货币借贷不经营汇兑的缺陷，逐步总结出一套较为完整的汇兑经营模式。当雷履泰被调回平遥总号任总经理时，建议东家将颜料庄改为专营银两汇兑和存放款业务的票号。经财东李大全同意，投资 30 万两文银，于道光三年（1823 年）左右，正式成立了中国第一家票号——日昇昌，意在如日东升，生意昌盛。雷履泰出任总经理（大掌柜）。

日昇昌票号成立后，首创了异地汇兑业务，用金融票据往来的方式，代替施行了几千年的商业往来必须用金银做支付和结算手段的老办法，解决了国家银行未出现前

■中国第一家票号——日昇昌记

大宗项银两往来的困难，并很快在全国 40 余个大中城市设立了分号，票号业务搞得红红火火。

山西票号的出现，标志着在中国大地上出现了具有近代意义的金融资本。当时全国 51 家大的票号中，山西商人开设的就有 43 家，遍布全国各大商埠，并在朝鲜、日本也设立了票号，曾一度"执中国金融界牛耳"。

（资料来源：编者整理）

晋商有自己的经商秘诀：一方面以地域和血缘关系为纽带，凝聚本帮商人的向心力；用传统道德规范经商的行为；寻求政治上的靠山，庇护本帮的经商活动。另一方面就是晋商家族的重要传统之一"学而优则贾"。据说晋商家族中一二流的子弟去经商，三四流的子弟才去参加科举考试，甚至出现过获得功名后不做官而从商的进士。

晋商代表——
乔致庸

晋商"学而优则贾"理念没有多少文字记载，而是深深隐藏在晋商的心中，溶化在他们的血液中。正因为如此，晋商的文化程度相对于其他商帮是比较高的，他们的经营模式也是最先进的，股份制、资本运作等现代经营方式，已经在他们身上萌芽。从晋商的成败品出了晋商的文化哲理，一个经商世家之所以经久不衰，是因为这些晋商不仅是商人，还是有学识之人，言传身教，治商有方，并在家族内形成重教之风。

 资料卡 3-3

以 诚 取 信 以 义 泽 利

做生意、开票号，无疑是为了盈利、赚钱、增殖资本。晋商当然也不例外。但不同的是，晋商始终坚持并严守诚笃与信义的行为准则，绝不蒙虚欺诈、巧取豪夺、以邻为壑、背信弃义。他们在经商过程中能够非常恰当地处理"义"与"利"的关系，坚持义利统一、义利互惠和义利相促，而绝不舍义取利，更不唯利是图。

晋商训道中有一句流传最广的口头禅，便是"君子爱财，取之有道""信义为本，禄利为末"。在遍布全国乃至境外的诸多晋商店铺中，大都书有类似"贵忠诚，鄙利己，奉博爱，举善事""平则人易亲，信则公道著，到处树根基，无往而不利"的警言，用以告诫自己无论在什么时候、什么情况下，都要"重信义，除虚伪，倡仁智，守良规"，都要"重廉耻而惜体面"，都要"利以义制、商以德驭"，都要"处财货之场而修高明之行"。在晋商中，宁可亏血本，也要守信誉；一诺千金，终生不渝；爷辈欠债、孙辈偿还的事例，屡见不鲜。"晋商笃守信用"这句梁启超曾经说过的话，的确揭示了晋商获得成功的一大法宝，并为世人所公认。其实，商界崇敬关公、奉关公为财神，就是滥觞于晋商。这除了由于关公是山西人外，更重要的还是由于关公乃为耿忠和信义的象征。

（资料来源：艾斐. 晋商［M］. 太原：山西经济出版社，2009：84-84.）

3.2.2 徽商

无徽不成镇

徽商是指徽州的商帮。徽州是指明清时期安徽的六县，即歙县、黟县、绩县、婺源、祁门、休宁。徽商与晋商齐名，作为中国商界中的一支劲旅，曾活跃于大江南北、黄河两岸。北临黄山、东靠天目山、南接千岛湖的安徽歙县，是徽商的发源地。与敦煌学、藏学等并驾齐驱的三大地域文化显学之一的"徽学"，就根植于这块土地。在歙县附近，至今拥有两处世界文化遗址——黄山和花山谜窟，还有当年乾隆皇帝御书的"锦绣江南第一乡"——歙县棠樾牌坊群。透过至今还保留完好的数千栋古朴清雅的古民居，百余座古祠堂和气势雄伟的牌坊群，是新安画派、新安医学、徽派盆景、徽墨歙砚深厚的文化底蕴。汲取这厚重的文化营养，徽商纵横驰骋于中国商界，创造了辉煌。其商业资本之巨、从贾人数之众、活动区域之广、经营行业之多、经营能力之强，都是其他商帮无法匹敌的，在中国商界称雄数百年。

■歙县棠樾牌坊群

徽州人都是经商能手，他们善于分析和判断经济形势，在买贱卖贵的不等价交换中牟取厚利，大规模的长途商品贩运是徽商致富的一个重要途径，另外，囤积居奇、特权牟利、牙行制度、高利贷等，也是不少徽商致富的手段。

徽商与其他商帮的最大不同就在于"儒"。徽州是南宋大儒朱熹的故乡，儒风独茂，因此，徽商大多表现贾而好儒的特点，他们的商业道德观带有浓厚的儒家色彩。徽商以儒家的诚、信、义作为其商业道德的根本，使他们在商界赢得了信誉，促进了商业资本的发展。

 资料卡 3-4

▶▶

贾而好儒

中国商人喜欢把自己称为"儒商"，"儒商"这一名称始于徽商，徽商教子业儒，十分重视子弟的文化教育。"贾而好儒，亦贾亦儒"是对徽商的经典概括。

历史上精通儒学、擅长诗词文学的徽商有很多。他们中间有些是早年习儒，以后走上经商道路的；有些则是亦贾亦儒，在经商的同时，爱好文化和儒术，形成了他们"贾而好儒"的特点。

明万历年间在两淮经营盐业的歙县商人吴彦先，业余时间酷爱浏览书史，乐于与同行纵谈古今得失，连一些宿儒都觉得不如他，因此他博得群商的拥戴，一切营运都奉请他筹划。他不负众望，精心地权衡货物轻重，揣测四方缓急，判察天时消长，且又知人善任，以至凡得他指示的经商活动，都获利颇丰，一时成为众商的智囊。

明代歙县人黄镛也是一个喜好读书的商人，小时从儒就学，立下经世之志，后来弃儒经商，在闽、越、鲁等地进行商业活动。由于他善于洞察，又由于他"料事十不失一"，一跃成为在扬州独立经营的富商。

徽商通过学习文化知识提高自己的文化素养和品位，使他们善于从历史中汲取丰富的商业经验、智慧，给自身商业经营带来了很多的便利；同时，也增强了经商的理性认识，即他们能够以所谓的"儒道"经商，进而形成良好的商业道德。

（资料来源：欧阳逸飞. 中国商道［M］. 北京：中国华侨出版社，2011：88-89.）

◀◀

3.2.3 粤商

"粤商"即广东商帮，是中国经济尤其是近现代商贸流通中的最主要的企业群体，也是对中国改革开放影响力最大的一个"商帮"。从地域维度来看，粤商应该包含"粤地"和"粤籍"两个方面。所谓粤地，即在广东省境内经营的群体，这其中包括非广东本土人；所谓粤籍，即广东籍贯的商人在外地经营。广东民系由广府、潮汕和客家三大民系及其他民系组成，相应地形成广府帮、潮汕帮、客家帮、雷州帮及其余广东各地商帮。

自西汉开始，广州就成为南部中国珠玑、犀角、果品、布匹的集散之地，到了宋代，广州已成为"万国衣冠，络绎不绝"的著名对外贸易港。明清时期，粤商足迹遍布全国，他们所建立的广东会馆、岭南会馆、广肇会馆、粤东会馆、潮州会馆在全国的地域分布相当广泛。广东依靠独特的地理位置成为近现代海上丝绸之路的起点，这也孕育了独特的敢为人先、务实创新、开放兼容、利通五洲、达济天下的广东商帮。海上丝绸之路最早最大的始发港在广州（番禺），从秦汉时期开始经过几代发展，到唐宋时期逐渐取代陆上丝绸之路而成为中西交通的主要通道。明清时期虽然几度海禁，但广州却有过"一口通商"的历史地位，海上丝绸之路已经延伸到了北欧等国。广州十三行商成为清代粤商的核心主体，代表了粤商发展过程中的重要环节和辉煌阶段。道光十年（1830年），英国议会对曾在中国做过商业贸易的英国商人进行过一次调查，最后得出的结论是：绝大多数在广州进行贸易的人都一致声称，在广州做生意几乎比世界其他地方都更方便，更好做。海外流传着这么一句话：太阳无时不普照粤人社会。

■清代广州十三行旧景

粤商的辉煌时期，还是在近现代。在近代，由于外国经济势力的侵入及中国缓慢地迈开近现代步伐，晋商、徽商等因为固守传统而日渐式微，而粤商却在海洋贸易的转折中抓住机遇，迅速崛起于东南亚和香港等地。第二次世界大战期间，广东商人虽然曾一度沉寂，但经过战后若干年的苦斗，又终于在20世纪70年代后崛起于中国南部、中国香港及东南亚。近代粤商发扬了古代广东商人的冒险开拓、独立进取的商业精神，而在参与国际商业贸易的过程中，具有开放和兼容的心态，使粤商在晋商、徽商衰落之后仍能成长并进一步发展。

 资料卡 3-5

广东商帮

粤商中影响力较大的是广府商帮、潮汕商帮和客家商帮。

（1）广府族群是三大族群中影响最大的一支，其方言在当地叫作白话，也就是常说的粤语，集中分布于珠三角地区，另外，还广泛分布于广东省中西部地区的肇庆市、清远市、阳江市、茂名市、云浮市等，在民国以前，分布一直比较稳定。抗日战争爆发以后，大批广府人从珠三角地区逃往粤北的客家族群区和粤西的福佬族群区，很多最后定居下来，以至于今天韶关市、湛江市都有着大片的粤语方言岛。广府人是最早到达广东的，占有西江流域及其下游的珠江三角洲，早已成为海上丝绸之路上扬帆万里的主角。现在以广州为中心分布于珠三角及周边地区的人被称为"广府人"，这里是海上贸易的重要口岸，滋养了一代代的广府商人。

（2）潮汕族群（人类学称福佬族群）。在唐宋时期，由于人口的自然增长，地狭人稠的闽南地区难以承载更多的人口，大批福佬人迁居到与闽南地区毗邻的潮汕地区、海陆丰地区，以及惠州的部分地区，这里成为福佬人在广东省最大的聚居地。到达潮汕和海陆丰地区的一部分福佬人，随后又继续沿海西迁，前往雷州半岛及海南岛。抗日战争爆发以后，很多福佬人逃往北部的丰顺县，不少人最终在此定居，这加剧了丰顺县"潮客交错"的局面，今天丰顺县城依然是闽南方言（潮汕话）与客家方言并存。相较于广府人，潮汕人稍后才到广东境内，占有了潮汕平原，濒临大海，商贾活跃，那里曾被恩格斯称为"最具有现代商业意味"的港口，其商品意识也早已形成。

（3）客家族群的迁移最为复杂，与其他族群交错分布的情况也最为常见。根据各市县地方志及罗香林（1989年）的记载，早期到达广东的客家人，主要是为了躲避几次大的战乱（黄巢起义、金人南下、清兵入关）而南迁的。而客家人在广东省内的迁徙主要是由以下几次事件引发的：一是明朝万历年间瑶民起义被镇压后客家人迁入；二是清朝顺治、雍正年间，开平、鹤山招募客家人开荒；三是清朝顺治、康熙年间，"迁海令"后"复界"客家人形成"沿海客"；四是清朝咸丰、同治年间，受太平天国运动影响，"天地会"起义演化为"土客械斗"，形成客家人西迁。客家人的祖先源自中原，是从中原迁徙到南方，是汉民族在中国南方的一个分支。经过长年累月的变迁和繁衍，客家文化一方面保留了中原文化主流特征，另一方面又融入了所在地民族的文化精华。

（资料来源：刘正刚. 粤商好儒 [M]. 广州：中山大学出版社，2016：4-6.）

3.2.4　龙游商帮

龙游商帮

当徽商、晋商在商场争雄之时，在浙江西南部崛起了一个颇有影响的商帮——龙游商帮。历史上所称的龙游商帮，实际上是浙江衢州府商人集团，其中以龙游县商人人数最多，经商手段最为高明，故称为龙游商帮。

龙游商帮的显著特点是埋头苦干、不露声色，在珠宝古董业中独占鳌头，又在印书、刻书、贩书业中从事文化传播，还在海外贸易中插上一手，成为颇具实力的一大商帮。龙游商帮虽地处偏僻，却有着开放的心态，在观念上也比较新潮。这主要表现在两个方面，即投资上的敢为天下先的精神和海纳百川的度量。明清时期，许多商人用经营商业所赚的资金购买土地或者经营典当、借贷业，以获得稳定的收入。而龙游商人敏锐地意识到，要获得更多的利润，必须转向手工业生产和工矿产业。他们果断地投入纸业、矿业，直接参与商品生产，使商业资本转化为产业资本，给当时封建社会注入了带有雇佣关系的新生产关系。龙游商人还不排斥外地商帮对本乡的渗透，并且待人友善，吸收外地商人于己帮，推进了自身的发展。

■龙游民居苑

 资料卡 3-6

龙游商帮的经营范围

龙游商帮的
经营文化

    龙游商帮经营行业颇广，有山货、纸、刻印贩书、珠宝古董、长途贩运、农业屯垦、矿冶等。

    (1) 山货业。皆为当地产品竹木茶油漆烟。清康熙年间龙游县志记载："南乡稍有竹木纸笋之利，可以贸易他郡……北乡则止有柏油一项。"

    (2) 造纸业。造纸多以作坊或工遗址龙游北乡古商道场形式生产，自产自销，具有若干商业资本与产业资本相结合的生产方式。溪口镇是生产和销售的中心。该镇："其繁盛，乃倍于城市焉。"

    (3) 刻印贩书业。龙游多产纸木，可刻印书籍，又有文化传统，一些文人学士放下架子，从事刻印贩书业以聚财。望族余氏，还在江苏娄县开设书坊书肆，刊印读本安画，销路很好。书贩胡贸善锥书，经常和一些文人交往。明大学者唐顺之因爱书，把胡贸引为座上客。他还说："非贸，则予事无与成。"把自己的成就归于与胡贸的交往。

    (4) 珠宝古董业。经营珠宝业一需有雄厚资金，二需有鉴别观赏能力，三需有进货销货的渠道，四需有能躲过被劫被盗的应变能力。古书记载："龙游商贾，其所贾多明珠、翠羽、宝石、猫眼类较（软）物。千金之货，只一身自贵京师、贩絮、僧鞋、蒙戎、褴褛巨疽、膏药内皆宝珠所藏，人无所知者。"可见龙游商人不但有雄厚的资金，还具有较高文化和应变能力，处事谨慎，是不事张扬的实干商人。

（5）长途贩运业。据王文禄《策枢》记载，龙游商人李汝衡，拥有重资，常备百余辆（艘）车船运销货物，把丝绸远销到湖北一省十五郡之地，占领了全省销售市场。明嘉靖年间捕获的走私贸易中，就有龙游商人参与其事。

（6）矿冶业。据顾炎武《天下郡国利病书》中记载，有龙游人祝十八，聚矿工有数百人，在平洋铜塘、吴村一带从事矿冶。龙游商帮肯吃苦，不畏艰辛，不怕路遥道险。

（资料来源：百度百科）

3.2.5　福建商帮

清末民初，民间有一句口头禅：“官大看北京，钱多数福建。”这是对福建商帮曾经创造的辉煌的最好写照。福建商帮简称闽商。《山海经》中记载，闽在海中，福建人与生俱来与海洋为伴，闽商的发展也与大海息息相关，闽商更具有开放和向外开拓的意识。

福建商帮兴起与封建政府的官方朝贡贸易和禁海政策针锋相对。他们通过走私进行商业贸易，不能贸易时就抢劫。内外一体的贸易方式是福建海商最常见的经商方式，他们广泛联络沿海居民，建立了许多据点，利用据点收购出海货物，囤积国外走私商品，以利销售。他们不仅在海营商，还做陆地贸易。明清福建商人将国内与国外的贸易紧密地结合起来，努力经营，发展多种形式贸易，从而形成了中国封建社会晚期一个很有影响的地方商帮。

随着封建社会的消亡，福建商帮却在南洋、我国台湾等地开辟出新的商业市场。福建商帮中的许多商人，正是以自由商人的身份大无畏地开拓海外市场，终于使福建商帮这棵枯树上发出了新枝，使福建商帮的商业精神在海外华人和中国台湾的福建籍人身上得到延续。

 资料卡 3-7

泉州石狮杨家大楼

杨家大楼坐落在泉州石狮市永宁镇后杆柄村，俗称“九十九间古大厝”，由两部分组成，其前半部始建于清代的杨家祖厝，现在正按“五间张”“两进”“双护龙”的原样重修，后半部“六也亭”是旅菲华侨杨邦梭于 19 世纪 20 年代建造的。

20 世纪，闽南人往菲律宾吕宋岛谋生成为大潮，杨邦梭和十来个叔伯兄弟也到了菲律宾，靠着勤劳、智慧、团结的品质，从码头装卸工做起，一直到经营烟草业、卷烟业的杨梭公司，成为菲律宾闻名的富商。为了家眷回国能有个居所，也为了光宗耀祖，杨邦梭在近花甲之年回到老家，着手规划建设祖宅。

这段峥嵘岁月，被写进了杨家大楼。杨家大楼，外墙高雅，西方的罗马柱、欧式回廊、天使图案，还有偌大的窗户采用了透明花玻璃镶嵌，雕花镂空的华丽螺旋式楼梯，无一不展现着主人的见多识广，杨家人将自己所看见的美丽世界带回了家乡。杨家大楼的图纸设计、主要建材都来自西洋。建筑规模宏大，主厝连廊相通。楼内拱门众多，各有特色且样式精致。墙上和楼顶立面的装饰精美，浮雕造型华丽，气宇不凡。大楼通透，功能多变，方寸之间惬意尽显，处处彰显杨家事业的兴盛和杨家人的阔绰尊贵。同时，杨家大楼楼内布局仍保留着传统的闽南风格，天井、大厅、小厅、偏房、后轩、厢房等错落。这是杨家人在告诉众人，无论走到哪里，他们都记得自己是谁，要进步也不忘本，衣锦终要还乡，落叶终要归根。杨家大楼主建筑是六也亭，有说法云：六也，即六爷。

杨家大楼于乱世兴建，在物资匮乏的年代，建筑材料几经辗转来到中国，实属不易，杨家人靠着对家乡的热爱与光宗耀祖的信念，历时5年建成。20世纪40年代，日军入侵菲律宾，一场大火烧毁杨家的烟厂公司。也正是在这一年，家族精神领袖杨邦梭逝世，群龙无首的杨氏家族产业迅速衰落。目前，杨家大楼的后人留在家乡的还有近百人，其余都在港澳及海外，共计有上千人。

■福建闽商代表建筑——杨家大楼

（资料来源：古建中国网站 http://www.naic.org.cn/）

3.2.6　陕西商帮

在明朝的商业界，山西与陕西商人为了对抗徽商及其他商人，常利用邻省之好，互相结合，人们通常将他们合称为西商或是山陕商帮。西商在明朝前期的势力很大，他们从经营盐业中获得了厚利，可惜利益的原因使他们内部开始分化，陕西盐商与山西盐商分道扬镳，陕西盐商到了四川独立发展，这也为陕西商帮的最终形成奠定了基础。

陕西商帮生财的行道较多，为综合性的商帮，他们对财富的追求与一般商帮相同：尽可能追逐厚利，如果不行，就退而求其次。陕西商帮以盐商最为著名，经营布业、茶业和皮货业也是陕西商帮盈利的重要途径。

虽然陕西商帮为中国十大商帮之一，且民风习俗与山西商帮相近，但在外人看来，陕西商帮经营理念和经营实力略弱于晋商。而对于商业资本的使用，陕西商人很少有人投资手工业，这也与江南地区商人积极发展手工业的情况不同。

■山陕会馆

 资料卡 3-8

中国历史上的第一个商帮

1370 年明朝洪武三年，陕甘境内一条崎岖的山路上，行走着富平商人李月峰的骡队。李月峰离家将近两个月，他担心的不是家里秋收的果实是否已放入仓库中，而是在限定的日期内，能否将军粮送往定边柳树涧堡，那里驻扎着 1 084 名军士，还有374 匹战马。

数目庞大的军需物资，一个人的力量显然不够，于是李月峰将家里所有的亲戚全部带上了运输军粮的征途，包括盘石村石家、韩村李家、亭口村王家、薛村路家。乡党与亲情共同走在了这条古栈道上，但是他们的付出也获得了回报，转运军粮之后，他们将去往扬州贩卖食盐，获利可达 3 倍以上。

在明朝时期，如李月峰一样的陕西商人多达 20 万人，从务农的单一谋生，转化为商人济世，而那时整个陕西人口不过 200 万人。依次计算，陕西百人之中，竟有一商人立业，商帮规模可谓之大。这便是中国历史上出现的第一个商帮，名震天下的徽商、晋商、粤商等，晚于陕商百年出现。

（资料来源：商帮大院（总第 3 期）[J]. 世界遗产地理杂志社，2017.）

3.2.7 山东商帮

山东商帮，顾名思义就是出自山东的鲁商。历史上，鲁商虽不如晋商、徽商那般辉煌，但兴盛时也曾控制北京乃至华北地区的绸缎布匹、粮食批发零售、餐饮等行业，特别在东北地区，鲁商有着地缘、人缘的便利，曾在那片"商场"上纵横驰骋，名重一方。

山东商帮的特点是质朴单纯，豪爽诚实。正因为如此，与别的商帮相比，山东商帮的致富之道显得更加直截了当，概括起来，就是长途贩卖和坐地经商的商业经营方式，讲求信用的商业道德及规范的商业行为。

山东商帮经营总体看有两种方式：一种是独资经营；另一种是合伙经营。在独资经营中，一般情况是本人或本家族是大商人，资本很雄厚，当然也包括不少资本较少的小商小贩。他们规范的商业行为主要表现在与生意对象之间的信义约束，按约定俗成的规矩办事。在合伙经营中，山东商帮的规范行为有点像现在的股份有限公司的做法，合伙人之间先立合伙合同，据史料，往往邀同亲好友做见证，以示恪守信用。

 资料卡 3-9

鲁商的代表人物

"瑞蚨祥"是一个高级定制的中国领导品牌，获得"中华老字号""中国丝绸第一品牌""非物质文化遗产""中国消费者信赖的著名品牌"等多项殊荣。瑞蚨祥是由孟洛川的父亲孟传珊于同治元年（1862年）在济南院西大街（今泉城路）创办的，而经孟洛川之手将其不断发展壮大。

■孟洛川

孟洛川（1851—1939年），名继笙，字鸿升，号洛川，孟传珊的第四子，年龄最小，称孟四。因其精明伶俐，故绰号孟四猴子。孟洛川年少时即表现出经商天赋，很早便参与家住的房院营建、年终结账等管理活动。18岁进商号任资东，经管庆祥、瑞生祥、瑞蚨祥等店柜的业务。经过孟洛川几十年的苦心经营，瑞蚨祥由济南发展到青岛、烟台、周村，由山东拓展到北京、天津、上海，形成庞大的布匹绸缎连锁商业帝国；同时，又开辟茶号、当铺、药铺等其他产业。孟洛川说："从岱岳山麓到渤海之滨要处处有孟氏庄田。"孟家的各地土地数千亩，房产五六十处，价值千万余银元，单店资产上百万。总号每年平均利润额为37万元，股本收益率超过21%。人们戏称

"山西康百万，山东袁紫兰，两个财神爷抵不过一个孟洛川"。

■旧京城"八大祥"之首——瑞蚨祥（山东淄博周村古商城店）

（资料来源：陈阿兴，徐德云．中国商帮［M］．上海：上海财经大学出版社，2015．）

3.2.8　宁波商帮

宁波商帮是中国商帮中的后起之秀。从它形成之时起，便显露出见识不凡和卓尔不群。宁波商帮，是指宁波府的商人，是一个活跃于国内和海外的商帮。宁波商人外出经商历史悠久，但大规模经商并且结成商帮则为时较晚。鸦片战争后，尤其是民国时期，宁波商帮中新一代商业资本家脱颖而出，把商业与金融业紧密结合起来，从而使宁波商帮以新兴的近代商人群体的姿态跻身于全国著名商帮之列。他们所经营的银楼业、药材业、成衣业、海味业及保险业，也是名闻遐迩。

宁波三宝

宁波商帮形成的时间较晚，但其发展势头却非常快。他们不断拓展活动区域，最终形成四处营生、商旅遍于天下的局面。宁波商帮不仅善于开拓活动地域，还善于因时制宜地开拓经营项目。他们的致富之道非常有特点，也非常实用：以传统行业经营安身立命，以支柱行业经营为依托，以新兴行业经营为方向，而往往一家经营数业，互为补充，使自己的商业经营在全国商界中居于优势地位。

宁波商帮经营特色

资料卡 3-10

四明公馆

四明公馆又称宁波会馆，是上海人民早期反对帝国主义扩张的斗争并取得胜利的纪念地。浙江宁波旅沪商人于清嘉庆二年（1797年）始建，至八年（1803年）正式建成并成立宁波同乡会。

■晚晴时期的四明公馆

　　四明公馆占地30多亩，建筑面积约为800平方米，其中建砖木结构的硬山顶房屋20间做寄枢用、余后做义冢之地。以后又建歇山顶正殿五楹及硬山顶廊庑多间，供奉关帝等。清同治十三年（1874年）法租界公董局以筑路为由，强迫公所迁让冢地。竟开枪肇事，7人被杀害，遭宁波同乡合力抵抗。事后，法领事告示安众，明确四明公馆房屋山地永归宁波同乡会经营，法领事并勒石为记。光绪二十四年（1898年）7月，法公董局又挑起事端，迫令公馆迁移。宁波同乡群起反抗，法水兵竟又向群众开枪，惨杀17人。事后，宁波同乡掀起大规模罢市罢工斗争，得到上海各界响应与支持。法国领事白藻泰，迫于上海人民的反帝怒潮，不得不又放弃侵占四明公馆的计划。现公馆仅存红砖白缝的高大门头一座，上刻定海贺师章书"四明公馆"四个金色大字。1977年12月7日公布为上海市文物保护单位。2002年4月27日被调整为上海市纪念地点。

　　（资料来源：百度百科）

3.2.9　洞庭商帮

　　洞庭商帮又称"洞庭帮""洞庭山帮"，是苏商的主体，在明万历年间才初步形成。洞庭商帮是一个以苏州洞庭东西山的山名命名的商帮，洞庭东山（即古胥母山）伸入太湖之半岛，西山（即古包山）在太湖中。现在东西山分别称为东山镇和西山镇，两镇面积分别为80平方千米和90平方千米，非常狭小。然而，就是在这样一个狭小的地方，形成了一个极为著名的商帮，与徽商齐名，故有人称"钻天洞庭小而强"。

　　洞庭商人善于审时度势，把握时机。洞庭商人没有与徽商、晋商在盐业和典当经营上争夺市场，而是扬长避短、稳中求胜，利用洞庭湖得天独厚的经商条件贩运米粮和丝绸布匹。他们还不断更新观念，开拓经营新局面，向外发展。尤其是鸦片战争后，在作为金融中心的上海，洞庭商人开辟了买办业、银行业、钱庄业等金融实体和丝绸、棉纱等实业。在新的历史背景下，从事不同于以往的商业活动，由此，洞庭商帮产生了一批民族资本家，走上了由商业资本向工业资本发展的道路。

利用宗族关系建立庞大的家族产业是洞庭商帮的一大经营特色。在家族产业雄厚的资金支持下，各个商业家族不但稳固了他们在各地的商业地位，而且使他们的家族产业发展得更为辉煌。明清时期，洞庭商帮的家族产业很多，他们中的很多人都成为名扬天下的大商户。

洞庭商人十分讲究具体的经营手段，而这些手段看起来非常符合现代经商的要求。洞庭商人非常注意市场信息，时常预测行情。在经商过程中，洞庭商人会根据市场行情与商品交换的情况变化而变化自己的经营策略。他们还会根据当地实际情况，如商人资金和民风特点，因地制宜地采取独特的经营方式。

 资料卡 3-11

洞庭商帮陈列馆

苏州陆巷古村历时一年多将古村内最古老的明代建筑——遂高堂，打造成了洞庭商帮陈列馆，完整呈现了洞庭商帮的历史和文化。

遂高堂位于陆巷古村文宁巷南侧，始建于明代弘治年间，是明朝正德年间宰相王鏊胞弟王铨的故居，也是陆巷古村最为古老的一幢明朝古建筑。走入修复后的遂高堂，大门口已经挂上"洞庭商帮陈列馆"的牌子，进门就能看到一幅洞庭商人买卖碧螺春茶叶的场景图；沿着木质楼梯走上二楼，墙上布置了各种关于洞庭商帮的图片和文字介绍；去往院落的第三层，几个古代商人的蜡像"站"在一家复原的南北杂货店里，栩栩如生。

明清以来，洞庭商帮在江南以商业资本之巨、活动范围之广、经营能力之强，与徽商分庭抗礼。

■洞庭商帮陈列馆

（资料来源：《姑苏晚报》，2014 年 2 月 26 日）

3.2.10　江右商帮

　　江西省简称赣，位于长江中下游南岸，境内最大的河流赣江为长江支流，自南向北纵贯全境，从长江以北往南看，江西在长江南部的右边，江东在江南的左边，江西在历史文献中又被称为"江右"，故古代习称江西商人为江右商帮或赣商。江右商帮是中古古代明清时期实力最强的商帮之一，其财力和经商能力仅次于晋商和徽商，位居全国第三。

　　江西商人绝大多数是因家境所迫而负贩经商的，借贷起家是他们的特点。他们的经商活动一般是以贩卖本地土特产品为起点，资本分散，小商小贾众多。除少数行业如瓷业比较出众外，其他行业与徽商、晋商等商帮相比经营规模较小，商业资本的积累也极为有限。另外，江西商人浓厚的传统观念、小农意识也影响到他们的资本投向，只求广度，不求深度。所以，尽管江西商人人数众多，涉及的行业甚广，经营灵活，但往往在竞争中容易丧失市场。

　　江西商人讲究贾德，注重诚信是江西人质朴、做事认真的性格的一个外在反映，也是江西人头脑中中国传统儒家思想的自然流露。江西商人还善于揣摩消费者心理，迎合不同主顾的要求。总之，以销售手中的商品和捕捉商机为原则，这是江西商人发财致富的经验总结。

 资料卡 3-12

万寿宫与江右商帮的渊源

　　晋武帝太康之年，许逊42岁，被迫去乡就官，任蜀郡旌阳县令。他居官清廉，政声极佳，深受百姓爱戴。晋武帝死后，政局不稳，惠帝昏愚，贾后独擅朝政，引起八王之乱。任旌阳县令十年之久的许逊，毅然弃官东归。东归后，又与吴猛同往丹阳（安徽当涂县），向谌母学道。此后云游江南许多地方，为民除害、根治水患。据记载，他在136岁时去世，传说一家四十二口"拔宅飞升"。

　　许逊死后，为了纪念他，当地乡邻和族孙在其故居立起了"许仙祠"，南北朝时改名"游帷观"，宋真宗赐名并亲笔提"玉隆万寿宫"。历经许多朝代，宫中香火不断，而且有江西人聚住的地方，就有万寿宫。明清时期，江西经济发达，经营瓷器、茶叶、大米、木材和丝绸的赣籍商人行走全国，并在全国其他地方都修建了万寿宫，数以千计，遍布全国各地城乡，乃至中国台湾、新加坡、马来西亚等地。在古代，万寿宫也成为外地江西同乡的"江西会馆"，是我国古代会馆文化的代表。

■万寿宫

（资料来源：百度百科）

同步训练 >>>

目的：辨析明清十大商帮经营特征。

同步训练

3.3 新商帮

明清之际的中国商帮领数百年商业风骚，在民国后期逐渐衰落，乃至解体。十一届三中全会以来，全国各族人民在党中央的领导下，以经济建设为中心，坚持改革开放。"发展才是硬道理""坚持与时俱进""保持经济持续快速协调健康发展""建设新时代中国特色社会主义""实现中华民族的伟大复兴"等一系列重要思想与重大举措，使中国的商业得到了前所未有的飞速发展。中国商界沉寂上百年的商帮再一次以崭新的面貌出现，为实现中华民族的伟大复兴之梦贡献着自己的力量。

3.3.1 新商帮的由来

在我国明清时期，商人的社会地位不高，长期受到压抑，由于缺乏科技手段，信息沟通不畅，交通条件落后，社会动荡不安，兵匪盗贼之患时有发生，结成商帮，是商人为求自保的最佳选择。如今社会稳定发展，各地政府将招商引资视为重要工作，商人受到人们的普遍重视。各种经商的条件也发生了重大变化，通信进入了网络时代，铁路与高速公路已在全国形成网络，商业环境得到了全面改善。从前的传统商帮一去不复返，新商帮应运而生，他们是在当前经济、政治和文化各方面全面发展的情况下形成的，是当代商业为适应新形势、谋求新发展的必然结果。

3.3.1.1　新商帮的出现是市场经济体制下的必然产物

随着市场化的推进，商机无限的同时，商人也面临着巨大的风险。商业全球化进程飞速推进，商业的竞争范围越来越大，越来越激烈。面对变幻莫测的市场，商人之间的相互帮助、合作团结已成必然趋势，合作共赢成为当代每个成功商人的共同信念，新商帮的出现是这种信念的具体体现。新商帮在很多地区都是以商会为平台形成的，它由一些独立的经营单位或自由商人、企业职员等自愿组成，商会有自己的会则，成员定时召集会议，协商有关商业事宜，其目的是全体成员之间能相互合作，保护和增进全体成员的既定利益。

 资料卡 3-13

团结就是力量

新商帮凝聚起一批具有共同思想的企业家，大家在商会的平台上通力协作，形成合力。他们突破区域的局限，走出国门参与国际商业的竞争，避免了孤军作战，使我国商业整体实力大大增强，从而发出自己的声音，维护自己的利益。2002 年 6 月 28 日，欧盟发出公告，决定对中国出口欧盟的打火机进行反倾销立案调查，温州烟具协会联合 15 家打火机企业坦然面对，准备抗辩。2003 年 7 月 14 日，欧洲打火机制造商联合会撤回了对产自中国打火机的反倾销诉讼，反倾销程序自动终止。温州烟具协会打赢了中国入世后的第一个反倾销案，就是商界人士依靠新商帮取得的重大胜利。

（资料来源：成光琳，杜柳 . 中国商贸文化 [M]. 北京：高等教育出版社，2019：165-166. ）

3.3.1.2　新商帮的出现是地方经济发展的具体体现

当前我国各项建设事业上了新台阶，商业空前发展，已成为地方经济增长最快的因素之一。各级地方政府为振兴地方经济，招商引资、积极创业已成趋势。根据地方经济特点不同、产业资源不同，各地政府在发展商业过程中扬长避短、因地制宜，从而形成了当地政府引导下的具有地方特色的商业圈和新的商业联合体——新商帮，如温州的小商品生产、珠海的电子市场等。

3.3.1.3　新商帮的出现是地方商业文化发展的必然结果

改革开放 40 多年来，我国商业已从规模发展，向注重发展商业内涵转变。各地的商人都已意识到商业文化是企业的灵魂，是在商海中屹立不败的保证。我国地域广大，各地商人所持有的经营原则与方法、经销的产品和特色、经商过程中所秉承的精神与理念各具特色。各地商业通过塑造商业品牌，打造自己独特的商业文化，塑造了独树一帜的商人形象。新商帮的出现，正是各地商界人士在地区商业文化追求和营建中的一种表现。

首先，新商帮的出现还与国家政策、媒体宣传和引导息息相关。国家注重现代经济领域内商业团体的建设，20 世纪 80 年代，我国就相继成立了以行业为主的商会，如中国纺织品进出口商会、中国轻工业联合会、中国保险行业协会、中国纺织工业协会等。各级地方政府也出台了政策，对地方商业团体进行扶持与鼓励，这些举措无疑为新商帮的形成提供了强大的政策支持。其次，媒体宣传也促进了新商帮的形成。如 2003 年《经济视点报》旗下的《新豫商》周刊，长期对河南省内外豫商的大规模报道使得豫商群体浮出水面，引发了社会对豫商的持续关注；2011 年《经理日报》以"审视新商帮"为题对四川首届全国地区商会成果宣传展暨中国聚商（成都）论坛做了专题报道；《中国经营报》专门开辟"新商帮"专栏向商界人士传递商业文化与商帮理念，这些媒体的宣传报道对新商帮的形成起到了推动作用。

3.3.2 新商帮的经商特点

目前关于新商帮的区域划分还不统一，称呼也多有变化，在我国经济发展的活跃区域，尤其是在沿海发达地区形成了一批新商帮，其中浙江商帮、闽南商帮、广东商帮、山东商帮、苏南商帮影响较大。这些团结、创新、诚信的新商帮立足本区域产业优势，继承了传统商帮优秀的商业文化精神，在当今经济形势下形成了各自独特的经商特点。

3.3.2.1 新浙商

新浙江商帮主要是指分布在浙江杭州、温州、宁波、台州等地的浙商群体。新浙商受永嘉文化（也称浙东文化）影响较大，永嘉文化重经世致用，强调个性、个体、能力，因此，新浙商表现出重创新、能吃苦、善于创业且敢于承担风险的特质。20 世纪 80 年代之初，在沿海产业梯度转移的大背景下，温州商人纵横中国商界，形成了全国关注的"温州模式"和"温州人经济"现象，温州商人的原始积累靠的就是勤奋吃苦，在体制和意识形态的边缘完成了资本积聚，并逐渐从分散的家庭作坊过渡到现代私营企业，相继创立了德力西、万向、苏泊尔、正泰、杉杉、雅戈尔、传化、吉利等一个个大品牌。浙江人口为 5 600 多万人，其中在外经商做生意的超过 500 万人，形成了独具特色的"老板经济"，他们的"两板精神"被广为称颂。新浙商的影响力越来越大，涌现出了一大批商界巨头，如阿里巴巴创始人马云、万象模式开创者鲁冠球、娃哈哈集团宗庆后、徐冠巨、南存辉、李书福、王建沂、沈国军等，这支优秀的队伍为我国新时代中国特色社会主义经济建设做出了巨大的贡献。

宁波商帮转型
成功原因

 资料卡 3-14

▸▸▸▸▸▸▸▸▸▸▸▸▸▸▸▸▸▸▸▸▸▸▸▸▸▸▸▸▸▸▸▸▸▸▸▸

新浙商的"两板精神"

"白天当老板，晚上睡地板"的"两板"精神是浙商艰苦创业的生动写照，体现了他们坚定不移、坚韧不拔、坚持不懈、不达目标永不言弃的创业精神。浙商很多都是"苦出身"，日丰打火机有限公司董事长黄发静白手起家，他倒腾过电器，卖过眼镜，20世纪80年代初他与别人一起凑齐1万块钱办厂时，缺经验、缺资金、缺人才、缺设备、缺场地，什么都缺。有时候为了赶货，日夜赶工，累了困了就靠在凳子上或躺在地板上睡觉。就是靠着这股子拼劲，如今，日丰公司成为温州轻工百强企业，对外贸易额年达600万美元，成为中国打火机行业龙头企业之一。人们耳熟能详的浪莎袜业，它的创始人"翁氏三兄弟"曾背井离乡从事"鸡毛换糖"，也曾经辗转新疆、广东销售各种小商品。如今，浪莎已经成为世界规模最大的袜子生产企业。浙商乐意从小生意做起，卖打火机、领带夹、眼镜，做鞋修鞋。他们不嫌生意小，不怕别人笑。

（资料来源：成光琳，杜柳．中国商贸文化 [M]．北京：高等教育出版社，2019：161-162.）

3.3.2.2 新闽商

新闽商又称闽南商帮，主要分布在泉州、厦门、漳州等地，商业活动范围延伸到福建的周边省份、华东地区，以及其他东部沿海发达地区。新闽商受闽南和吴越文化共同影响，具有典型的客家商业文化特征，崇尚"爱拼才会赢"的精神，喜欢"抱团"经营，多为家族企业。新闽商还具有开疆拓土的视野，在地域上不断扩张，扩大规模和影响力。新闽商在与外方合资的企业中一般都占有主导地位，"不当老板不算好猛男"是他们的形象写照。改革开放40多年来，闽南人特有的"拼"劲不仅造就了安踏、三兴、片仔癀、柒牌、七匹狼、厦新（2003年更名为夏新）、万利达等几十个中国驰名商标，还涌现出了丁志忠、丁水波、李晓忠、郭鹤年等一大批知名企业家。

 资料卡 3-15

美团网创始人兼CEO王兴

王兴，福建龙岩客家人，1979年2月生，1997年王兴从龙岩一中保送到清华大学电子工程系无线电专业，2001年毕业于清华大学。王兴于2003年放弃美国学业回国创立校内网，2006年被千橡集团收购；2007年创办饭否网；2010年创办团购网站美团网；2014年，王兴入围2014年度华人经济领袖。2020年2月26日，以530亿元人民币财富名列《2020世茂深港国际中心·胡润全球富豪榜》第262位；5月12日，王兴以526.5亿元人民币财富名列《2020新财富500富人榜》第35位。

美团网注册于北京市海淀区，全称为"北京三快在线科技有限公司"，"吃喝玩乐全都有"和"美团一次美一次"是网站的服务宣传宗旨。2014年美团全年交易额突破460亿元，较2013年增长180%以上，市场份额占比超过60%，比2013年的53%增长了7个百分点。2015年1月18日，美团网CEO王兴表示，美团已经完成7亿美元融资，美团估值达到70亿美元。2018年美团点评在香港证券交易所上市。时至今日，美团已发展成为与阿里巴巴、腾讯齐名的中国三大互联网巨头之一，引领着中国互联网企业发展。

■王兴

（资料来源：百度百科）

3.3.2.3　新粤商

新粤商

新粤商主要分布在广州、深圳、东莞、顺德、中山、珠海等珠三角地区。珠三角地区是我国改革开放的前沿阵地，经济发展迅速，20 世纪 80 年代最早建立了经济特区，具有开放、兼容的文化传统，商品意识强，深受岭南传统文化的影响。"一心只闻盈利事，两耳不听他人言"的描述，反映出广东人喜欢经商，以经商为荣，全民皆商的崇商特性，被称为我国最彻底的商人。在新粤商身上，传统文化与近代商业文化相融合，他们发扬传统粤商冒险开拓、独立进取的商业精神，同时也具有开放的心态。在商业经营上，新粤商注重办事效率，胆大务实、精明灵活、擅长贸易，十分重视对市场策略、产品策略的研究，并与港澳及海外资本有紧密的联系。改革开放后，珠江三角洲的各县市及潮汕地区充分利用与香港邻近的地域优势、土地资源优势、廉价劳动力优势、华侨优势，做起了来料加工和吸引外资生意，建立各种经济技术开发区，先后出现了科龙、美的、格兰仕、TCL、爱浪、南方高科等一批有实力的乡镇企业和民营企业，也出现了李东升、何享健、梁庆德等一大批商业巨子。

资料卡 3-16

深圳市宝能投资集团姚振华

深圳市宝能投资集团有限公司成立于 2000 年，注册资本 3 亿元，姚振华是集团唯一的股东。宝能集团旗下包括综合物业开发、金融、现代物流、文化旅游、民生产业五大板块，下辖宝能地产、前海人寿、钜盛华、广东云信资信评估、粤商小额贷款、深业物流、创邦集团、深圳建业、深圳宝时惠电子商务、深圳民鲜农产品多家子公司。二十多年来，宝能始终坚持实业报国理想，全面推进"制造宝能、科技宝能、民生宝能"三大战略，现已发展成为涵盖高端制造、国际物流、综合开发、民生服务四大核心业务板块的大型现代化企业集团，业务遍布全国 30 多个省市自治区 300 多个城市。

姚振华，广东潮汕人，1970年出生于广东省汕头市，1988—1992年就读于华南理工大学工业管理工程和食品工程双专业。1992年姚振华进入深圳工作，早年靠卖蔬菜起家，几十年间，他带领的宝能集团取得了不菲业绩，将其掌舵的"宝能系"发展成集地产、保险、物流、小额贷款、教育、医疗、农业等众多产业的庞大而神秘的商业帝国，业务遍布华南、华北、华东等区域，开发项目包括宝能太古城、天津大胡同、北京华丰中心等，并与多个发达国家的企事业机构建立了合作关系，集团核心净资产价值超过百亿元。姚振华是新粤商杰出的企业家代表，曾任广东潮联会名誉会长、广东省政协常委，并与王石一起成为"特区拓荒牛卅载竞风流"上榜人物。

■姚振华

（资料来源：百度百科）

3.3.2.4 新鲁商

新鲁商起步于20世纪80年代中期，20世纪90年代以后开始蓬勃发展，其地理区域主要分布在青岛、威海、烟台、济南等大中城市。山东省位于我国淮河以北，属于北方地区，新鲁商沿袭了北方人务实肯干的精神，还具备了南方人精明灵活的经商特点。山东商人深受儒家文化的影响，他们将经商之道与人之道完美结合在一起。新鲁商血脉里始终贯穿着忠厚仁义、谦和忍让、吃苦耐劳的优秀品质，比实干、比实力是山东企业家身上体现出来的现代经商意识。另外，"鲁商近官"，新鲁商的经商行为依然受"官本位"儒家思想影响，受国营模式影响较大，政企结合度较高，企业与当地政府的荣损过于紧密地联系在一起，政企产权问题还须进一步厘清。在政府强大的支持下，新鲁商创造出瞩目的成就，培育出海尔、海信、双星、小鸭、三联、青岛啤酒、三角等实力强大的知名企业和以张义敏、周厚健、金志国、张继升为代表的成功商人。

 资料卡 3-17

海尔的并购策略

并购是海尔最经典的发展战略，成就了海尔的快速发展和迅速扩张。海尔的并购策略起源于1988年，在数十年的并购里程中，海尔并购的大企业和大品牌超过18家，并购的总资产超过100亿元，并购的市场份额超过400亿元，并购成就了海尔家电行业的排头兵地位。

青岛红星电器公司曾是我国三大洗衣机公司之一，1995年销售量为70万台，年销售额为5亿元。由于缺乏科学的管理和市场经营理念，出现了资不抵债现象，在青岛市政府的撮合下，海尔没有投入一分钱，只是用自己的品牌和管理等无形资产入股，在短时间内就使红星扭亏为赢，并且将红星洗衣机变成海尔洗衣机的重要组成部分。

爱德电饭煲曾多年市场占有率全国第一，爱德洗衣机也是中国著名的家电品牌。20世纪90年代，由于受洋品牌的冲击，1996年爱德集团宣布破产。在当地政府的支持下，海尔集团成功地并购了爱德，并购后海尔顺势占领了中国南方市场和东南亚市场。

西湖电子集团是国家一级企业，拥有国家级技术中心，连续8年为中国轻工业500强，在彩电生产、电子产品设计、数字技术开发与应用、专业集成电路、工艺设计等方面，处于全国先进水平。但企业在市场开发和品牌运营方面有较大短板，一直寻找有实力的公司进行合作，海尔集团并购后实现了强强联合，很快推出了中国数字丽音彩电"探路者"和VCD、电话及计算机等信息产品。

2011年8月，海尔与松下电器旗下三洋签署备忘录，意向收购三洋在日本、印度尼西亚、马来西亚等地的洗衣机、冰箱和其他家用电器业务。并购后，2012年海尔在日销售额年增约4.5倍，达483亿日元，其中收购自松下的三洋AQUA品牌销售额348亿日元，占比达七成。

通用家电在美国5个州拥有9家工厂，在美家电市场占有率近20%，是全美第二大家电品牌。海尔看中的不仅是通用家电的品牌价值及优秀的管理团队，更是其在北美市场强大的渠道优势和成熟的质量控制体系。2016年，海尔以55.8亿美元收购通用的家电业务，海尔与通用在全球范围内展开合作，共同在工业互联网、医疗、制造等领域提升企业竞争力。这是中国家电行业迄今为止最大的一笔海外并购，有力提升了海尔在全球的竞争力。

（资料来源：搜狐网）

3.3.2.5　苏南商帮

苏南商帮主要分布在江苏的苏州、无锡，常州等地。在1998年之后的产权改革大潮中，乡镇企业剧烈分化，小天鹅、红豆、华西村、沙钢、阳光、海澜等一批民营的品牌企业脱颖而出，涌现出朱德坤、沈文荣、吴协东等一批苏南商帮的代表人物。吴越文化重格物致知，强调均衡、集体、等级，在传统吴越文化的影响下，他们重读书，讲秩序，做事能审时度势、扬长避短、稳中取胜，具有较强的独立精神。苏南商帮企业多为独资经营，一方面是因为江苏人具有经商的智慧和独立的经商能力；另一方面是因为他们没有太多的亲情和乡谊约束，是较为独立和自由的商人。苏南模式由学者费孝通在20世纪80年代初率先提出，在乡镇政府的主导下，以市场调节为主要手段，苏南地区的农民依靠自己的力量发展以集体经济为主的乡镇企业。苏南模式又被称为"又红又专"的集体所有制模式，是我国县域经济发展的主要经验模式之一。

资料卡 3-18

华西村：蜕变的"苏南模式"

华西村，位于江苏省江阴市华士镇，于1961年建村，先后获得了"全国先进基层党组织""全国模范村民委员会""全国文明村镇""全国文化典范村示范点"等多项荣誉。历届党和国家领导人，都对华西村给予充分肯定和高度评价。国内外各界人士，称赞华西村是"天下第一村"。

建村50多年来，华西人通过20世纪70年代"造田"、80年代"造厂"、90年代"造城"、21世纪"育人"，将华西村建设成了文明和谐的社会主义新农村。近年来，在领导班子的团结带领下，全村干部深入贯彻落实党的十九大精神，通过弘扬"华西精神"和"吴仁宝精神"，不仅延续了符合自身实际、具有自身特色的集体经济之路，而且进一步加快了产业的转型升级。最近10多年，华西村先后关停了10家能耗高、效率低的企业，仅从2013年到现在，用于冶金、化纤、棉纺，以及海运、海工等企业的技改资金，累计已达21.08亿元，实现了环保指标全部优于国家标准。特别是围绕"两个转"，即数量转质量、体力转脑力，华西村做好"三句话"：一是宁做小池里的大鱼，不做大池里的小鱼；二是不以华西为世界，而以世界为华西；三是打造传统产业、服务业、高科技产业"三轮驱动"。2018年，华西可用资金和交税再次实现"双增"，交税近15个亿，又创纪录。

华西村坚持走共同富裕道路，每年对外帮扶的资金达1亿多元。自2006年开始，华西村已为全国培训基层干部40多万人次。华西村贯彻落实"乡村振兴"战略，打造"农村都市"，既要有都市品质，又不失农村特色，要让老百姓享受到城市的设施和服务。华西村朝着打造"百年企业""百年村庄"的目标，为建设"强富美高"新江苏、为国家全面建成小康社会、为实现中华民族伟大复兴的中国梦，做出应有的贡献！

■华西村

（资料来源：华西村官网）

3.4　桂商文化与经营之道

3.4.1　桂商商帮的形成

桂商商帮成形较晚。明清以前受重农轻商的思想影响，广西世世代代少数民族都是"但知耕织，不谙贸迁，不知商贾，不务于末"，不懂商业，不去外地谋生，不愿意从事商业，贱商轻商风气盛行。因此，广西圩镇经济发展一直缺乏内在自生力，商业团体不成规模。明清之后，广州及珠三角地区商品经济实力的增强，辐射带动了广西商业经济发展，大批广东商人来桂经商。粤商在桂发展的成功，引得江西、安徽、浙江、福建客商纷至沓来，激活了广西经济。这些在桂本土化后的客商及其后裔组成了桂商商帮的重要力量。此外，随着外省商业资本的渗透，广西世居少数民族的职业观念和身份也发生了变化，他们开始摒弃传统的"不务于末""务本而已"的观念，"商业资本+农户"的经营形式逐渐盛行，大量亦农亦商的兼业商贩出现，是桂商商帮的另一支主要力量。

 知识链接

明清广西民间"无东不成市"谚语的来由

明朝开始，广东商人逐步成批入桂，明末诗人徐棻有云："往来横渡口，强半广州音。"到了清朝，广东商人更是抱团源源不断进入广西。尤其是鸦片战争以后，西方列强的大炮轰开清政府闭关自守的国门，广州及珠三角成为最早发展资本主义经济的地带，原本的农业经济和小商品经济受到欧美产品经济的强烈冲击，商品化进程加快，资本主义文明滥觞。富于冒险和开拓创新的广东人，敏锐地把触角伸到南宁，带着时新工业产品溯江而上，以南宁为商贸支点，进而上溯左右江的龙州、百色等地，开拓新的市场，南宁很快成为郁江及左右江的经济中心，发展迅速。"发财到邕州"，成为当时广东商界的一句流行语。于是，广东成为对广西辐射影响最大的地区，为广西的城镇和圩市注入了一支本地一直缺乏的基本的工商业经济力量，成为广西圩镇经济发展的关键因素。因此，广西民间便流行"无东不成市"的谚语。

资料来源：《明清广西民间"无东不成市"谚语的来由》，https://www.douban.com/group/topic/56021962/? _i=4705316KFUc0M6

3.4.2 桂商商帮的地域色彩

桂商商帮历史承载着广西商业经济的起源、发展、嬗变与创新。桂商扎根于中国西南边境地区，其发展带着鲜明而浓郁的地域色彩。首先，桂商的发展离不开对广西少数民族文化的深耕。少数民族文化里的故事、人物、原料、设计等都能够被挖掘，成为桂商商业设计的创意之源。例如，贵港特色产业之一壮族油纸伞产业就在百年传承中深挖壮族油纸伞文化，勃勃生长。其次，桂商与区域人文资源共生共荣，和谐发展。依托广西人文资源的强大经济生命力和巨大的经济开发价值，桂商得以彰显品牌活力。比如"刘三姐"这位在广西家喻户晓、在全国知名度颇高的壮族歌仙，就是属于广西传统人文资源的一部分。刘三姐的故事多次改编成歌剧、电影、大型实景演出、动画，这些作品都获得了不俗的经济成绩，获得了商业品牌效应。最后，桂商从广西自然资源中汲取发展的养分，不断成长。受亚热带季风气候的影响，丰富的生态资源成为广西产业经济的关键资源，造就了广西蔗糖最"甜"、水果产量最高、土特产最多。绵延的海岸线、优美的海岸风光常年吸引着大量的游客，给桂商的发展提供天然"养分"。北海合浦港也是我国最早的对外通商口岸和海上"丝绸之路"的起点之一，是桂商出海的始发点。这些区域资源，以景、文、商三者融合发展的形式，推动着桂商前进。

3.4.3 桂商的育人之道

桂商在发展壮大的过程中，坚持实践为重，学徒制十分盛行。比如，在生产贵港油纸伞、东兰铜鼓、靖西绣球等非遗文化商品的手工作坊里，一直以来就是通过"传帮带"的学徒制育人。刚入行的徒弟要在店铺或者手工作坊里与师傅共同劳动，在真实的工作场所中边看边做边学，在师傅指导下学习从事本行当所需的知识和技艺，学习经商之道。

受儒家思想影响，桂商提倡"重信义、敦品行、贵忠诚、好学习、讲奉献、敢创拼、清贪欲"的职业道德。在人才培育时，桂商以德为本，以德为先，然后才是人才专业能力的培养。这是因为桂商认为只有品德高尚、忠厚诚信的人，才能在商业经营中做到不缺斤短两，才能与人坦诚相处，建立起和谐融洽的关系，才能承担起商人的从商责任。比如，民国时期的广西首富高仕佳、清朝广西巨富李宜民，在自己的商号文化培训中，就特别重视品德培训，要求商号里的伙计都要做到诚信经营。

人才是企业的重要资产，八桂大地因人才而兴。八桂商人们深知地区人才储备的重要性。所以，桂商在积累了一定财富后，往往能够乐善好施，热衷公益。如今，更是以广开培训、捐资助学、加强校企合作、协助举办职业技能竞赛等实际行动助力广西"人才强桂"战略。

知识链接

广西靖西：脱贫致富有门路 旧州绣球制作带旺乡村游

靖西市素称"山水赛桂林，气候似昆明"，人文古迹众多，壮族风情浓郁，有"壮族活的博物馆"之美誉。而旧州街有 500 多户人家，家家户户都会制作绣球，从五六岁的娃娃到六七十岁的老太太都参加制作绣球，被誉为"中国绣球之乡"。

"不是旅游旺季的时候，民宿没有那么忙，我就在家里做绣球，补贴家里的收入，外地游客都很喜欢。"据旧州古镇贫困户林庆旺介绍，早些年因为在家种地基本没什么收入，就去外地打工，在工地干过建筑，当过零工，收入很不稳定，一年到头也剩不下几个钱。现在家乡搞乡村游，就回来干了，一个月的收入有 3 000 多元，最重要的还能照顾家里，生活比以前好多了。

63 岁的张丕雄是一名地地道道的旧州古镇人，有一身的木工老手艺。借助当地大力扶持乡村游产业发展，2018 年，张丕雄贷款 20 万元建起了民宿，当年的收入就有 25 万元。张丕雄回忆：早些年日子过得实在是紧，一双儿女要养，仅凭着木工雕刻的手艺活勉强支撑。因为经常没电，妻子点着煤油灯在昏暗的光线下缝制绣球补贴家用，一想起这些，他内心总五味杂陈。张丕雄说，现在日子越过越好，作为旧州古镇的老人，最大的感慨就是用电稳了，木工用抛光机一开，一会儿的工夫就完工了，不用像以前提心吊胆担心随时停电，亮堂堂的灯光给生活带来了新希望。

近年来，靖西市旧州古镇把制作绣球当作产业来发展，建立了绣球协会，对绣球制作者进行培训，现在协会已经发展到 800 多人。如今，因绣球慕名而来的游客络绎不绝，不仅带动了绣球的销量，旧州街的居民也把制作绣球作为脱贫致富的门路来推进。旧州绣球年产量达到 50 多万个，销售收入达 1 000 多万元。

资料来源：广西新闻网，《广西靖西：脱贫致富有门路 旧州绣球制作带旺乡村游》，https：//baijiahao. baidu. com/s？id＝1669910426472878619&wfr＝spider&for＝pc

本章小结

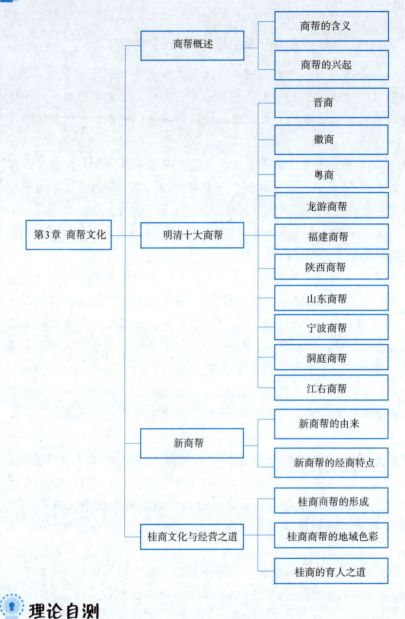

理论自测

理论自测

□选择题

1. 近代以来，广西世居少数民族的商业经营形式主要是（　　）。

A. 商业资本+农户　　　　　　B. 商业资本

C. 农户　　　　　　　　　　　D. 手工作坊

2. "刘三姐"是（　　）的故事人物。

A. 汉族　　　　B. 壮族　　　　C. 苗族　　　　D. 瑶族

3. 广西属于（　　）气候。

A. 热带季风　　　　　　　　　B. 亚热带季风

C. 温带季风　　　　　　　　　D. 温带大陆性

4.（　　）是我国最早的对外通商口岸和海上"丝绸之路"的起点之一。

A. 南宁港　　　　　　　　　　B. 防城港

C. 钦州港　　　　　　　　　　D. 北海合浦港

5. 桂商育人提倡以（　　）为先。

A. 专业技术　　　B. 职业品德　　　C. 专业知识　　　D. 个人天赋

□ 判断题

（　　）1. 学徒制是指刚入行的徒弟要在店铺或者手工作坊里与师傅共同劳动，在真实的工作场所中边看边做边学，在师傅指导下学习从事本行当所需的知识和技艺。

（　　）2. 桂商商帮受粤商影响比较大。

（　　）3. "无东不成市"里的客商主要指的是徽商。

（　　）4. 由于广西世居少数民族旧时的思想认知是重农轻商，所以少数民族文化对桂商发展的贡献较小。

（　　）5. 桂商提倡"重信义、敦品行、贵忠诚、好学习、讲奉献、敢创拼、清贪欲"的职业道德。

□ 理论自测步骤

1. 学生打开智慧职教慕课平台 https：//mooc. icve. com. cn/cms/index. do。

2. 平台首页输入"桂商文化"查询，加入课程学习。

3. 在限定时间内完成测试。测试完毕，系统自动评卷。

应用自测

（一）总体要求

根据本章学习的内容，编制"明清十大商帮信息地图""列举桂商地域特色案例"。要求：

1. 以中国地图为基础，在商帮的发源地标出十大商帮的信息；

2. 信息包括形成时间、经商特点、经营产品范围、标志性建筑、代表商人、商帮精神等。

3. 列举最能体现桂商特色的区域案例。

（二）能力目标

1. 加深学生对商帮文化的理性理解；

2. 理解桂商文化对广西经济社会发展的推动作用；

3. 训练学生搜集、归纳、整理信息的能力。

（三）背景资料

通过课程学习，同时利用网络、报纸、图书等方式，搜集我国商帮相关资料，特别是桂商商帮的文化与特点，完成应用自测要求。

自我评价

学习成果	自我评价
我已经理解商帮的含义与特征	□很好 □较好 □一般 □较差 □很差
我已经理解商帮出现的时期及原因	□很好 □较好 □一般 □较差 □很差
我已经了解我国明清十大商帮及其经营特点	□很好 □较好 □一般 □较差 □很差
我已经了解桂商商帮及其特点	□很好 □较好 □一般 □较差 □很差

第4章

商号文化

以德为本　　以诚待人

引导语

教学说明

商号即商业字号或商业名称。本书所列举的商号，主要特指历史悠久，拥有世代传承的产品、技艺或服务的老字号企业，具有鲜明的中华民族传统文化背景和深厚的文化底蕴，取得社会广泛认同，形成良好信誉的品牌。老字号是一个国家重要的历史文化遗产，其兴衰沉浮反映出时代的变化，折射出商品经济发展的规律性，凝结着地理属性、民族精神、历史文化，具有巨大的无形资产价值。这些老商号承载着中国传统文化的精髓，是商业文化和民族文化的历史积淀，老商号"童叟无欺""至诚至信"等企业文化，一直广泛影响着社会风气。

学习目标

导学单

◎理解商号的含义、分类、起源与发展变化；
◎了解传统老字号的经营历史与现状；
◎分析老字号企业的经营特色及其成败关键；
◎传承中华老字号的优良传统，弘扬商号文化。

4.1　商号与中华老字号

4.1.1　含义与内涵

4.1.1.1　商号

"商号"是"商业字号"的简称，它包括两个基本含义：一是企业、店铺等所拥有的名号、招牌等特殊标记，是指一个工商业组织或产品的外在标志；二是以某字号、招牌著称的商家、店铺，或字号所指称的经营某产品、服务的交易商或制造商、服务商等。前一含义主要是指一个名号，后一含义还包括这一名号所代表的整个商家组织与实体。按商号字面本身的含义，它应该包括中国商号与外国商号，传统商号与现代商号，过去创办、已经消失和仍在持续经营、不断创新的老商号与新创办的新商号。根据本教材的指导思想与编写目标，所谓的商号主要是指前者，即俗称的老字号、中国老字号或中华老字号等。

4.1.1.2　中华老字号

根据商务部 2006 年《"中华老字号"认定规范（试行）》的规定，中华老字号（China Time-honored Brand）是指历史悠久，拥有世代传承的产品、技艺或服务，具有鲜明的中华民族传统文化背景和深厚的文化底蕴，取得社会广泛认同，形成良好信誉的品牌。老字号是工商行业悠久历史的见证，也是中华民族商业文化的重要体现。19 世纪末，我国的老字号都是具有中国传统特点的老字号，主要集中在绸缎布匹、中医中药、饮食服务、文房四宝、手工艺品等方面。20世纪初期，由于百货公司、新式商场的兴起，近代民族工业的发展，中国又出现了一批新式的老字号。它们既吸收了国外新式工商业的技术与管理，又渗入了中国古老文化的传统，因而也具有浓厚的中国特色。

中华人民共和国商务部
Ministry of Commerce of the People's Republic of China

■ 中华老字号标志

老字号，作为在长期的市场竞争中形成的且在消费品更新换代过程中长盛不衰的"老牌子"，是广大消费者在经历了无数次商品交换过程之后而自然认可的"金字品牌"。其包括：一是历史名店。由店名而使消费者联想其在所属行业中的地位，如"同仁堂"（药店）、"胡庆余堂"（药店）、"全聚德"（烤鸭店）、"瑞蚨祥"（绸布店）、"狗不理"（包子铺）等。二是名优品牌。由品牌而联想其产品，如"张小泉"（剪刀）、"福牌阿胶"（中医滋补品）、"碧螺春"（茶叶）等。三是特殊的老招牌。由某个地名在前加上产品名称而形成的品牌，如"中华书局""金华火腿""龙井茶叶""青岛啤酒"等。四是名优品牌的生产厂家。由品牌而联想其生产厂家，如"解百纳""雷司令"的生产者"张裕"等。

 资料卡 4-1

>>

商号（老字号）的主要类型

老字号按经营内容分为以下几类：

（1）文房四宝及书籍类老字号。著名的有北京"荣宝斋"、浙江湖州"王一品"、安徽歙县"老胡开文"墨店、上海"周虎臣"笔庄等。

（2）中医中药类老字号。著名的有北京"同仁堂"、杭州"胡庆余堂"、苏州"雷允上诵芬堂"等。

（3）饭店酒楼类老字号。著名的有北京"东来顺"饭庄、天津"登瀛楼"、天津"狗不理"、上海"老正兴"菜馆、广州"蛇王满"、北京"全聚德"、苏州"松鹤楼"等。

（4）茶楼茶社类老字号。著名的有广州"惠如楼"茶楼、扬州"冶春茶社"等。

（5）糕点杂货品类老字号。著名的有上海"冠生园"、北京义利、北京"六必居"酱菜园、镇江"恒顺"醋厂等。

（6）酒类老字号。著名的有贵州茅台酒厂、山东烟台"张裕"葡萄酒酿酒公司、四川宜宾"五粮液"酒厂、四川泸州曲酒厂等。

（7）百货类老字号。著名的有上海永安公司（1956年公私合营后改名，今已恢复原名）、北京"东安市场"、重庆"宝元通"百货公司、天津劝业场等。

（8）绸缎布类老字号。著名的有上海"老介福"尼绒绸缎商店、北京"瑞蚨祥"绸布店、天津"谦祥益"绸布店、杭州"都锦生"丝织厂、成都蜀锦厂等。

（9）鞋帽类老字号。著名的有天津"盛锡福"帽厂、天津"同升和"帽店、北京"内联陞"鞋店等。

（10）手工业品、工艺品类老字号。著名的有北京玉器厂、杭州"张小泉"剪刀店、北京"王麻子"剪刀店、浙江龙泉"沈广隆"剑铺、浙江杭州"王星记"扇厂、扬州漆器厂等。

（资料来源：谢牧，吴永良. 中国的老字号［M］. 北京：经济日报出版社，1988.）

4.1.2 传统商号的发展与变迁

4.1.2.1 商号的起源

历史上从事交易与商贸活动的既有个人也有组织，而且经常组织行为多于个人行为。原始的交易多数都是以氏族集体为单位进行的，后来所谓的私商也多数以家族为依托，非组织的纯粹的个人行为较少。可以说，老字号的起源也同时等于老字号组织的起源。古商号有些以组织名称作为字号，有些商人是直接以个人的名字作为字号。

由于大家对商号、老字号含义界定有差别，必然导致对商号、老字号起源标志存在不同观点。出土的春秋战国的陶器、铜镜之类物品上多有生产经营者的姓名及专用符号，有人视为"字号"的滥觞。也有人推断齐国管仲的"轻重九府"可能就各有其字号。还有观点认为，春秋末年范蠡货殖经商使用"鸱夷子皮"和"陶朱公"的名称，其实是两个商业字号。

据相关史料记载，我国甚至在上古三代商品交流时就有以印记、印章等作为凭信的。《周礼》"掌节职"条有"货贿用玺节"一语，据汉代郑康成注释，"掌节职为主通货贿之官，谓司市也"；又说"玺节者，即今之印章也"。刘熙在《释名》中也说："玺者徙也，封物使可转徙而不可发也。"如今各地博物馆中都存有实物"封泥"，就是将货物捆扎牢固，在固定处打好绳结穿上木块，再用泥固封后捺上印章，如现代的火漆印固封手续一样。长沙马王堆一号汉墓出土的封泥，上面刻有"侯家丞"字样。另外，出土的先秦时代的陶器和传世的汉代铜镜上，也有印章、印记等，标明生产经营者的姓氏、姓名及产地。所有这些印章、印记等，即是我国商业字号或商标的滥觞。

我国在南北朝时一些经营典当业务的组织，在门前浓墨书写"当"或"大押"等，以及附着蝙蝠图案（含"引福归堂"之意），也可以视为比较早期的商号组织与标识。

又如我国唐代瓷器上有"卞家小口（小口即茶壶）天下有名""郑家小口天下第一"等自我标记的字样。北宋名窑龙泉青瓷中有"永清窑记"的底款，溯州、饶州、杭州生产的铜镜和漆器上，都注明生产经营的铺号，如"湖州真石家念二叔照子"和

"湖州真正石家念二叔照子"两种不同的印记，为了声明自己不是冒牌，在"石家"前面加上"真"或"真正"字样，颇为用心细心。就现存实物查考，我国最迟在北宋时期（960—1126年）就已产生了包括文字和图形的图文并茂的商号商品标识。当时，城乡商业和商业组织颇为发达，手工业生产者为了推销商品、维护信誉，特意设计使用了商标与字号。

 资料卡 4-2

济南刘家功夫针铺

■济南刘家功夫针铺铜版及拓片

济南刘家功夫针铺

山东济南有一家专造功夫细针的刘家针铺，设计制作了一块专门印刷商标的铜版，以白兔为商品标识。这是我国目前发现最早的第一个完全意义上的商标，现保存在中国国家博物馆。这枚白兔商标，既有文字，又有图形，近于正方形，上方阴文横刻"济南刘家功夫针铺"店号，中间阳刻白兔图形，两侧还竖刻着阳文"认门前白兔儿为记"，两边平分四字，下方刻有较长阳文附记，计 28 个字。这一设计，即使与现代的品牌商标相比较，仍然显得相当规范。

（资料来源：杨秉强．济南刘家功夫针铺试读［J］．商职学院学报，2007．）

此后的字号商标，又向前推进了一步，除代表质量特点的文字图画外，还结合商品寓有祝福、喜庆的吉祥含义。如药铺多用"鹤鹿同春""福禄寿三星"，金银首饰店多用"和合、如意"为记的吉祥图案，以迎合顾客心理。还有另一种形式，即在某些产品上使用明记暗号，可做退换或维修的凭证，借以保证质量，这也成为一种显示我国商业道德的严肃态度的方式。宋朝以来，我国的商品生产更加发达，手工业和商业也日趋繁荣，城市经济蓬勃发展，对外贸易通过航线日渐拓展的"海上丝绸之路"也更为畅通。这些都促进了商业商号的发展，从而也相应提高了字号的使用价值。明清时期我国商品经济发展达到了一个新的高度，很多交通便利地区、城镇等形成商业繁盛之地。例如，京杭大运河沿岸与一些新兴著名市镇，商品汇集，商号林立。

资料卡 4-3

玉堂酱园与八大祥

相传乾隆四十五年（1780年）苏州商人戴阿大发现"济宁州，赛银窝，生意兴隆买卖多；南门口枕着运粮河，交通方便行商多"，便在南门口买下了一方宝地，开起酱菜铺，为图吉利，按天干地支推算中的未时为玉堂，便取名"玉堂"，又因他原籍苏州，故名"姑苏戴玉堂"。

清代中期章丘旧军孟氏家族先后在周村开设了谦祥益、万福祥、泉祥、阜祥、林祥、元祥、春和祥、鸿祥八大祥号，经营茶叶、杂货、布匹、绸缎等。矜恕堂孟氏开办的鸿记布店在当地首屈一指，后来创办全国连锁商号的瑞蚨祥东家就是从周村贩卖土布起家的。山西巨资商人在周村开设票庄10多家，当地商人兴办钱庄、银号80多家。

（资料来源：李平生. 山东老字号［M］. 济南：山东文艺出版社，2004.）

纵观历史，不难看出，古代中国的工商业者为了创立自己的商号字号，维护自己的商业声誉和经济利益，不仅很早就开始使用品牌商标，而且由混沌至明晰，由不自觉到自觉，不断探索实践，代有创新发展，终使商号字号的应用逐渐臻于完善，在人类商业史上当仁不让地写下了辉煌的一页。

4.1.2.2　商号的发展兴衰

鸦片战争以后的清后期，传统商号发生了很大的变化。首先是部分传统的旧行业衰落，有的是因为国内的近代资本主义生产的兴起和旧式手工业的衰落，如新式纺织机的推广使用；也有的商号的兴衰则是与新产品的出现、生活的变化和社会的进步有关，如新式热水瓶的出现，使铜锡壶的手工制造业和贩售业日趋衰落。其次是城市电车、公共汽车的出现，使轿子、黄包车、马车等旧式交通工具，甚至连油布业、雨衣业的制造和销售都受到很大的影响。但是，很大一部分传统商号仍然顽强生存下来，它们随着新形势的变化更新组织附加新品，向新的方向转化，在中国城乡（尤其是乡镇）的广阔土地上继续运转着，并保持着创新活力。

随着近代新式商业的出现，近代的新式企业、商人也令人瞩目地大量涌现。近代新式商号是伴随着外国资本主义商品、资本输出而产生和发展起来的。甲午战争以后，进出口贸易迅速增长，农产品进一步商品化，扩大了国内市场和出口贸易；国内近代工业兴起和发展，商品运输工具得以改善；新的商业中心和商品购销网络逐步形成；新式银行、保险、通信事业不断创办；新兴商业行业不断增加，新式商业组织如公司、商品交易所、商会等开始出现。最先出现的新式商业企业是与进出口商业相联系的新型商号。在口岸城市中经营进口商品的商号多称为字号，经营出口商品的称为行栈。在当今，对它们都可以称为老字号。

新出现的新式商号经营规模普遍较大，以雇工制的资本主义生产关系为基础，商号雇用店员人数都大大增加，已不同于旧式商号雇用者具有浓厚的封建人身依附关系。

晚清一些从旧式商业转化而来的民族资本商业中，在经营组织上带有浓厚的家庭联系、乡亲关系的传统色彩。在经营组织上多采取家庭式、子承父业、亲族相帮，形成一种颇具凝聚力的经济共同体。传统老字号同仁堂、瑞蚨祥都是家庭式经营的企业。近代新式企业也存在这样的现象，如近代最著名的民族企业——荣氏企业集团由荣宗敬、荣德生兄弟共同创办等。这些都算是成功的范例。家庭式企业的一个重要特点是企业的高级职员大部分由本家庭人员担任。荣氏企业集团一度有 83.5% 的高级职位是由荣家成员及亲戚出任。

以地缘为基础的乡亲关系是家族亲情的外延。在近代新式商号中，乡土观念依然为人们普遍接受。因此，在近代商界中能够看到明显的地域性。如上海早期的买办商大多是广东人，其中又以香山人居多。香山籍买办不断介绍他们的同乡充任买办，保持了香山人对这一职位的垄断。分店遍布北京、济南、天津、上海等城市的瑞蚨祥绸布店，雇用的店员也多为山东人，其中以章丘人为主。

同步训练

 >>>

目的： 了解中国商号中家族式管理"礼俗"与"法理"的区别。

在近代企业组织出现之前，传统经济组织在资本组织形态下大都采取独资与合伙制。这两种资本组织形态下的商号组织具有生命期的有限性和所承担责任的无限性的特征。由这两项特征决定了其长期外部融资的供给常常受到很大限制，从而使商号难以负债经营，商号一旦破产，就很难再度"起业"。由于资本集中的约束限制了商号规模的扩大，妨碍了"团队生产"效应的发挥。因此，随着资本主义市场规模的扩大和社会化生产的发展，这两种原始企业资本组织形态越来越滞后于市场对团队生产规模即企业规模扩大的需要。社会经济的发展提出了对有更高的资本集聚能力的商号组织形态的需求。于是，可作为"发展现代社会生产力的强大杠杆"的股份公司制商号组织便应运而生了。

进入 20 世纪，中国商业领域中出现了新式股份制商号。1903 年清朝廷颁布的《商律》中已含有"公司律"（也就是现在所说的公司法），对这种新型经营组织形式的各个方面都做了规定，尽管当时在这种新式商号公司中还遗留着许多旧的色彩，但毕竟已经是一种全新的模式。以后这种股份制方式商号越来越普遍。

资料卡 4-4

上海五洲药房、华英药房

上海五洲药房创设于 1907 年，当时是合伙性质，资本不过万元。1911 年项松茂受聘担任了五洲药房的经理。随着国内西药市场的逐年扩大，项松茂感到五洲药房原有的资力和规模不能适应形势的需要，于 1915 年将五洲药房改为股份有限公司，额定资金总额规银 10 万两，分为 2 000 股，每股 50 两。

1889 年庄凌晨集资 3 万元设华英药房，股东都是朱葆三、严筱舫、袁海观等上海商界名流或者当地官员。以后业务兴隆，从业人员几十人，"其营业之盛，为当时上海药业之冠"。

（资料来源：杨秉强. 仁智合一：鲁商历史与文化 [M]. 青岛：青岛出版社，2016.）

4.1.3　老字号中的传统文化元素

纵观老字号的发展历史，可以认为，它们的成功不仅因为拥有过硬的质量、良好的信誉，以及多谋善变的经营策略，还因为它们自身拥有丰厚的文化底蕴。这些综合因素使得老字号企业能够在激烈的市场竞争中立于不败之地。

 知识链接

企业文化与管理哲学

美国 L.里格斯曾经说过，企业声望是它们不同的管理哲学的表现，它们的成功是由于它们的哲学变成了现实。他所说的企业"管理哲学"，可以理解为老字号的文化底蕴。许多著名企业家从自己多年的创业过程中体会到竞争逐步深入的三个阶段：第一阶段是资源、技术和资本的竞争；第二阶段是市场、管理和人才的竞争；第三阶段是文化的竞争。甚至可以认为，文化底蕴在老字号中的价值贯穿于上述三个阶段的始终。例如，立足于齐鲁大地的山东老字号，自古以来就承载着孔孟文化的传统积淀，近代以来又经历了新式思想的熏陶洗礼。旧学新知铸就了山东老字号的文化底蕴。

（资料来源：李平生. 山东老字号［M］. 济南：山东文艺出版社，2004.）

在谈到传统文化与工商经济关系时，人们习惯于将两者对立起来，殊不知，两者有相通之处。传统文化中含有大量的推动工商经济发展的价值资源，并由此形成了义利合一的儒商文化、经营策略和经济伦理，其内容涉及：君子爱财，取之有道的金钱观；善抓机遇，勇谋智断的经营观；变易求通，推陈出新的发展观；求贤若渴，知人善用的人才观；以人为本，合义生利的管理观；顾客第一，服务至上的营销观；货真价实，童叟无欺的信誉观等。这些大大丰富了老字号的文化底蕴。

同步训练 >>>

目的：了解中国传统文化对经济、商业的多种影响。

同步训练

中国众多的老字号企业，大都拥有一个蕴含着企业独特价值追求或者体现企业个性的"字号"。如果细细地品味那些老字号企业的"字号"文化，就会发现它们当中绝大多数都折射出中国人自古以来追求吉祥、平安、持久、发财的心理状态，以及求稳、和谐、凝重而又追求发达、变通的价值取向。

 资料卡 4-5

商号命名常用字

有人曾经把老字号的命名归纳为56个常用字：国泰民安福永昌，兴隆正利同齐祥，协益正裕全美瑞，合和元亨金顺良，惠丰成聚斋发久，谦德达生洪源行，恒义万宝通大楼，春康茂盛庆居堂。

这样的归纳往往多数是不分行业的，但实际上有些字号的行业性比较强，如酒楼饭店多用"楼""居"，笔墨字画店多用"斋"，药店多用"堂"，粮店、车马店多用"行"等。有些老字号还在店铺两旁书写出精心构思的联语，或者是一些通用的对联，同店名招牌浑然一体，相得益彰，相辅相成。一个好的店名，可以影响人们的消费心理。另外，许多老字号店名的书写，都是出自名家手笔，以恢宏的匾额悬挂于门楣，这就更增加了其文化色彩和感召力，与书法艺术相结合，构成了一道风景线。大多数"老字号"融汇了各地、各民族的特色，显示出独特的经营之道，成为一种知名"品牌"。

（资料来源：李平生. 山东老字号［M］. 济南：山东文艺出版社，2004.）

纵览中国老字号的命名，大体有以下几种形式：

①根据企业或者产品的性质和特点命名。如烟台以"宝时"命名钟厂，既表示其产品用于计时，又暗喻其产品的准确可靠；济南文化用品店取名"石竹斋"，既点出其经销的商品属于传统文化范围，又表明这些商品与石刻、书写有关；济南阿胶、中药店命名为"九鹤"，除将店主的名字暗嵌其中外，更是向消费者显示其产品能够使人至贵多福、延年益寿；济南"宏济堂"中药店的命名，含有通过药物而广济众生之意。还有的企业以"光明"来命名眼镜店，以"留真"来命名照相馆。

②避忌求吉、祈求祥瑞，借企业字号的命名来寄托创办者的吉祥心愿。我国绝大部分老字号，都是按照这种原则命名的，如亨得利、恒丰、永安、永盛东帽庄、聚福楼等。著名的票号"日昇昌"就出自《诗经·小雅·天保》"如月之恒，如日之昇"，以此来比喻事物方兴未艾、蒸蒸日上，而且店名中的三个字都含有"日"，象征着本店日新月异、钱财天天向上增。烟台百年药店生生堂，门侧竖着"生者大乾坤并寿，生则明日月常昭"，寄托着生生堂济世救生的良好愿望。

③以传统经典语义命名。如山东烟台醴泉啤厂，其字号命名采自《礼记》中"天降甘露，地出醴泉"之意；青岛首家清真糕点厂取"有志者事竟成"中"志成"为厂名字号；济南著名大观园商场借用古典小说《红楼梦》中的大观园之名；山东首家机制面粉厂的字号命名根据"瑞雪兆丰年"的古谚而取名"瑞丰"，暗喻其产品与农业收成有关；精益眼镜店取自《论语》"精益求精"之句，说明其产品能够使视力更加清晰准确。

④体现民族精神和时代特色的命名。这类字号文化主要是在进入近代以后才开始出现的，与当时中国特殊的社会环境相联系。鸦片战争以后，由于时代风云激荡，各种新思想、新观念层出不穷，伴随着社会发展而纷纷涌现的新式工商企业在确定命名字号时，或多或少地受其影响，于是，富国强兵、商战立国、变法维新、救亡图存、振兴中华、实业救国、民主科学、抵制洋货、发展民生等词语和概念，进入了新式老字号的文化选择范围，从而使老字号文化增添了新的时代特色。

老字号企业的几种命名方式有时还会被综合使用，如张裕，就是创始人张弼士先生依照自办企业取名的惯例，取"昌裕兴隆"的"裕"字，再冠以张姓；济南南北货店以创办人徐咏泰、庄宝康各自老号的名字命名为"泰康"；"瑞蚨祥"借用了青蚨聚钱的典故，来表达既给人以祥瑞，又会多聚钱财的美好心愿。总体来说，老字号企业的命名比较讲究典雅含蓄，寓意深刻，而且朗朗上口，蕴含着丰富的传统文化内涵，体现出中华民族精神。

4.2　传统商号的经营模式

4.2.1　传统商号的经营之道

正如在第一节中提到的，我国的老字号企业或者说传统商号从其形成时间和行业内容来看有两大源头：一类是鸦片战争以前形成的完全依靠手工生产和传统经验而经营的作坊和店铺，主要集中在手工业、商业、饮食服务业和中医药业等领域，与广大人民群众的日常生活关系密切；另一类是鸦片战争以后形成的依靠机器生产和现代理念而经营的机器工厂和商号企业。无论是哪种类型的商号，其经营者在身份、学养、阅历，以及知识结构、价值观念上可能存在着巨大的差异，他们中既有旧式商人、手工业作坊主，也有官僚、地主，还有出身于洋行的买办；既有科举出身的秀才、举人和进士，又有新式学堂培养的学生，还有学有所成的留学生和海外经商成功后回国投资的华侨。他们在企业经营理念和管理方法上各有千秋，经历过不同的风雨沧桑，但都拥有一些行之有效、可供借鉴的经营特色和管理经验，值得认真总结。

4.2.1.1　工精艺高，质量取胜

每一家传统老字号企业都以拥有自己独特的名优特产品或者操作者高超的技艺而著称，这些产品的优异质量和特色主要依靠独特的生产工艺、操作者的祖传秘法，以及一丝不苟的工作态度来保证。质量是传统老字号企业得以传续久远的生命源泉。任何一家老字号之所以能够决胜于商场，甚至以小胜大，除需要具备资金、规模、设备等方面的强有力的支撑外，更重要的是它们的产品质量得到了广大用户的认可，赢得了千金不换的信誉。正因为如此，许多老字号不惜代价提高产品的质量以维护自己的信誉。

例如，济南汇泉饭店的风味小吃清油盘丝饼，济南人俗称"一窝丝"，以其独特精致的制作工艺令食者难以忘怀。张裕葡萄酿酒公司始终坚持"品质至上"的宗旨，在重品质轻功利方面的例子举不胜举。例如，葡萄结果多，会影响酒的品质，为此公司在给葡萄剪枝时只留下可结5斤果实的枝条；再如，试酒之初，经内行人品尝，品质欠佳，公司毅然放弃前期已酿之酒，继续试制新酒；又如，当第一批白兰地葡萄酒造好，公司并没有急功近利地立即进行销售，而是将酒放在地窖的橡木桶中做长久贮存，历时18年之久，直到经上海大医院英人柯医生化验确认为滋养妙品，并认定张裕酒已经达到"成熟香醇，色泽深浓"的境界时，才申请商标注册并投放市场。济南宏济堂药店为了保证产品质量，在原材料采购中，不怕价高，但求货好，真正做到采用上等地道药材，人参必须是东北吉林的野山人参，当归用的是甘肃岷县的，陈皮用

的是广东新会的，即使是制药用的蜂蜜也是专用山东、河北产的枣花蜜，杜绝以假乱真、以次充好。

知识链接

梁实秋盛赞"一窝丝"

散文家梁实秋曾经著文赞叹说："清油饼实际上不是饼。是细面条盘起来成为一堆，轻轻压按始成饼形，然后下锅连煎带烙，成为焦黄的一坨。外面的脆硬，里面的还是软的。山东馆子最善此道。我认为最理想的吃法，是每人一个清油饼，然后一碗烩仁或烩鸡丝，分浇在饼上。"

（资料来源：李平生．山东老字号［M］．济南：山东文艺出版社，2004.）

4.2.1.2 以德讲信，诚实待客

诚信待人、热情待客是一些老字号长期形成的优良传统。俗话说，"顾客就是上帝""买卖不成仁义在"，商品流通的终端在于广大消费者，他们的认可是老字号企业生存与发展的关键，因此，真诚热情的服务必不可少。许多老字号一方面营造温馨和谐舒适的经营环境，从门脸招牌到店堂布置，均着眼于吸引顾客、方便顾客，使顾客进店有一种宾至如归、如沐春风的感觉；另一方面则为顾客提供详尽周到的产品性能介绍，当好顾客的购物参谋，同时讲究文明经商、礼貌待客，在接待用语、行为方式等方面都有严格的规定。商店员工不仅坚持"顾客为衣食父母"的理念，而且善于察言观色，根据顾客的不同需要提供恰到好处的服务。

瑞蚨祥在门市销售时，由一个售货员专门招待一位顾客，自始至终一包到底，而且服务态度好，对顾客一视同仁；另外，还为外埠顾客办理函购业务。济南汇泉饭店除预定酒菜、包办宴席外，还一直坚持送外卖的服务，大大方便了顾客，树立了良好的形象。

 资料卡 4-6

■瑞蚨祥的号规

瑞蚨祥对铺规极为重视，强调店内人员必须严格遵守。该铺规用宣纸打上朱红格，再用毛笔正楷书写并镶进镜框挂在厅堂的正面墙上。其规定共 27 条，涉及：因

私出门，必须向掌柜请假说明理由及去址；同仁往家打行李，须经指定人员检查后，始得包裹；同人之间，不能吵嘴打架，如有违反，双方同时出号；营业时间，不得擅离职守，不得交头接耳，妨碍营业，影响观瞻；对待顾客态度要谦和、忍耐，不得与顾客争吵打架；同人必须注意仪表，无论冬夏，一律穿长服，不得吃葱蒜，不得在顾客面前打扇；柜上同人不得在瑞蚨祥所在地区开设同类企业；在同人中，挑拨是非致伙友不和者立即出号；结伙营私，要挟柜方者立即出号。其他规定：以经营业绩决定个人升迁；货物需有专人保管随时清点；招聘职员需有两人担保；在财务方面，营业员和出纳员核对交账，因业务需要而动用支票者需经理亲自签发。

（资料来源：李平生. 山东老字号［M］. 济南：山东文艺出版社，2004.）

4.2.1.3 重视人才，讲究人和

万业以人为本，"天时不如地利，地利不如人和"，"得人才者得天下"，诸如此类的千年古训，在近代老字号企业中得到成功的运用。传统的"老字号"企业深谙此道，注意形成良好的人际关系，重视发现和培养掌握现代科学知识和专业技术的人才，视之为决定企业命运的关键人物，注意从工作、生活各方面为其提供便利条件，营造和谐的经营环境，温情化、亲情化的人才管理笼络了一批精英。人才的选拔与重用成为老字号发展史上的核心内容。

老字号组织
人员配置

例如，瑞蚨祥开业不久，孟洛川就拉来了长于商业管理的沙文峰担任瑞蚨祥经理，并亲自培训徒弟，为进一步发展储备人才。玉堂酱园得以振兴的一大元勋梁圣铭原是店主的伙计，因有真才实学被店主不拘一格提拔为总经理，制作出"味压江南"的玉堂风味小菜；酿造专家、经销行家陈守和被玉堂酱园慧眼识英才，担任总经理之后，拓展了产品销路，使玉堂酱菜进入皇宫，成为玉堂品牌"名驰京省"的主要功臣。张裕葡萄酿酒公司在早期曾遇到过技术人才方面的困境，几经选择，三易酒师，最终选中了奥匈帝国驻烟台领事拔保，为张裕产品享有"品重醴泉"的美誉奠定了工艺技术基础。

4.2.2 传统商号的时代困境

我国传统的老字号企业大部分是私人资本企业，大多数采用的是父业子承的家族式经营模式。这种模式以血缘关系为核心，具有最地道的中国传统特色。家族企业有一定的优势：企业的创办人有魄力、有威信，决策迅速，应变能力强；家族企业中人际关系比较单纯，比较容易形成和谐的人际环境，家庭成员认同和忠诚于企业，表现出巨大的向心力和凝聚力。但这类家族企业也有自身难以克服的天然缺陷：一是家厂不分、家店不分的现象严重，家族矛盾干扰企业的正常运营；二是任人唯亲，不能吸纳优秀人才进入企业的核心决策层和管理层，体内自我循环不利于企业的开拓创新。一般情况下，家族企业的创办者能力较强，具有开拓精神，而守业者则保守、平庸，导致企业退化现象比较普遍，所谓的"富不过三代"就是对这种情况的概括。

4.2.2.1 传统商号面临的经营困境

传统商号有着几十年、上百年的艰苦创业、苦心经营、历经风霜的光辉历程，在

商品经济的大潮中塑造了一个个久负盛名、经久不衰、驰名中外的非凡形象。然而，历史的进程不是凝固的，斗转星移，沧海桑田，时代的变迁必然会给老字号打上深深的烙印。尤其是改革开放以来我国进入社会主义市场经济体制以后，老字号迅速分化，呈现出三种迥然不同的走向：有的衰退败落，销声匿迹；有的老态龙钟，步履蹒跚；有的生机盎然，雄风不减。反差如此之大，令人深思。

例如，1913 年在济南建立的济南振业火柴公司，曾经是山东民族工业的佼佼者，结束了山东依赖"洋火"的时代，振兴了山东民族火柴工业。在当时长期雄居全国同行业前列，并在青岛、济宁设立分公司，其产品行销全省各地甚至省外，有效地抵制了外国火柴业在山东的倾销，其行业规模也较为可观。而伴随着各个火柴厂纷纷破产，火柴全行业濒临被"消灭"的边缘，济南振业火柴厂在劫难逃，于 1994 年被山东渤海集团股份有限公司合并重组。这类情况的出现，也许不必伤感，而应该清醒地认识到：这也是人类文明进步的结果，是历史的必然。从发展的角度看，一个老字号品牌是以一种文化的兴衰和社会经济的需求为生存基础的，如果它所生存的基础已经消失了，那么老字号淡出历史舞台也在所难免。面对那些历经沧桑、曾经为中国经济发展立下汗马功劳的老字号企业在市场经济发达的今天岌岌可危甚至破产倒闭，自然会为之扼腕痛惜。但从另一方面看，因为电子技术的发明而导致人类取火方式的改变，一度时髦的火柴不再是人类生活的必需品，而且火柴生产需要大量的木材，木材又是人类需求颇多而供应不足的宝贵资源。因此，从人与环境、人与自然关系的角度来看，火柴行业的衰落也许是必然的，代之以新的取火方式则是值得庆幸的事情。

另一种情况则是随着人类生活节奏的加快，生活方式和消费方式的改变，加上生产中机械化、自动化程度的提高，一些老字号企业在生产规模、技术手段、经营管理、市场占有等方面遇到了一些新问题。老字号企业因其发展历史一般都比较长，都会养成一些已成惯性的企业行为，这些都共同构成了企业的文化传统和经营特色，不可否认，这些为企业的生存和发展曾经做出重要贡献，可以看作是企业长期积累的宝贵财富。但是凡事有利有弊，过分厚重的传统理念和企业奉为不二法门的经营惯例也往往会因为不再适应新时代社会发展的需要，而成为企业发展的沉重包袱和绊脚石。一些企业文化传统是在手工作坊式的生产实践中形成的，并且只适用于该种生产方式，在现代生产方式中它们很难起到推动企业发展的作用，还可能恰恰成为企业裹足不前、丧失竞争机遇的消极因素。

也有一些传统商号墨守成规、不思进取，满足于以往的名气和声望，"酒香不怕巷子深"，"皇帝女儿不愁嫁"，观念陈腐，管理方法落后，凭经验，靠人治，无法调动各方积极性，企业缺乏生机活力；还有的设备简陋，手工作业，技术含量低，满足于祖传秘方，跟不上科技发展日新月异的步伐。这一切，使得许多老字号所拥有的往昔辉煌难以在市场经济的大潮中完成现代转换，金字招牌难免褪色，留下一个个渐行渐远的背影，甚至彻底从人们的视野中消失，使辉煌和繁华尘封在人们的记忆之中。沧海横流，方显英雄本色。可喜的是，另有一大批老字号承载着往昔的辉煌，追随时代的步伐，在弘扬优良传统的基础上，引进先进的技术和设备，采用新式的管理方法，生产出适销对路的产品，塑造出崭新的企业形象，使企业实现了空前的发展，在同行业中仍然独树一帜，饮誉中外。

当然，有些生产性的老字号并不受上述不利因素的影响，在风风雨雨的社会变迁中特立独行。这类老字号之所以能够永续经营、长盛不衰，是因为拥有无法替代的特色产品。

 资料卡 4-7

山东胶东老字号：张裕、青啤、亨得利

张弼士 19 世纪 90 年代创办的烟台张裕葡萄酿酒公司，精品意识代代相传，奉献出了一批又一批饮誉中外的名牌产品，为我国争得了唯一"国际葡萄酒城"的美誉，成为老字号企业中最为璀璨且最具生命力的明珠之一。张裕公司不仅是民族工业史上的一面旗帜，留下一个跨越世纪的历史见证，而且现在已发展成为亚洲最大的多元并举的集团企业，成为老字号企业扬名世界的标志和典范之一。

诞生于 1904 年的青岛啤酒，历经百年风雨，在新的形势下，与时俱进，锐意创新，以其国际知名啤酒品牌形象成为青岛的名片和中国老字号长盛不衰的象征。

青岛老字号亨得利，这个以经营钟表、眼镜而名扬各地的老字号始终不倒"架"，根本原因是它将老字号这一无形资产赋予了新内涵，始终以高档精品的定位来赢取消费者，并通过股份合作制改革激发员工的积极性和主动性，利润增长在全国同行业中处于领先地位。

（资料来源：李平生. 山东老字号［M］. 济南：山东文艺出版社，2004.）

4.2.2.2 传统商号的品牌保护

在导致老字号企业逐渐衰退甚至消亡的众多原因中，忽视品牌资产的培育和品牌管理是其致命之处。有的学者指出，纵观全球，凡称得上世界级品牌的企业皆有一套长期规范的品牌操作系统来积聚品牌资产，特别是国外的老字号大都是从开始就在发达的市场经济中产生的实实在在的现代企业，拥有大规模标准化的生产、统一的配方、统一的包装，同时，还有专利制度等作为保护和支持。而我国老字号则大都起步于传统的私营家庭作坊，生存基础是自给自足的自然经济和发展并不健全、不完善的商品经济，奉行的是祖传秘方、前店后厂等形式，并没有经受过现代市场经济的洗礼，缺乏有效的品牌管理措施，在进入市场经济的过程中使得已有的无形资产大量流失，这不得不说是传统商业经营模式的一大弊端和悲剧。

长期以来，众多老字号凭借口头传播来建立声誉并囿于这种传统的沟通方式，限制了品牌传播的速度和广度，使老字号在当今快速的信息流和广阔的商业圈面前手足无措、不知所从。如今全球化已成为经济发展的一大特点，而品牌的国际化扩张则是经济全球化的一个重要标志。换言之，在经济全球化趋势下，任何想要塑造强势品牌的企业都要实现品牌经营的国际化。这就需要老字号企业积极吸收国内外先进的东西，形成新的特色，使老字号焕发青春。关于老字号的自我保护措施，有些专家从不同的角度提出了建议，值得参考借鉴。

①老字号要依法注册商标，积极申请中国"驰名商标"，进行商标的有效保护。对于历史名店，要注册服务商标；对于传统名优特产品牌，要加快证明商标和集体商

标的注册。商标保护是老字号发展的基本前提，按国际惯例，驰名商标可以获得有效的国际保护。

 知识链接

《商标国际注册马德里协定》

《商标国际注册马德里协定》规定，凡申请商标国际注册的，必须以本国注册为基础。从 1995 年 3 月 1 日起，我国各级商标机关开始正式受理证明商标和集体商标的注册。采取这些措施，将有利于解决传统名特产名称和原产地名称纠纷，并为传统名特产品到国外注册发放通行证，为其开拓国际市场奠定法律基础。

（资料来源：李平生．山东老字号［M］．济南：山东文艺出版社，2004．）

②老字号要积极进行无形资产评估，利用品牌价值跨地区、跨国界发展。老字号虽有良好的名牌效应，但若不及时根据市场需求变化而调整经营方式，也将被市场淘汰。优胜劣汰的市场竞争客观上要求老字号企业补上"无形资产"这一课，当务之急是转变传统的投资观和树立动态的无形资产价值观。如果有形资产是企业的"肉身"，那么无形资产就是企业的"灵魂"。老字号本身就是一笔可观的无形资产，不应该任其白白流失。

③各级政府、各工商部门实施名牌战略时要充分发挥当地老字号的作用。从某种意义上来说，不少"老字号"就是现成的名牌，各级政府、各工商部门若能充分利用这笔不菲的无形资产，往往能取得事半功倍的效果。

老字号企业在长期的历史发展中，形成了自己独特而稳健的经营模式和特有的历史文化遗风。但是在当今时代正面临着社会主义市场经济大潮的机遇和挑战，老字号企业必须将传统经营方式与现代管理理念结合起来，找到其历史传统与现代经营的契合点，让企业的生产服务和经营方式既体现民族风格又符合国际标准，焕发出新时代的风采。

4.2.2.3 传统商号的自我革新之路

在经济全球化的背景下，老字号企业面对市场经济的风起云涌，必须将继承传统与锐意创新结合起来，二者不可偏废。

①技术创新。如果老字号的生产技术仍停留在原始的手工操作水平上，显然会越来越不适应当今新科技革命的趋势。只有不断在传统的生产工艺方面加大新技术含量，才会青春常在。

②经营创新。一些老字号应该从过去手工作坊式的经营向现代化、规模化、产业化的经营进军，从而适应现代社会的要求。例如，"青岛啤酒""张裕公司"在证券交易所发行 A 股，成立股份有限公司，扩大融资渠道，一方面在国内建立了营销网络，另一方面走向世界，开拓国际市场。

③服务创新。服务创新包括服务质量、服务态度、服务项目等主要方面的创新，这也是老字号在新形势下生死攸关的问题。有一些老字号在激烈的市场竞争中，孤芳

自赏，不思进取，结果砸了自己的牌子，教训惨痛。

④观念创新。观念创新要求老字号首先要扔掉"老"的包袱，放下"老"的架子，摆脱"老"的束缚，如果倚老卖老、坐吃老本，在当代市场经济的海洋中就有被淹没的危险。因此，老字号在观念上一定要牢牢树立竞争意识、风险意识、创新意识，才能适应新形势，抓住新机遇，青春永驻，源远流长。

老字号在社会主义市场经济的发展道路上，只要坚定不移地将继承优良传统和不断锐意创新结合起来，高度重视自己既有的品牌效应，采取切实可行的自我保护措施，它们的金字招牌就一定能够更加金光闪闪、永不褪色，再现往日的亮彩，增添未来的辉煌。

同步训练 >>>

目的：思考探索传统商号振兴之路。

同步训练

4.2.3　现代名企的经营之道

1958 年在广西柳州建厂的五菱公司，最初是一家专门生产船用大型柴油机的企业，后来发展到生产拖拉机支持发展农业，成为全国八大拖拉机厂之一。随着改革开放的不断深入，计划经济包销政策取消，工厂为谋生存，生产缝纫机、织布机等产品。洞察到国内对低端客运、货运车型的需求，五菱着手转型生产微型汽车。1998 年，五菱微车产销 10 万辆，行业产销量居全国第一，成为微车霸主。但因外部市场竞争加剧，企业内部治理结构、商业模式比较落后，五菱日渐式微。为谋求更好的出路，2002 年，由广西、柳州两级政府主导，将 75.9% 国有法人股无偿划转给上汽集团，改组成立上汽五菱，而后通用注入资金，成立上汽通用五菱。全部微型汽车整车资源归属上汽通用五菱，汽车零部件、发动机和专用车业务则留在五菱集团。

彼时的五菱集团，从一堆近乎破铜烂铁中再创业，让企业焕发新生。2007 年，五菱集团将汽车零部件、发动机、专用车业务同香港上市公司俊山集团合资，成立柳州五菱汽车工业有限公司（简称五菱工业），登陆香港资本市场。而上汽通用五菱公司在中国汽车行业中已占有一席之地，早于 2009 年便成为中国第一家年产销突破 100 万辆的车企。五菱工业作为上汽通用五菱零部件最重要的供应商之一，研制出助力上汽通用五菱发展的关键零部件产品，在世界和中国 1 万多家零部件企业中脱颖而出。

在经济全球化的背景下，老字号企业面对市场经济的风起云涌，必须将继承传统与锐意创新结合起来，二者不可偏废。

①技术创新。老字号是中华民族品牌和传统商业文化的代表，拥有世代传承的独特产品、技艺和服务。作为曾经的技术创新引领者，当今的老字号更应该让技术创新成为企业发展的驱动力。

近年来，随着消费升级，民众对中高端乘用车的需求增加，智能化、网联化、轻量化成为大势所趋。广西五菱工业开启转型升级步伐，不断拓展产品种类，提升产品质量。目前，五菱工业的乘用车零部件配套占比已超过70%，具备底盘、车身、内外饰、电子电器、动力系统五大品类产品，涵盖商用车、乘用车、工程机械等系列，零部件综合产能每年超过200万台套，并具备与整车厂同步开发零部件，系统化、模块化提供零部件的能力。其中，该企业"轻量化汽车底盘关键零部件智能工厂新模式"项目，填补了后桥及独立悬架装配生产线关键短板装备国产化空白，入选国家工信部智能制造综合标准化与新模式应用项目。

新能源汽车作为中国汽车行业弯道超车的机遇，五菱工业也未曾错过。该企业研制出电动桥、电机电控、新能源动力总成系统等核心零部件，与多家整车企业实现匹配；自主研发的单、双电机控制器在欧洲市场形成小批量搭载供货。该企业同时在新能源整车方面发力。自2009年获得新能源微型货改车资质后，该企业陆续推出五菱纯电动城市客车、电动物流车、纯电动厢式运输车、纯电动观光车、智能驾驶车、私家房车等多款新能源产品。此外，五菱工业还把目光投向各行各业的奋斗者、创业者，生产出众多贴近用户需求的接地气产品。

五菱工业在改装车、特种车、非道路车等领域摸索，延伸到食品安全、卫生健康、医疗服务、景区观光、安全警卫、大众创业等方面。其冷藏车、环卫车、救护车、仓栅车、观光车、巡逻车、共享车等，既贴合民生需求，也给予民众方便、经济、快捷的体验。

②经营创新。在新消费时代，老字号企业需要一种基因式的改变，一种产品卖得再好也要有自我淘汰、自我革命的勇气和底气。例如，随着"一带一路"倡议的推进，越来越多车企走出国门，五菱工业也把眼光投向更广阔的市场。他们不仅在印度尼西亚、印度建立零部件生产基地，还与佛吉亚、美国车桥、臻驱科技等成立合资公司，聚焦座椅、排气、内饰、电驱桥、电机电控等零部件产品，携手转型升级。

在发动机业务上，得益于早布局、早开发，五菱工业一方面研制满足乘用车国六排放、新能源汽车标准的产品，积极进入中高端乘用车市场配套；另一方面大胆投资，建成自动化、智能化、信息化的智能工厂。

采取这一系列"组合拳"，与国内外有关企业、品牌通力合作，进行协作发展，五菱工业收获了众多车企和消费者的订单。在2020年汽车行业继续下行和新冠疫情叠加影响下，发动机产销实现逆势增长。这个从西南地区起步的著名车企，如今已在世界汽车零部件企业中崭露头角。国际著名汽车杂志《美国汽车新闻》发布的2020年全球汽车零部件配套供应商百强榜中，中国有7家企业入围，五菱工业位列第90名，连续3年入围该排行榜。

③服务创新。老字号品牌与服务紧密相连，服务不仅体现在产品的质量上，也体现对工作的敬畏、对品牌的信仰和对消费者的虔诚上。例如，五菱品牌多年来对于品质的持续追求，给了顾客极大的品质信赖感，而这一点恰恰是它的目标消费群体的首要关注点。因为作为汽车产品金字塔的底座，微车更多的是作为一种生产资料来使用。即使人们生活水平逐步提高，强调舒适性的同时，载货性能及空间仍然是顾客关注的重点。

而作为一个组织，该公司在新时期勇于承担社会责任的企业公民行为，也会向顾客传递出积极的信息——负责任、人情味、亲切感等。人们通过企业的所作所为，可以产生积极的品牌联想，对品牌产生新的认同，最终形成品牌与顾客之间牢固的关系，使品牌个性从功能、情感和消费者自我表达等层面全面、立体地丰满起来。

五菱的口号是"人民需要什么，五菱就造什么"。2020 年 2 月 13 日，在新冠肺炎肆虐的时刻，上汽通用五菱生产的口罩批量出货。上汽通用五菱是第一家获得医疗器械经营许可并通过专业检验的汽车企业，已具备口罩研发、生产、经营的相关资质。从提出自产口罩的想法，到第一批产品交付仅用时 3 天。公司完成了 10 万级无尘车间改造、设备安装调试等一系列工作，并取得了民用防护口罩的研发、生产、销售资质，按照医用口罩的专业标准进行生产。上汽通用五菱已形成日产 50 万只口罩的生产能力，两个月内即达到日均 200 万只的产能，对推动产业复工提供了重要保障，为打赢这场疫情防控的人民战争贡献力量。上汽通用五菱生产的"五菱"牌口罩，一部分供给柳州市政府统一调配，用于支援防疫一线；另一部分陆续赠予防疫一线奋斗者、上下游产业链等合作伙伴。已生产下线的前 100 万只在现场正式交付。口罩赠送活动体现了公司的社会责任和担当。2020 年 3 月 16 日，上汽通用五菱正式开放免费申领口罩通道，很快就发放超过 600 万只。

④观念创新。传统不代表落后，传承不代表守旧，在持续的去芜存菁中传承传统，正是老字号走过百年的关键所在。传统文化的魅力，可以通过年轻文化的元素获得新生；年轻文化也可以为传统文化注入活力。

例如，五菱打出的"组合拳"，螺蛳粉与五菱神车齐出道。可谓奇妙组合：螺蛳粉+五菱车。螺蛳粉和最近火爆的夜市神车——五菱翼开启售货车，近日在广西柳州组合"出道"：打开车厢，一碗现煮现卖的螺蛳粉就能端到食客面前，这就是螺蛳粉移动餐车，吸引众多顾客围着神车嗦粉。同是产自广西最大工业城市柳州的螺蛳粉与五菱车携起手来，团结合作，加强品牌，共享市场，营销倍增，实现双赢。螺蛳粉移动餐车仅是五菱推出众多符合创业致富需求车型中的一款。售货车、冰激凌车、配餐车、冷藏车、影楼车、售书车、啤酒车等多功能车辆，使五菱打开了人民需求的按钮，也获得了市场的青睐，订单纷至沓来。

文化是民族的血脉和灵魂，也是一个企业的灵魂。老字号之所以能够历经岁月沧桑、延续百年基业，表现出强大的生命力，共性原因就是在企业理念中自觉传承中华优秀传统文化基因。在现代商业环境追求"短、平、快"的背景下，老字号所坚守的文化理念与商业道德以及背后追求的精雕细琢技艺尤为珍贵。"守正"是对产品和技艺的尊重，"创新"是洞察消费者多元化需求，提升综合体验感，让消费者感受舒服的举措。守正创新代表着在市场竞争中，一方面抓住企业的核心竞争力，另一方面顺应时代的发展进行大胆创新。传承不守旧，创新不忘本，老字号才能再创辉煌。

同步训练 >>>

目的：思考探索传统商号的振兴之路。

4.3 地方知名商号

4.3.1 六必居

六必居酱园始于明朝嘉靖九年（1530年），至今已有490年的历史，是京城历史最悠久最负盛名的老字号之一。

六必居"六必"的含义是：黍稻必齐，曲蘖必实，湛之必洁，陶瓷必良，火候必得，水泉必香。"六必"在生产操作工艺上可以解释为：用料必须上等，下料必须如实，制作过程必须清洁，火候必须适当，设备必须优良，泉水必须纯香。

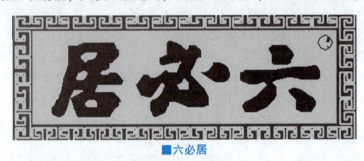

■六必居

六必居商号经历了三个发展阶段，三易其主而未改其名。

第一阶段是郭姓六必居，始于明朝中期。六必居所有的文书档案都是精心保存的，庚子年（1900年）兵燹商店化为灰烬，文书档案也尽焚。民国十一年（1922年）六必居申请补照，当时由京师油酒醋盐行商会发了补契，此事件的申请书和补契都保存下来了，补契陈述了六必居的历史，称"商号原于前明嘉靖九年（1530年）迁至前门外粮食店街路西六必居郭姓营业壹座"。从中可以看出，六必居商号远在明嘉靖九年以前就存在了，主人姓郭，经营粮米，这应该是最早的六必居。

第二阶段是三姓合股的六必居，存在于明末清初。在六必居老板老家山西临汾尧庙乡发现一份嘉庆二十年（1815年）的卖房契，契中说郭姓独家经营六必居深感力不从心，就吸收了赵璧、原杼两家入股，三家合开六必居。当时该店规模较大，称"门前顶排六间半，接檐六间半，又接檐六间半，院内罩灰棚六间，北厢房三间，出廊南厢房三间，北平灰台五间，南底瓦房五间，西大厅五间，北边夹道一条，有临街铺面外北边灰房一间，共计连排五十四间，院内井一眼，上下土木相连"。

第三阶段是赵姓六必居，始于道光二年（1822年）。"今因郭、原两家无力做此生理，今郭桂芳、原杼两家因乏用，情愿将此房、字号、家具、生意铺底，各等项情一概均彻底澄清，归并卖于赵名下，永远为业。"当时，由赵璧出资白银4 000两，将郭、原两家股份买断，从此六必居基本归赵氏独资经营直到中华人民共和国成立后公私合营。八国联军入侵北京，将六必居付之一炬。次年重修开业。1935年，该店酱菜在青岛"铁路沿线出产货品展览会"上获奖，遂行销海外。在"文化大革命"时期，六必居酱园一度改名为北京宣武酱菜厂门市部，1985年新厂房在南苑建成。

 资料卡 4-8

《晋商兴衰史》介绍六必居

张正明教授编著的《晋商兴衰史》中详细地介绍了六必居及酱菜的制法：六必居有十二种传统产品，即稀黄酱、铺淋酱油、甜酱萝卜、甜酱黄瓜、甜酱甘螺、甜酱黑菜、甜酱仓瓜、甜酱姜芽、甜酱八宝菜、甜酱什香菜、甜酱瓜、白糖蒜。这些产品色泽鲜亮，酱味浓郁，脆嫩清香，咸甜适度。六必居的酱菜之所以出名，与它选料精细、制作严格分不开。六必居自制黄酱和甜面酱，其黄豆选自河北丰润马驹桥和北京通州永乐店，这两个地方的黄豆饱满、色黄、油性大，白面选自京西涞水县，为一等小麦，这种小麦黏性大，六必居自行加工成细白面，这种白面适合制作甜面酱。六必居制作酱菜，有一套严格的操作规程，一切规程由掌作一人总负责。如酱的制作，先将豆子泡透蒸了，拌上白面，在碾子上压，再放到模子里，垫上布用脚踩10~15天，然后拉成三条，剁成块，放到架子上码好，用席子封严，让其发酵。在发酵后期，还要不断用刷子刷去酱料上的白毛。经过21天，酱料才能发好。正是这种严格的操作规程，保证了六必居酱菜的质量。

（资料来源：山东商业职业技术学院：《中华商文化简编》，校本教材，2018.）

改革开放给老字号带来了新的机遇和挑战。古云言："创业容易守业难。"六必居在经历了几百年的风风雨雨之后，摆在企业面前的是如何保护和守卫六必居近五个世纪的品牌基业，老祖宗传下来的遗训犹在耳边，把祖业发展好才是硬道理。多年前，在同样是老字号的王致和企业担当了十几年重要角色的张毅民来到北京六必居任主帅，担负起复兴老字号之最的"六必居"的重担。如今人民大会堂的国宴上，六必居的酱菜就是必备的小菜，而北京六必居的招牌也成了驰名中外、脍炙人口的民族品牌。

 知识链接

传世之匾

关于六必居店名的来历和六必居牌匾的传说，一直有多种说法，在众多传说中，与大奸臣严嵩相关的故事最引人注目。传说六必居的名字来自书法上乘的严嵩所写的匾额，但匾额上没有落款，所以真伪尚有争议，不过这并不影响六必居传说的流传。

  "六必居"盛极一时，然而也饱经风霜。据史料记载，庚子年间，八国联军进攻北京，义和团火烧卖洋货的商店，"六必居"所在的前门外粮食店街一片火海，在大火映及小店时，伙计张夺标冒生命危险从浓烟中把大匾抢救出来，藏于崇文门外一带的临汾会馆。后来，东家返回被焚的店中，得知大匾幸存时，喜极而泣。有匾就有生意，他特提拔了张夺标，"六必居"继续经营。

  在"文化大革命"中，这块匾额被破"四旧"摘除了，"六必居"也改名为宣武酱菜厂门市部。1972年，日本首相田中角荣来我国访问，向周恩来总理提起了北京的六必居，问还有没有，周总理肯定地说有，然后，周总理为此专门指示说："把六必居的老匾挂出来。"第二天，这块历经沧桑的金字匾便重新挂在了六必居的门楣上，直到今天。

  （资料来源：山东商业职业技术学院：《中华商文化简编》，校本教材，2018.）

4.3.2 胡庆余堂

  胡庆余堂由清末著名"红顶商人"胡雪岩于同治十三年（1874年）创办，有"江南药王"的美誉，与北方的同仁堂齐名。胡庆余堂以"采办务真，修制务精"为制药祖训，以"是乃仁术，真不二价"为经营理念，有庆余救心丸、避瘟丹等特色成药。

  清同治十三年，胡雪岩在杭州直吉祥巷九间头（今平阳里）设立胡庆余堂雪记国药号筹建处，盛邀省内外许多名医和国药业商人共同研究经营规模和经营方针。当时的国药业有药号、药行和门市之分，其中药号范围最大，从产地直接进货批售给药行，门市资金有限，只能向药行批购药材零售。胡雪岩征求意见时，许多人都认为药号赚钱可靠，不必担风险。但松江余天成药号的经理兼股东余修初却提出不同建议，他主张创办集制药厂、药号、药行、门市于一体的大规模企业，以自制多种成药为主，头几年先亏本然后少赚钱，到牌子打响后再赚大钱。这个建议符合胡雪岩的初衷："要办就办一家像北京同仁堂那样气派的药堂，成为江南最大药号。"于是他聘请余修初为胡庆余堂的首位经理。

  胡雪岩在杭州涌金门外（今南山路）购地10余亩建胶厂，下设晒驴皮工场、制驴皮工场、丸散工场、养鹿园等。光绪四年（1878年），大井巷店屋落成，正式营业。胡庆余堂内设制丹丸粗料部、制丹丸细料部、切药片子部、炼拣药部、胶厂部等部门，以制作中成药。由胡雪岩请来的诸多省内外名医，收集整理各种古方、秘方、验方，并在宋代皇家药典《太平惠民和剂局方》的基础上研究筛选出配制丸散膏丹和胶露油酒等432个古方、验方，试制出14大类中成药，分为补益心肾、脾胃泄泻、饮食气滞、痰火咳嗽、诸风伤寒、诸火显湿、妇科、儿科、眼科、外科、杜煎诸胶、秘制诸膏、各种花露、香油药酒等。这些药物编成的《胡庆余堂雪记丸散全集》，在发掘中华传统药业上起到了积极作用。

  胡庆余堂崇尚戒欺经营，著名的"戒欺"匾额是胡雪岩在清光绪四年四月亲笔所写店训，他告诫属下："凡百贸易均着不得欺字，药业关系性命，尤为万不可欺。""戒欺"的理念，涵盖方方面面，反映在经营上，首推的是"真不二价"，即做生意讲诚信，老少无欺，贫富无欺，不能有丝毫掺假，"采办务真，修制务精"。"戒欺"是胡庆余堂以"江南药王"饮誉120年的立业之本。

■戒欺匾额

为此，在胡雪岩众多产业中唯胡庆余堂得以留存于世。"北有同仁堂，南有庆余堂"，传播着"江南药王"长盛不衰的故事。

 资料卡 4-9

红顶商人

鸦片战争后，西方资本加速入侵，蚕丝成为西方各国争夺的原料。胡雪岩不甘心受外商欺压操纵，以一人之力与世界列强抗争，但由于得不到朝廷的保护，他终于斗不过外商而失败了。

但是，胡雪岩不甘心屈服于洋人，即便面临危机的时候，仍要与洋人顶牛。他说："我胡某人自己觉得同人家不同的地方就在这里，明知打不过，我还是要打，而且，我要争口气给朝廷看，叫那些大人先生自己觉得难为情。"他还说："与其便宜洋人，不如便宜自己人，与其丢面子给洋人，不如丢给自己人。"为了江浙养蚕做丝人家的饭碗，他以丝业领袖自居，一人承担起抵制机器缫丝，保护蚕农利益的重任。

当上海阜康钱庄首先出现了挤兑风潮之后，浙江藩台德馨表示愿意帮助胡雪岩，准备由官府代垫出银子20万两，以维持宁波通裕、通泉两家钱庄继续开办下去。胡雪岩不愿连累他，情愿放弃这两家钱庄而保存杭州阜康钱庄的实力。他的目的是缩短战线，力求图存，而不是再图发展，尽可能地去保持一个败而不倒的基础。可是残酷的现实并没有胡雪岩想象的那么简单。以胡雪岩拥有的全部资财来说，还不至于达到破产的地步，如能调度得法，也许还能应付过去。但当时胡雪岩曾代上海道邵小村向外商借过一笔款子，这时刚好到期，外商怎肯放过担保人胡雪岩，逼胡代为偿还，屋漏偏逢连夜雨，各地钱庄资金周转不灵，胡雪岩经营亏本的风声迅速传开，迎来了全国各地大规模的挤兑风潮。

光绪九年（1883年）十月初六，胡氏事业基础——杭州泰来钱庄先行倒闭。幸得浙江布政使协助料理，弥补无事。风声四播，上海阜康钱庄的存户争着来提款，钱庄一时无法应付，也于十一月初二倒闭。继之，胡雪岩设在北京、杭州、宁波、福州、镇江，以及湖北、湖南等地的阜康字号全部相继倒闭，最后宣告破产。

（资料来源：山东商业职业技术学院：《中华商文化简编》，校本教材，2018.）

4.3.3　荣宝斋

荣宝斋是驰名中外的老字号，迄今已有 300 余年的历史。荣宝斋坐落在北京和平门外琉璃厂西街，是一座古色古香、雕梁画栋的高大仿古建筑。荣宝斋的前身是松竹斋，始建于清朝康熙十一年（1672 年），其创办者是一个浙江人，姓张，他最初是用其在京做官的俸银开办了一家小型南纸店，纸店的经营范围主要是三部分：一是书画用纸，以及各种扇面、装裱好的喜寿屏联等；二是各种笔、墨、砚台、墨盒、水盂、印泥、镇尺、笔架等文房用具；三是代客订购书画篆刻家的商业作品，从中提成。自1672 年以来，北京荣宝斋前身"松竹斋"南纸店的建立至今已有 300 余年历史。1894年设立"松竹斋"连号"荣宝斋"，并增设"帖套作"机构，为后来木版水印事业的发展奠定了基础。

■荣宝斋

鸦片战争后，松竹斋难以维持。店主聘请广交京师名士庄虎臣为经理，1894 年，店名改为荣宝斋，取"以文会友，荣名为宝"之意，并请当时著名的大书法家陆润庠（清同治状元）题写了"荣宝斋"的大字匾额。

1950 年荣宝斋实现公私合营，"荣宝斋新记"诞生。荣宝斋得到政府和社会各界的广泛支持，创造并积累了难以计数的精神财富和物质财富。尤其是近 30 年来，国家以经济建设为中心推进了各项改革和对外开放，荣宝斋在发展传统业务的基础上，拓宽经营领域和业务渠道，在山东、浙江、四川、辽宁、山西、陕西、湖北、吉林等地设立了经销处，加强了国内的商业和文化活动。

荣宝斋的发展走过曲折的道路，直至党的十一届三中全会召开，荣宝斋才迎来发展传统文化的春天，逐步明确了坚持"以传统业务为核心，开拓传统文化的多元业务，稳步扩大经营规模"的企业战略。荣宝斋的传统主营业务在发展，经济效益在持续增长，先后在外埠开设了多家分店或经销处，并相继成立了荣宝艺术品拍卖有限责任公司及其他所属公司，增进了国内和国际的文化交流和业务往来。

知识链接

荣宝斋与齐白石

作为经营字画的百年老字号，历代文人墨客都将荣宝斋作为中国的艺术博物馆和艺术家之家。众多名家与荣宝斋结下了不解之缘，荣宝斋也有幸收藏了大量大师巨匠的佳作。

齐白石初到北京闯天下时，由于他的画偏于冷逸，当时的北京人不大喜欢，尽管画价很低，可由于他的木匠出身，仍受到其他画家的歧视。时任荣宝斋经理王仁山看了齐白石的画后连连称道，把他的画挂在荣宝斋店铺最显眼的位置上，一有机会便向人介绍、推荐。这使齐白石的画逐步为人们所认识和接受，以至推崇备至。齐白石因此在北京站住了脚，并与荣宝斋结下了不解之缘。中华人民共和国成立后，齐白石老人一有闲暇，就到荣宝斋去。每次荣宝斋都会热情接待，并专门为他准备茶点水果。由此还留下一个笑话：凡有朋友去看白石老人，他都向人介绍说：你们要吃橘子，就到荣宝斋去买，那里的橘子最好吃。当然，荣宝斋是不卖橘子的，只是为了招待老人而从市场上买回了最好的橘子。

在抢救中华文化遗产方面，荣宝斋也功不可没，为此，它又有民间小故宫的美誉。荣宝斋有一对大田黄印章，印章由一块石头劈成，是雍正皇帝的十三弟胤祥七子弘晓之物，属甲级文物。中华人民共和国成立后的某天，有人拿着这对石头到旁边的小店想卖，那边的店员看到偌大的田黄说："你这石头太大了，不好卖，切开四块还能卖四块石头的钱。"这人便转身来到荣宝斋，荣宝斋师傅一看，马上把石头留下，先请顾客吃饭，然后赶紧去凑钱。田黄珍贵，古田黄则更甚，所以这块田黄可称无价之宝。

随着收购文物的日渐增多，新的问题摆在荣宝斋面前：收回的文物经数百年流传，很多已经残破不堪。于是公私合营后，一批有名的装裱和修复技师被吸收进荣宝斋，这一度使荣宝斋的装裱和修复力量堪与故宫博物院相媲美。

（资料来源：山东商业职业技术学院：《中华商文化简编》，校本教材，2018.）

同步训练 >>>

目的：通过荣宝斋在中华人民共和国成立前后的变化，了解国运与商运的关系。

4.3.4　张小泉

张小泉剪刀是杭州的老字号，创始人张小泉为明末安徽黟县会昌乡人。张小泉剪刀至今已有300多年历史，在中国剪刀史上很有名，有"北有王麻子，南有张小泉"之说。其传统手工锻造工艺共有72道工序，剪刀的特点是"钢铁分明、磨工精细、剪切锋利、开合和顺、样式新颖、手感轻松"。清乾隆时，将它作为宫廷用剪。

■张小泉

张小泉剪刀明末清初就已出名。它的创始人张思家,是安徽人,世代从事剪刀行业。张小泉的父亲张思家自幼在以"三刀"闻名的芜湖学艺,后在黟县城边,开了张大隆剪刀铺,前店后家。张思家做事认真,他打磨的剪刀坚韧锋利,备受人们称赞。清兵入关时他逃到杭州,在城隍山下开设"张大隆"剪刀作坊,并悉心研究铸造技艺,在打制剪刀中运用了"嵌钢"(又叫铺钢)工艺,一改用生铁锻打剪刀的常规。他还采用镇江特产质地极细的泥精心磨制,使剪刀光亮照人。他的儿子张小泉,继承父业,苦心钻研,制剪技术又有提高,生意十分兴隆,加上地处清河坊一带,是杭州商业中心,故而生意兴隆,利市十倍。后来剪刀成为闻名遐迩的"五杭"产品之一,为防别家冒用张大隆招牌出售剪刀,他把招牌改用自己的名字"张小泉"。

乾隆年间,张小泉近记剪刀已列为贡品。据说乾隆皇帝第二次下江南到杭州时,乔装打扮,混入香客之中,信步上山游览。正当游兴正浓,天公却不作美,突然下起雨来,只好下山寻屋避雨,匆忙中走进一间挂着写有"祖传张小泉剪刀"字样招牌的作坊。乾隆好奇,顺手拿起一把剪刀,只见寒光闪烁、锋利无比,便买了一把带回宫去。他很喜欢这把剪刀,作为宫内用剪。从此,张小泉剪刀名声大作。打出"张小泉"牌号做剪刀的,最多时曾达到86家,出现了"青山映碧湖,小泉满街巷"的盛况。

宣统元年(1909年)传至张祖盈时,制剪技术在杭已传八代,他以"海云浴日"商标,送至知县衙门,并报农商部注册,商标上还加上"泉近"字样。1915年,张小泉近记剪刀在巴拿马万国博览会上获奖,从此剪刀远销南洋、欧美一带。门市平均每月销售大小各种剪刀计1万余把。

1953年政府将剪刀工人组织起来,建立了张小泉剪刀厂,并将现代科学技术应用于传统产品上,使之成为同行中规模最大、产量最高、品种最全的企业。

2006年5月20日,张小泉剪刀锻制技艺经国务院批准列入第一批国家级非物质文化遗产名录。2007年6月5日,文化部确定杭州市的施金水、徐祖兴为该文化遗产项目代表性传承人。

传统民用剪刀是张小泉的起家产品,它有"信花、山郎、五虎、圆头、长头"五款,靠镶钢均匀、钢铁分明、磨工精细、刃口锋利、销钉牢固、开合和顺、式样精巧、刻花新颖、经久耐用、物美价廉十大特点称雄制剪业。"快似风走润如油,钢铁分明品种稠,裁剪江山成锦绣,杭州何止如并州",这是我国杰出的剧作家田汉于1966年走访张小泉剪刀厂时写下的一首赞美诗。

300多年来,历代张小泉的继承者一直恪守"良钢精作"的祖训,工善其事。由于张小泉剪刀品质出众,使用者争相传颂。成为宫廷用剪之后,更是名播南北,誉满华夏。

4.3.5　广州十三行

广州十三行又称广东十三行、十三洋行，是清朝在广州设立的对外贸易特区内的十三家牙行商人。后来，这个地区称为"十三行街"，"洋货行""洋行"成为外贸商行的通称。十三行街在今广州市荔湾区沙基（即文化公园）附近。十三洋行区除洋商、十三行外，还有官办的商行。

广州十三行是清朝专做对外贸易的牙行，是清政府指定专营对外贸易的垄断机构。明清时期，广州的对外贸易全属官营，而以牙行经纪这些事情，所以，开设牙行的多半都能获厚利、赚大洋。清初的诗人屈大均在《广州竹枝词》中有云："洋船争出是官商，十字门开向三洋；五丝八丝广段好，银钱堆满十三行。"足见当年十三行的兴隆景象。康熙二十四年（1685年），清朝分别在广东、福建、浙江和江南四省设立海关。粤海关名义上专管对外贸易和征收关税事宜，实际上税收营生都是由十三行出面主持，承接包揽的项目，其中包括代办报关纳税、商品同购销买卖等业务。粤海关设立通商当年，广州商人经营华洋贸易二者不分，开放海禁之处，并没有设置专营外贸行。次年四月间，两广总督吴兴祚、广东巡抚李士祯和粤海关监督宜尔格图共同商议，将国内商税和海关贸易货税分为住税和行税两类。住税征收对象是本省内陆交易一切落地货物，由税课司征收；行税征收对象是外洋贩来货物及出海贸易货物，由粤海关征收。为此，建立相应的两类商行，分别管理贸易和税饷，前者称金丝行，后者称洋货行，即十三行。

如今的广州十三行位于广州市荔湾区十三行路，熟悉的人一般简称为"十三行"，是一个服装批发中心，批发零售均可。以十三行路为中心，故衣街、十三行豆栏上街、和平东路服装商场环绕成的物流商业圈，已成为广州历史最长的服装批发集散地。这里每天进出货物数千吨，人流量达数十万人次，商业辐射全国各地、俄罗斯及东南亚地区。

同步训练 >>>

目的： 了解广州十三行在中国商号中特殊的地位和作用。

同步训练

4.3.6　日昇昌

日昇昌票号成立于清道光三年（1823年），是中国第一家专营存款、放款、汇兑业务的私人金融机构。总号占地面积为1 600多平方米，分号达35处之多，遍布全国大中城市、商埠重镇。年汇兑额白银100万两到3 800万两，历时108年，累计创利白银1 500万两，以汇通天下闻名于世，对清末民初商业贸易及近代工业的发展起到了极大促进作用。

日昇昌票号的前身是西裕成颜料庄，总庄设在山西平遥，并在北京崇文门外设有分庄。清嘉庆末年，由于商品经济的发展，埠际货币流通量大增，而过去的起标运银由于很不安全，已不能适应新形势的需要，西裕成颜料庄首先在京、晋间试行汇兑办法，效果很好，便开始兼营汇兑业。道光初年，西裕成颜料庄正式更名为日昇昌票号，专营汇兑山西平遥日昇昌票。

日昇昌由平遥县达蒲村人李大全联合细窑村掌柜雷履泰创建，李大全出资30万两白银，雷履泰出资2万两白银，每股1万两。日后日昇昌生意兴隆，执全国金融之牛耳，平、太、祁巨商大贾争相效仿。并在北京崇文门外设有分庄，雷履泰总理日昇昌业务。道光六年（1826年），李大全去世，其子李箴视接任财东。

雷履泰谙熟生财之道，先后在汉口、天津、济南、西安、开封、成都、重庆、长沙、厦门、广州、桂林、南昌、苏州、扬州、上海、镇江、奉天（今沈阳）、南京等地设置分庄。雷履泰日后独裁独断，引起毛鸿岁强烈不满，雷履泰以辞职要挟，李东家跪下求雷履泰不要离去。最后毛鸿岁辞职，接掌"蔚字号"。

道光二十九年（1849年），雷履泰去世，李箴视依照雷履泰生前交代，聘请程大培之子程清泮为大掌柜。咸丰三年（1853年），太平天国起义，程清泮捐银750两。咸丰十一年（1861年），因太平军战事损失，日昇昌撤回北京、汉口、长沙、沙市、开封、张家口、成都等地分号。光绪三年（1877年），山西大旱，日昇昌财东赈灾捐银5万两。光绪六年（1880年），程清泮病故，由郝可久接任日昇昌总经理，白沛李、王启元为二掌柜和三掌柜。郝可久曾携款从海上乘船回山西总号，途中遇台风，漂流到菲律宾，三个月后才回到总号，钱款无失。光绪八年（1882年），李箴视去世，由过继李箴听之子李五典管理。光绪十二年（1886年）日昇昌陆续在沙市、上海、杭州、湘潭、桂林五城镇增设分号。

光绪十六年（1890年），郝可久病故，王启元继任日昇昌总经理。光绪十七年（1891年），王启元病故，由张兴帮担任总经理，年汇兑白银总额达3 000万两。光绪二十六年（1900年），八国联军入侵，慈禧太后出逃。沿途花费用度，均由日昇昌票号汇兑。韩业芳《山西票庄皮行商务记》载："庚子之乱，虽在内地，而受伤者不过直鲁二省，肢体之伤，仍非心腹之害。"光绪三十四年（1908年），张兴帮病故，由郭树柄接任。

李氏后代生活以奢侈著称，家中仆人达数十人，子孙好吸鸦片。辛亥革命后，山西票号毫无准备，放出之款无法收回，日昇昌票号在四川、陕西各省"总计损失白银300万两以上"。另外，时局不稳，湖北、河南、南京等地出现挤兑风潮。1914年，梁怀文因反对东家李王典多次从票号中提款，最后辞职，赵邦彦托病回山西，最后由侯垣代理日昇昌。侯垣因替祁县合盛久票号担保不当，被债权人苏锡绵等告至北京地方司法机关，平遥总号、北京分号被查封。梁怀文赴京清理号事。1922年，由于日昇昌债权人296户有293户赞成日昇昌复业，经司法部批准复业。1932年，日昇昌正式歇业，日昇昌的部分伙友发起日昇昌钱庄。1948年，日昇昌钱庄歇业。

日昇昌票号创立之后，继有祁县、太谷富商大贾竞相效仿；后有南方票号崛起，从而形成了全国性的金融网络，对清末民初商业贸易及近代工业的发展起到了重大促进作用。

日昇昌票号旧址于1995年开始大规模开发整修，同年12月，日昇昌票号被山西省人民政府列为省级重点文物保护单位，现已被辟为中国票号博物馆。中国票号博物馆在以日昇昌完整批营业务、丰富的珍贵资料及实物做典型展示的同时，还搜集、整

■汇通天下牌匾

理、收藏了平遥票号、山西票号、中国票号百余年间的大量历史资料，专馆布展，对中国票号业兴衰历史做了形象简明的揭示和反映，同时，对当代金融业的进步提供了极大的动力。

 资料卡 4-10

▶▶

日昇昌的诚信

　　初冬黄昏的平遥城内南大街一间店门外，一位沿街讨吃要饭的老太太在避风躲冷。西北风吹来嗖嗖地响，老太太冷得浑身发抖，双手搓得发红，还不时来回走动，两手甩动时听到夹衣中窣窣地响。"这是什么在响？"她又举起右手来回摆动，仍然听到窣窣的纸张声。顺着声音，她摸到了腋窝间，发现夹衣中有张纸。她立即回到破烂不堪的屋内，打开一看，是一张银票。第二天一早，她找到一位账房先生，请他看看是张什么银票。账房先生仔细辨认，是张家口日昇昌票分号汇兑给平遥日昇昌总号的银票，价值200多两。账房先生看看日期——已过20多年。老太太问："还能兑取吗？"账房先生摇摇头说："恐怕没指望了，可能连底账也查不到。"

　　这张银票为何藏在夹衣里呢？原来20多年前，老太太的老汉在张家口从事贩卖羊皮的生意，那几年赚了不少银子。隆冬腊月他从张家口赶回平遥过年，得知张家口一带有日昇昌分号，就把银子存兑成银票，但又怕沿途不安全，只好把银票缝在棉袄里的夹衣中。但他突发急病，病死途中，被拉回平遥换洗衣服后就埋葬了。

　　老太太这天来到平遥城西街日昇昌，把银票交给了店铺小伙计，小伙计拿着发黄的皱巴巴的银票，再打量一下老太太的神态，左看右看不像张真银票，再看日期——是20多年前的，更怀疑这张银票的来历。"这是从哪儿捡来的？""不是，是我老汉在张家口贩卖羊皮赚下的。"这下伙计有点儿相信了，于是走回后台账房给了大掌柜。大掌柜一查，这笔钱确实没兑取。于是大掌柜点够银子准备交给老太太，这时小伙计说："大掌柜，要不咱们还是到她家邻居中了解了解再兑取吧。"大掌柜说："兑银子不分老少，不能看人兑取，有银票又有底账，怎能不兑取？日昇昌的命根是诚信。"沿街乞讨的老太太手捧白花花的银子，突然跪倒在日昇昌，口里不时地说："感天谢地，今天真是遇到了贵人。"

（资料来源：山东商业职业技术学院：《中华商文化简编》，校本教材，2018.）

4.3.7 桂林三金制药

桂林三金药业股份有限公司作为广西本土著名药企之一，传承并改良土方、古方药，潜心开发独家原创新药，筑起医药王国。目前"三金"拥有 200 多个药品注册品种，涉及药片、胶囊、颗粒、注射剂、喷雾、散剂等 13 个剂型，其中逾 40 个品种拥有自主知识产权。其独家特色产品三金片、蛤蚧定喘胶囊等 55 个品种，入选 2012 年版国家基本药物目录。

药业王国的筑起，离不开所有三金人的努力。而三金的创业元老们，更是在企业最困难之时，显示出不失信于团队、与企业共甘苦的勇气。在企业的危难关头，三金人合力组建专业营销队伍，以药效论证会推介产品的模式开拓市场，并凭着"碧绿瓜帽半遮面，时髦女模嘟红唇"的广告海报，在河南百泉药品交易会上成功宣传了品牌。

最重要的企业精神内涵，就是货真价实、童叟无欺。在桂林三金药业，每个三金人都谨记企业的诚信精神，坚守药品的品质。

要保证药品的质量，首先就要保证原材料的质量。"高品质的药品是生产出来的，不是检验出来的。"有着 10 余年中药材质检经验的专业质检员陆容清，是桂林三金"验药高手"之一。他每天穿梭于各个药材仓库，他眼尖、手厉、嘴实，让藏有猫腻的中药材供货车无处遁形。

要保证药材的质量，就必须依次接受首道质检认可后，才能入库。每天陆容清经手的中药材原料，有时多达二十几个批次。他必须从这药材堆积似山的十七八辆大货车上，精准筛除不合格药材。"做事凭良心"，这句话让他在多年的质检工作中坚守信念。陆容清每年检验出九十多批次不合格中药材，经其手直接退货的不合格药材占总货量的 10%。

从 1967 年至今，几代三金人对桂林西瓜霜、三金片药品质量的坚守、看护，换回了中药老品牌的世纪长青。

4.3.8 桂林豆腐乳

对于很多中国人来说，豆腐乳是一日三餐（尤其早餐）必不可少的美食小吃。桂林豆腐乳的传统制作工艺凝聚着民间智慧，历经 100 余年来的一次次改良，细滑、鲜香的口感助其终成"一方霸主"。

早在民国初年，桂林豆腐乳的知名专业作坊之一"天一栈"的传人为周师傅。他那时绝不会知道，1958 年 4 月由其亲自总结的豆腐乳制作发酵祖传秘方，在 50 年之后传到了北京王致和（桂林豆腐乳）食品有限公司总经理张阎华的手上。

由当初桂林唯一有能力和资格生产豆腐乳的企业，到2013年销售量3 907.72吨、销售额3 977.61万元，其中的遭遇和经历一波三折。虽几度变迁，但那种舌尖留存的一抹豆香一直保留了下来。

"花桥"牌豆腐乳、"象山"牌腐竹能焕发活力，靠的就是不断创新和与时俱进。自2006年改制为国有控股企业至今，北京王致和（桂林豆腐乳）公司在延续"桂林三宝"之一——花桥牌豆腐乳这个老字号品牌的基础上，致力于质量塑造，在企业各项管理工作中把质量管理放在首位。他们在生产过程中严格做到：包装用最好的瓶子；原料选东北最上等的大豆；工艺采用3个检验，即原料、生产过程、成品检验；通过机械化改造，更为稳定地保证豆腐乳的口味和质量，降低了工人的劳动强度，提高了产能。

"诚信"是事业长青的首选路径。多年来，北京王致和（桂林豆腐乳）公司绝不为利润而让不合格产品流入市场。在目前花桥牌豆腐乳的生产线上，产品质量检查岗人数多于操作岗人数，达到9人；公司每年生产的1 700万瓶花桥豆腐乳中，仅有0.6%的不合格品。而遇到豆腐乳供不应求时，公司更是坚持"只要产品发酵指标未达标，绝不为利润提前上市"。

 本章小结

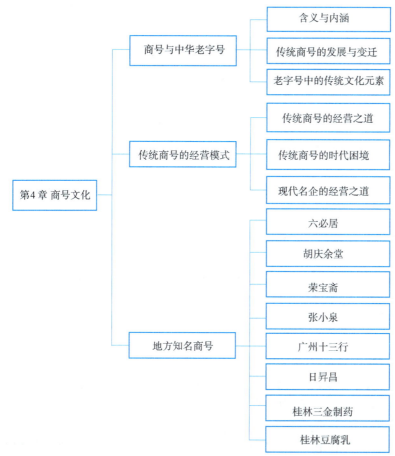

理论自测

□选择题

1. 商号一般不包括 (　　)。

A. 历史名店　　　　　　　　B. 老品牌

C. 商帮　　　　　　　　　　D. 票号

2. 目前能见到的我国最早的图文并茂的商标出现于 (　　)。

A. 汉代　　　　　　　　　　B. 唐代

C. 宋代　　　　　　　　　　D. 明代

3. 老字号的主要特点不包括 (　　)。

A. 技术先进　　　　　　　　B. 产品优良

C. 信誉良好　　　　　　　　D. 文化深厚

4. 我国传统商号常用"字"是 (　　)。

A. 寺　　　　　　　　　　　B. 庙

C. 观　　　　　　　　　　　D. 堂

5. 我国近代民族工商业商号有一个重要精神是 (　　)。

A. 引进外资　　　　　　　　B. 复兴传统

C. 发家致富　　　　　　　　D. 实业救国

□判断题

(　　) 1. 老字号都是指创办于鸦片战争前的古代商号。

(　　) 2. 商号可以个人的名字作为字号。

(　　) 3. 古代商号发展相对稳定,近代商号变化较大。

(　　) 4. 职业经理人制度在我国古代商号中已经出现。

(　　) 5. 我国大多商号长盛不衰主要是靠独家"秘方"。

□理论自测步骤

1. 学生打开智慧职教慕课平台 https：//mooc. icve. com. cn/cms/index. do。

2. 平台首页输入"桂商文化"查询,加入课程学习。

3. 在限定时间内完成测试。测试完毕,系统自动评卷。

应用自测

(一) 总体要求

根据本章节学习的内容,选择一家感兴趣的广西老字号企业进行调研并完成《老字号企业发展调查报告》,内容可以包括但不仅限于：企业的发展历程;企业的经营现状;企业的经营环境;企业的经营发展策略等。

(二) 自测目标

1. 加深学生对商号文化的理性理解;

2. 让学生对广西老字号企业的经营特点有清晰的认识;

3. 训练学生搜集、归纳、整理信息的能力。

(三) 背景资料

通过课程学习,同时利用网络、报纸、图书等方式,搜集我国商号文化的相关资

料，搜寻老字号企业发展的脉络，完成应用自测要求。

 自我评价

学习成果	自我评价
我已经理解商号的含义、分类、起源与沿革	□很好 □较好 □一般 □较差 □很差
我已经理解商号的主要经营特色与现代发展	□很好 □较好 □一般 □较差 □很差
我已经了解商号命名的一般规律	□很好 □较好 □一般 □较差 □很差
我已经掌握商号的主要影响	□很好 □较好 □一般 □较差 □很差

第5章

商业精神

兼济天下　为国为民

引导语

教学说明

　　商业精神是商人的灵魂，是企业的价值观。从个体和企业两个方面看，可将其分为商人精神和商企精神。对商人个体来说，商业精神是指引历代成功商人走出穷乡僻壤、历经艰难险阻、战胜险风恶浪，从无到有、从发展到鼎盛的无形力量；对企业来说，商业精神是企业基于自身的性质、任务、宗旨、时代要求和发展方向精心培养而形成的企业成员群体的精神风貌，是企业文化的核心，对企业的经营管理、团队意识、企业形象起着决定性作用。历史上徽商、晋商、浙商等商帮及当代以华为、阿里巴巴、新东方、小米、格力为代表的优秀企业，究竟是凭借什么做到了从无到有、从小到大直至发展到傲视群雄的大商帮、大企业？一言以蔽之，凭借的就是"商业精神"。中国优秀传统文化是孕育这种精神的土壤，商人和企业在发展壮大的过程中秉承这种精神并将其发扬光大。商业精神是历代商人和商企留下的宝贵财富，是值得后人学习和传承的宝贵遗产。本章将学习勤毅诚朴的商人精神和开拓创新的商企精神，从商贾故事中领略和体会商道成功的精神价值，共探商道之华。

学习目标

导学单

　　◎理解商业精神的内涵；
　　◎了解勤毅诚朴的商人精神；
　　◎理解开拓创新的商企精神；
　　◎弘扬商业精神，传承中华优秀传统文化。

5.1 商人精神

5.1.1 商人精神的内涵

　　在中华5 000年历史文化的滋养下，历代崛起的商帮、叱咤风云的商人，无一不是继承和发扬了中华民族的传统美德，不仅商人自身成长过程中形成了勤毅诚朴的精神，还将其融入企业文化之中，用文化传承的精神瑰宝带动企业的发展。

　　①商人精神是商人的一种相对稳定的思想方法、行为规范和价值观念，它是商人在商业实践活动中形成的优良的精神风貌。纵观中国历史，中国传统文化对中国商人精神的形成影响深远，商人们吸收了中华传统文化中的精华，受儒家思想文化影响较大，积极提倡勤俭节约、不畏艰险、以义取利、以质求胜，近现代商人则更加注重家国情怀、事业报国、开拓创新等。

　　②商人精神是精选的价值观。"商人"是一个中性的概念，商人中有诚商也有奸商，不同的商人用不同的价值观指导自己的商业行为。商人精神，指的是对商人个人

成长、商业发展、社会贡献有积极影响意义的思想。

③商人精神是一种精神风貌。商人精神是商人思想面貌的一种表现，长期指导商人的生产经营活动，是商人群体成就商业的经验总结，如勤俭节约、宏毅宽厚、诚实守信、质朴无华、开拓创新等。

④商人精神是商人的行为规范。精神是一种理念，有积极影响意义的价值观使人高尚，可以帮助商人摒除不良杂念的影响，对营商行为进行自我约束。"天下熙熙皆为利来，天下攘攘皆为利往"，商人在合法经营的过程中追求利益最大化合情合理，但商人精神可使其更加自律，不取不义之财，以信取利。

5.1.2 勤：勤以修身，俭以养德

"侈而惰者贫，而力而俭者富""历览前贤国与家，成由勤俭破由奢"，"克勤克俭"才能治"商"有道，勤是开源，俭是节流，想要肥家守业，缺一不可。

在中国千年的封建社会，商人为"四民之末"，社会地位极其低下。明清十大商帮的徽商、晋商、浙商，无一例外不是从"七山二水一分田"的山区走出来。山区赖以生存的土地资源极其匮乏，山民生活贫困。"穷"则思变，恶劣的自然环境非但没有阻挡商人勤勉的脚步，他们反而创造了自己的商业沃土。从山区走出来的商人们，奋发图强、胸怀大志、立志改变现状，在这种精神的鼓舞下，走出深山、四海为家、长途跋涉、风雨无阻，继而成就贾业。

"人生三苦"

例如，晋商中曹家的创始人曹三喜，由于家乡自然环境恶劣，终年风沙，粮食常常颗粒无收，听闻东北土地肥沃，不远万里迁徙到东北，种豆、养猪、磨豆腐，只要通过辛勤劳动能挣到钱，再苦再累也不会拒绝。在辛勤的劳动中，曹三喜终于攒到了人生的第一桶金，然而他并没有小富即安，在原有基础上开始经营杂货业、典当业、酿酒业，把家业经营得风生水起，成为有名的晋商。

创业难，守业更难。商人们的勤俭不仅体现在创业阶段，还体现在守业阶段。商人的成功，不仅表现在创业之初、失利之时勤奋进取的精神，更重要的是在获得了成功之后，没有小富即安、奢靡享乐，仍然克勤克俭，即使腰缠万贯也依然保持着勤俭节约的作风。如乔家大院上的门楣"慎俭德"，王家大院"创业维艰祖辈备尝辛苦，守成不易子孙宜戒奢华"的门楣，都将勤俭节约作为优良传统，代代传承。

任正非的勤俭
故事

古往今来，奋发图强、勤俭持家是多数成功商人身上必备的精神品质。当下，我们熟知的李嘉诚、任正非、宗庆后等知名商人，勤俭节约也是他们的生活常态。正是始终保持这样的精神，才能使自己的商业发展立于不败之地。

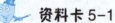

资料卡 5-1

四 民

商人在古代位于"四民"之末，社会地位极其低下。管仲是中国历史上最早提出士农工商分业定居和肯定其地位作用的政治家。他说："士农工商四民者，国之石民

也。"（《管子·小匡》）"石"是指建筑物的基础，士农工商都是国家的基础。为了保持"四民"相对平等的经济地位，管仲又提出对他们不能一视同仁，政策上必须有所倾斜，"富而能夺，贫而能予"（《管子·国蓄》）。对农民采取扶持政策，能工巧匠"一日作而五日食，农夫终岁之作，不足以自食"（《管子·治国》）。农民是社会的多数，农业又是经济的基础，所以"兴利者，利农事也"（《管子·治国》）。手工业则宜实行官营和私营两套体制，对不同行业采取不同的灵活的管理办法。能工巧匠不能生产奢侈品，必须满足全社会的需要。他在《管子·轻重甲》篇对商人的界定则是："万乘之国，必有万金之贾……非君所赖也，君之所与。"富商巨贾如果任其自流，其后果是"贫者失其财""农业失其五谷"，商人最终操纵国家的经济命脉，甚至干预政治，造成"一国而二君二王"。所以，在发展商业的同时，必须打击富商巨贾，盐铁、粮食、布帛等重要物资均由国家垄断经营。

（资料来源：编者整理）

 资料卡 5-2

徽州商人许尚质创业史

嘉靖时歙人许尚质为了采购珍贵木材深入四川，"又西涉夜郎、牂牁、邛笮之境"，常年跋涉在深山老林之中，成为大木商。他晚年在儿子面前回忆自己创业时的艰辛，不禁感慨："乃公竭力起家，非以娱心志、悦耳目也，间自念囊入蜀时，迷失道，伛偻扳崖谷，行冰雪中，至今使人毛竦骨竖，乃公为谁哉？若等念之。"为了使子孙不忘父祖这段创业史，他还"具论其平生艰难辛苦状"，将其刻成石碑，竖在厅堂右边，时刻教育子孙。

（资料来源：王世华.第一商帮［M］.芜湖：安徽师范大学出版社，2016：114.）

5.1.3 毅：志向坚毅，百折不挠

"宝剑锋从磨砺出，梅花香自苦寒来。"商人原始资本的积累，都是从创业开始的，是一个从无到有、从寡到多、从贫到富的过程。古代商人的创业环境是艰苦的，一是因为当时的外部环境对商业不够重视，认为商业是"末业"；二是商人创业资本少，往往白手起家，从小本经营入手。这就意味着要想取得商业成功，几乎每一个古代商人都必须历经挫折，艰苦奋斗。

志向坚毅，既是商人的一种淡泊简朴的生活状态，又是一种自强不息、昂扬向上的精神状态。当今社会，物质生活日益丰富，学习、传承和发扬商人坚毅的精神，不是刻意节衣缩食、劳作不息，而是将其作为一种内在精神，镜鉴初心，始终激励我们奋斗不息。

百折不挠，是一种坚守初心、超越自我的精神追求。习近平总书记说过，山再

高，往上攀，总能登顶；路再长，走下去定能到达。创业的道路充满荆棘与挑战，只要精神不倒，失败了还可以卷土重来。改革开放初期，浙商依靠"四千精神"走南闯北、吃苦耐劳，从事小商品生产和交易，40多年来，为推动浙江经济的飞速发展做出了重要贡献，同时也积累了丰富的原始资本。

可以说，绝大多数商人都经历过艰苦的创业历程。以徽商为例，"足迹几遍天下"，岭南塞北、寒来暑往、吴越荆襄、频历风波。徽商中很多从小就出门学做生意，历经劳苦艰辛。为了创业，商人们离其故土，别其家庭，远走四方，鲜有定所，甚有创业者，客死他乡，不能归葬。没有这等创业的辛酸史，就没有商人的辉煌。

商海浮沉，竞争无处不在，如同没有硝烟的战场。战场上没有常胜将军，从商也要面临各种决策的风险。胜败乃兵家常事，商家折阅之事也难以避免。有人不禁打击，一蹶不振，从此，商海之中销声匿迹。而但凡最后成功的商人，都能始终秉承志向坚毅、百折不挠的精神绝地逢生。"一贾不利再贾，再贾不利三贾，三贾不利犹未厌焉"，直到成功。

 资料卡 5-3

浙商的"四千精神"

"四千精神"是浙江商人生产经营的精神理念和高度概括，体现了浙商在商业发展当中的格局、情怀、智慧和毅力。

浙商的四千
精神

（1）走遍千山万水，是浙江商人的格局。浙江商人的发展不局限于自己眼前的一亩三分地，为了生存与更好地生活，走南闯北，在商海中历练。尽管天南海北语言不通、水土不同，但浙江商人敢打敢拼，具有实干精神，并且善于经营，善于观察。在闯荡中学习、丰富自己的阅历，拓展商业视野，发现市场机遇，寻找空白市场，敢于将自己的生意拓展到异乡甚至海外。有人的地方就有浙江商人。浙江企业将"走出去"作为自己的重要商业战略。

（2）道尽千言万语，是浙江商人的情怀。打开市场，推销商品、管理企业、争取客户，无一不需要沟通表达。为了企业的生存与发展，获得更好的经济效益，浙商能够说尽千言万语。敢说不是甜言蜜语、连哄带骗，而是用满腔的热忱、能屈能伸的韧劲说服对方、推销自己，并且言必行，行必果，用行动和事实来争取顾客。

（3）想尽千方百计，是浙江商人的智慧。早期浙商多为"草根"出身，企业决策首先考虑的就是经营与发展，顺势而为、务实肯干、不断学习、勇于创新，才能使企业把握正确的方向、快速发展、基业长青。海宁不产皮革，桐乡不产羊毛，却突破了地域与自然条件的限制，成为全国最大的皮革和羊毛衫市场。在浙江，这样的产业集群有很多，浙商小资本的聚集带来了大规模的产出效应，形成了众多的产业集群和强大的竞争优势。

（4）历经千辛万苦，是浙江商人的毅力。浙商不尚空谈，身体力行，不怕吃苦，勇于吃苦，更明白吃苦是为了什么，不单一重复吃苦，具有勤奋务实和吃苦耐劳的创业精神，往往历尽千辛万苦，取得事业的辉煌。

"四千精神"激励一代浙商不断挑战自我，促进浙江区域文化的发展和区域经济的兴旺繁荣。

（资料来源：朱桂平.挫折到转折——浙商精神与管理学思考［M］.杭州：浙江工商大学出版社，2019：200-207.）

5.1.4 诚：货真价实，诚实不欺

《说文》曰："诚，信也。"可见，"诚"与"信"之间存在着天然的意义相通性。《中庸》有言："诚者，天之道也。""诚"在传统哲学中有着至高的定位和重要的价值，在现代社会契约中仍然发挥着重要作用，是实现中华民族文化伟大复兴的重要推动力。

诚信即诚实而有信用，在中国的传统文化当中，人们将诚信诠释为做人的标准和行为规范。在从商的过程中，也要继承中华文明的传统文化，先做人后做事。只有做一个有商业道德的人，事业才能有所成就。

在中国的传统文化当中，商人是否讲究诚信影响到对商人行为的评价。遵循诚信标准的商人，称为"诚商"或"良商"；反之，称为"奸商"。管仲在他的《管子·陈马》中提出"诚贾"的概念，指出"非诚贾不得食于贾"，意思是说，不是诚实的商人就不能吃经商赚钱这口饭。

在中国商业发展的历程当中，讲究诚信的商人在商品交换时，注重商品的品质、获取正常水平的利润、"戒欺"、赚取"什一之利"，具有战略眼光，注重"双赢"，承担商人本应承担的互通有无、调剂余缺的社会责任。而"奸商"通常贪得无厌，"只知取而不知予"，追求暴利，不择手段，这样的商人往往只能做"一锤子买卖"，难以获得成功。

 资料卡 5-4

诚信故事二则

其一：嘉禾地区有一年遭受了特大旱灾，粮食金贵，一斗米要卖 1 000 文钱，就这样市场上还没有粮食可卖。

歙县米商胡山从外地购进一批粮食，急不可待地要售出去赈灾济荒。刚要开张，有人劝他不要急着开门。说现在米紧俏，我们可以价格不变，但是可以掺一半陈米、霉米、杂米，这样可以趁机捞一把。胡山说："粮食是保命的，怎么能掺假呢？灾荒年里灾民们已经很可怜了，人的欲望是无止境的，但不能为一己私利违背天理啊，我坚决不做这种没良心的事！"

其二：灵石王家人王实在静升卖豆腐时，有次因为疏忽买来了变质的黄豆，发现后便以双倍的价格赔偿这批豆腐的买家，并向大家深深致歉，王氏家族数百年来长盛不衰与其后人忠厚诚实的为人作风密切相关。

（资料来源：编者整理）

5.1.5 朴：爱岗敬业，抱朴归真

商人精神：抱
朴归真

俗话说"干一行，爱一行"。商人们在自己的商业领域辛勤劳作、热爱并尊重工作，心无旁骛、一丝不苟、宁心静气才能基业长青，也只有脚踏实地，爱岗敬业，才能成就伟大的商业神话，让商业保有不竭的生命力。

①体现在对经营之道的极致追求。例如，明清徽商经营本着"必轨于正经"和"毋挟文罔以规利权"的原则，为了维护良好的商誉，绝不会为了一己私利损害消费者的利益。在经商过程中，坚守质量底线，不售伪劣产品，不急功近利。为了把生意做好，商人们还不断总结经验教训。例如，商人常常四海为家、居无定所，徽商编纂了标明天下道路里程的《水路行程图》，记载了各站点的物产、客栈、民俗风情、运费，非常有助于商人出行。

②体现在对商业一生无悔的投入。徽州有民谚"前世不修，身在徽州，十三四岁，往外一丢""大抵徽俗，十三在邑，十七在天下"，意为徽州商人年少之时便大多外出经商，从黑发到白首，穷其一生，苦练技能，营商不止。胡雪岩13岁就开始了在杂粮行的学徒生涯，勤快自不必说，老板交代的事情一丝不苟地完成，老板没有交代的事情，也尽力去做。他得知钱庄的学徒要算账算得很快，打算盘打得很熟，写字写得很漂亮，二话不说每天按时练习书法，练习珠算心算。

③体现在乐善好施，肩负社会责任。中国古代的商人深受儒家思想文化的影响，《礼记·曲礼》中记载，"积而能散，安安而能迁。临财毋苟得，临难毋苟免"。"积而能散"，意思是说能集聚财富，又能散而济贫；既能过安安稳稳的生活，又能过变化多端的生活；遇到财富不要随便得到，遇到危难也不要苟且逃避。"散而市义"，意思是通过散财济贫，可以获得"义"的美名。商人从事"获利"的行业，如何正确处理利和义的关系呢？很多商人在经营活动当中，将公益活动和树立企业形象结合起来，关心老百姓的疾苦，热心于赈灾济困活动，这既是商人的社会责任，又可以扩大企业的社会影响，提升商人及其产品在消费者心目中的形象，有利于扩大市场，争取客户，增加销售。

热心公益乐善好施，能够帮助商人获取更多的"商誉"。商誉是企业的无形资产，有商誉的企业才能在顾客当中建立起信任感，把买卖做得更好。

 资料卡 5-5

歙商江演修新岭路

东界绩溪，山势斗绝，歙邑处万山中，路最险峻。东界绩溪，山势斗绝，参嵯盘互。有日新岭，其险隘尤难名状，公（盐商江演）每过必怆然。岭之北有故道，依山傍溪，由镇头趋孔灵约三十里，新岭之号始著。而下路梗塞，为行旅者苦……岁甲戌，公请于督抚，捐全开凿，凡驿汛、寺观、茶庵之设，四五年间约费数万金。由是往来络绎，坦夷自由，迥非昔比。

（资料来源：王世华. 第一商帮 [M]. 芜湖：安徽师范大学出版社，2016.）

资料卡 5-6

"非典" 有作为

2003 年 4 月 "非典" 疫情袭击杭州，市民争抢各类抗 "非典" 预防药。在胡庆余堂门前，数百人排起了长队，造成一时供货紧张，情形危急，人心恐慌，胡庆余堂董事长冯根生得知危情，从外地连夜赶到现场办公。当了解到研制抗 "非典" 药急需的金银花、野菊花等中药材的供应价飞涨，公司一天就需出药 3 万余贴，若不涨价药店就会亏损并难以维系等情况后，这位掌门人当即拍板，向市场郑重承诺：即使原材料涨 100 倍，胡庆余堂也绝不提价一分，这是胡庆余堂 "戒欺" "是乃仁术" "不二价" 传统的发扬，也是胡庆余堂能够扛住百年风雨的秘诀。

他同时力挺三项举措：第一，企业所有预防 "非典" 的药品，一律赔本出售并确保足量供应；第二，向经济困难的 "非典" 疑似病人和抗 "非典" 的一线医护人员进行定向救助；第三，利用企业技术平台，召集多名老中医专家，尽快组织和研制针对性强的抗 "非典" 药品。在整个 "非典" 期间，胡庆余堂的 "非典" 药不但没有断货，更没有提价，为此，胡庆余堂亏损 50 多万元。冯根生这样的作为与担当感动了社会与市场。

（资料来源：网络资源 https：//www.sohu.com/a/122499381_551443.）

5.1.6　爱国奉献、团结协作的桂商

春秋时郑国商人弦高，树立了爱国商人的历史形象，堪称后世经商者的楷模。为国家民族的利益做出奉献，而不惜牺牲一己的利益，是一种令人景仰的高尚美德。广西商人在长期经商实践中逐渐形成了为社会普遍认可的思想意识、价值取向与精神特质，它凝结了中国传统文化的精髓，显示着广西地域文化的特征，在桂商的兴起、发展过程中发挥了重要作用。

①热爱祖国，奉献社会。爱国奉献是维系国家和民族命运的强大力量，是桂商精神的有机组成部分，是千百年来广西各族人民团结凝聚在祖国大家庭里的精神内核。在长期的历史进程中，广西各族人民始终保持对祖国的深厚情感和 "天下兴亡、匹夫有责" 的爱国精神。特别是在革命、建设、改革的各个时期，广西牢固树立全国 "一盘棋" 的思想，严格按照中央的决策部署，顾全大局，不讲条件，勇于牺牲，自觉奉献，为保家护乡卫国、维护边疆稳定、创造幸福生活进行了不屈不挠的斗争，付出了艰苦的努力，做出了巨大的牺牲和无私的奉献，形成了非常宝贵的精神品格。

广西商人中的大多数在具有一定的物质财富之后就会回报社会，铺路、搭桥、施药、救助、赈灾，在国家危难时出钱出粮，为国家和人民贡献自己的一份力量。商人

们在追求经济利益的同时也在追求个人的社会价值，他们深知有国才有家的道理，在国家危难之时尽己所能去帮助国家渡过难关，主动担负社会责任。

1904 年，梧州商人举行罢市，反对统捐，要求减少捐税，撤换知府程道源。1908 年，梧州商界创办西江航业股份有限公司，与英商争夺西江航运权，呼吁"中国人搭中国船"。1911 年 7 月，梧州商界发出通电，反对清廷以铁路国有为名，收回民办粤汉、川汉铁路，转资外国，是为"护路运动"。

1919 年 5 月 4 日著名的五四运动爆发，其中的"抵制日货""支持国货"等运动得到了广西商人的响应。北流籍商人建立了北流历史上第一家电力公司———晋光电力公司，这家公司以"振兴实业利便民用，收回地方利权"为宗旨，集股 4 000，"并规定股票可以抵押移转，但不得抵押移转于外国人"。而在民办鬱陆汽车股份有限公司，在股份说明里，同样标注了不得转让给外国人的条款。

广西商会在抗日战争中在鼓励商人开展献金活动、外争国权、兴学育才等方面都做出较大的贡献。桂林商会在 1937 年、1940—1942 年、1943 年掀起三次抗战募捐热潮，全城商人踊跃捐献钱物，并组织义演活动进行宣传。商会将所得钱款购买食品、衣物等送去前线慰问抗日将士。在兴业县，1939 年县商会专门设立"献金台"为抗战募捐，并且修建了忠烈祠纪念抗日阵亡的将士。抗战中，玉林县商会号召商人"有钱出钱，有力出力"，先后有大盐商唐幼卿、土布商梁进田、制鞋商吕公拔等捐资捐款，支援抗日前线。桂林商会董事龙鹤龄一次捐出 3 万余元，并动员其子经营的履祥商号出钱出力。容县籍商人陶绍勤在 1940 年梧州抗日救委嚴会组织的抗日献金座谈会上一次捐赠 4 万余元，是当时梧州市内捐赠数额最多的人，陶因此获得银鼎一座，以做纪念。马泗川在 1938 年用一年时间为防务经费无处落实的梧州政府筹集军饷达 5 000 两黄金。同时，他还积极加入梧州街头的学生抗日救国活动，并在他开办的南华酒店门前搭起募捐台，一次捐出 2 万元现金，支持学生的爱国运动。商人募金对于抗战虽是杯水车薪，却反映出桂商对抗日战争所尽的一分力量。

②团结一致，和谐发展。团结和谐，是广西精神的显著特征。广西是多民族地区，广西文化具有典型的多样性特征，包括了壮、京、苗、瑶等多种少数民族文化。广西各族人民有着强烈的团结意识与合作精神，长期以来形成了各民族和睦相处、和衷共济、和谐发展的良好局面，广西被誉为民族团结的模范、维护统一的模范、维护稳定的模范、我国民族关系"三个离不开"（汉族离不开少数民族，少数民族离不开汉族，少数民族之间也相互离不开）的模范。

桂商善于"抱团取暖"，组成商会、会馆，以维护自身权益，适应市场竞争。苍梧龙圩镇早在清康熙以前便建有粤东会馆。近代以来，梧州及西江流域各地的商业贸易日益活跃，商人会馆不断增多、不断扩展。广西沿江沿海以及内陆山区的各城镇，几乎都有会馆。商人们按各自经营的行业建立商会，各商会基本上由同业人员构成，商人可通过商会来解决商务活动中的问题。梧州商人在 1906 年倡议建立商会，并制定商会章程。1907 年正式成立商务总会。这是广西最早成立的新式社会经济组织。这些商会、会馆组织，形成商品流、资金流、信息流，并发展成为桂商文化传播的据点。

资料卡 5-7

桂商总会携手世界桂商精英共襄盛举

"应天时、占地利、得人和，商界崛起了'桂系'新力量"！日前，在广西壮族自治区党委、政府的高度重视和大力支持下，以回广西投资和参与经济建设的区外知名桂籍企业家以及境外中国公民桂籍工商界人士为主体的桂商总会正式成立，此举标志着"桂商"这一特定群体以其全新的姿态登上了历史舞台。

桂商足行天下 源远流长

广西沿海沿江沿边的特殊地理位置，使其自古以来就成为中原对外贸易的水陆交通要道。资料显示，早在春秋战国时期，广西先民就开辟了湘桂走廊和潇贺古道，岭南与中原已经有了商业往来。从北海合浦出发经南海到达东南亚各国的航线，是我国商业史上著名的海上丝绸之路，借由此路，广西打开了通往世界的大门，广西商人也成为中国最早从事对外贸易的一个商业群体。八桂大地的先人们在一次次远渡重洋的征途中，以仁义和谐、兼容并蓄、诚信务实的作风，把中原文明带到了世界各国，桂商历史也由此沉淀。近代史上，东南亚各国普遍成立有广西商会和广西同乡会。目前海外约有广西籍同胞 200 多万人，广西也成为中国第三大侨乡。

经过改革开放 30 多年的商海磨砺，广西商人以新形象、新业绩脱颖而出，并集聚成不可忽视的广西力量，在全国乃至世界绽放光芒。一大批有影响力的桂商，为当地和广西经济社会发展做出了重要贡献。据了解，目前具有较大社会影响力的广西区外桂籍企业社会组织有北京广西企业商会、广东省广西商会、上海广西商会等 23 家，境外桂籍企业社会组织有美国广西总商会、加拿大广西总商会、德国广西商会等 26 家。仅驻外省广西商会和海外广西商会的会员企业就有 2 万多家，分布在各行各业，其中有不少是在金融、科技、制造业等重要领域的行业领军企业，资产超过 100 亿元的就有 3 家。

广西区国内和国外产生的有影响力的桂商群体，逐步形成了自己独特的桂商文化，在新时期不断的互动往来中，随着他们抱团发展、回报家乡的心情日益迫切，成立桂商总会就成了大家共同的心声和呼声。

随着国家"一带一路"建设的启动，中国—东盟自由贸易区建成，珠江—西江经济带发展规划上升为国家战略，广西进入了一个全方位开放的新发展时期。为进一步凝聚商会力量，服务招商引资，发挥民营企业在稳增长、促改革、调结构、惠民生等方面的独特优势，助力推动"一带一路"建设，加快实现广西"两个建成"目标，广西区党委、政府坚决贯彻中央部署，积极营造民营经济发展的良好环境，为全球桂商企业"回家"发展提供了广阔舞台和无限商机。在多方不懈的努力之下，2016 年桂商总会终于顺利成立。

（资料来源：《桂商总会携手世界桂商精英共襄盛举》2016 年 9 月 8 日
广西县域经济网 http：//www.gxcounty.com/news/jjyw/20160908/128909.html）

5.1.7 开放包容，敢闯敢拼的桂商

①开放包容，博采众长。广西的地理位置独特，处于西南腹地和粤港澳沿海地区的结合部，上接云贵川，下联粤港澳，得天独厚地扮演了东承西联、上引下联的角色。桂商贸易活动通道主要包括：一是沿西江水道，直通粤港澳，再转运海外；二是从合浦、钦州、北海出海，通往穗港与东南亚各国。这些贸易通道天然具有跨省的流动性。人说桂商的生意是"大进大出"，商人们依托跨省、跨国的地域市场，建立起广西的工商经济体系。

俗话说："宁欺山，莫欺水。"而桂商则敢于"欺水"，善于"亲水"，水上文化的特质使得广西商人视野开阔，放眼海外，善于把握机遇，敢于冒险，精明细致，勇于参与市场竞争，使广西在近代能够成为经济社会发展较快的地区。

海上丝绸之路拉近了中国与世界的距离，这条路不仅是通商之路，更是文化的传播交融之路。这条路所孕育的精神，就是开放、包容、合作、共赢的大商精神。早在汉代，广西先民们就已开辟海上丝绸之路，远涉重洋，把生意做到印度、阿拉伯地区，在南亚、东亚、非洲，都有桂商的足迹。

桂商在经营活动中与外地商人进行合资、合作的形式相当普遍。比如在盐业方面，著名的玉林盐商唐幼卿在发展初期就吸纳了粤籍商人李善文和李福文的资金，而之后他又通过中国传统的结拜方式，与合浦著名的盐业商人梁碧天建立了十分紧密的合作关系。到了抗日战争时期，唐幼卿又先后与柳州、贵县、梧州、南宁等地的商人进行合作，最终建立了自己的盐业运销网络，成为其事业兴盛、成功的最大助力。近代的玉林纺织大王陈渭琮创造性地采用了类似于现在加盟店的经营模式，与主要经营线路——梧、穗、港线，柳、宜、黔线和博、贵、邕线上的商家进行合资经营，用有限的资金最大限度地扩大自己的经销网络，取得了极好的效果。

近代的桂商群体不仅经营杂货业、经纪业、鱼盐业、蓝靛等传统产业，而且积极学习先进知识，创办了矿业、汽车运输业、化工业等新兴产业。在生产经营中逐渐壮大，建立起商业会馆。

②敢闯敢拼，勇做善成。桂商敢于参与市场竞争，敢于与外商竞争，在商战中建立了广西最早的工商业、现代航运业。1897年梧州开埠后，外国取得梧州的海关权与西江航运权，大批外国商船随即闯入梧州。外国轮船垄断了梧州的航运业。1908年，梧州的华商集资成立梧州第一家华资轮船企业———梧州航业有限公司（又名西江航业有限公司），公司分别经营梧港线、梧穗线的客货运输，一举打破了外国垄断梧州航运业的局面，受到客商的欢迎。之后，公司又扩大经营范围，经营梧邕线。通过商战，商人们从市场惯例、交易方式和竞争意识等方面，开始突破传统市场经营理念，参与洋行煤油、烟草等商品的推销，各地土特产收购网络的建立，轮船的招投标，商品拍卖和金融市场的国际汇兑业务等，逐渐与国际市场接轨。

桂商靠"闯"起家，靠"创"发家。

广西合浦是我国最早最重要的海上丝绸之路始发港。很多广西籍华侨华人便是通过这条海上丝绸之路抵达东盟国家。在生存和生活压力下远走南洋的广西玉林籍华侨华人，早期以"猪仔"、苦力等身份在当地扎根，逐渐依靠自己的聪明智慧、

勤劳刻苦而渐次成长发展，从而诞生了一批华侨商人。在长久的发展过程中，伴随着自身实力的增长，个人号召力和影响力也渐次增强，部分人一度成为当地广西华侨华人社会的"主心骨"、带头人，不仅带头在多地建立起了广西华侨华人组织和团体，同时还担任领导核心。他们不仅是近代广西华侨商人中的代表性群体之一，同时也是近代广西华侨群体中一支不可忽视的力量，在近代广西华侨史中占据十分重要的位置。

如今"一带一路"倡议的提出，不仅激活了中国与东盟国家共同的丝路历史记忆，也激活了桂籍华侨华人参与中国与东盟各国深度合作的热情，移居海外的华人华侨凭着其独特的身份定位及资源优势，必将成为建设"一带一路"不可或缺的力量。

桂商精神是每一位桂商平时的举止行为、公德修养的外在表现。文化之力，内化于心，外化于行，将每一个广西商人的行为合在一起，就成为八桂大地的商业形象。桂商以独到的智慧与力量为服务国家"一带一路"建设和广西富民兴桂建设贡献了自己的力量。

 资料卡 5-8

从 "天等人" 创业看广西人走出去

广西天等，壮语为石头耸立的地方，当地的生存环境是："山高石光弄场深，缺土少水难生存。青石莽莽铺大地，十家农户八家穷。"但天等人突破传统思维的局限，以不等不靠、吃苦耐劳、顽强拼搏的精神走出山门，外出创业，在深圳、上海、北京等大城市成功经营桂林米粉店 1 500 多家，克服常人无法想象的困难，演绎着天等人的创业传奇。令人赞叹的不只于此，天等人还在广州、深圳、东莞、昆明、海口、南宁等城市创造了皮具、首饰加工、旅馆经营等不少创业品牌，天等创业者的足迹遍布祖国大江南北，最北到了哈尔滨，最远到了乌鲁木齐。

天等人把"外出打工"变成了"外出创业"，"进城卖米粉，回乡建别墅"，不仅改变着天等创业者个人和家庭的经济条件，而且使他们反哺家乡、回报社会。

走出山门创业，融入城市经济，参与市场竞争，创新谋求发展，这是天等人鲜明的时代烙印。天等人的创业精神，概括起来就是：敢于打拼、艰苦奋斗的自强精神；不等天、不靠天的自立精神；放眼全国、敢于闯荡的自信精神；相互依存、共同发展的互助精神；勇于创新的开拓精神；回报社会、反哺家乡的奉献精神。天等创业者树立了广西自立、自强、自信的良好形象。

（资料来源：《人民日报》海外版，2010 年 4 月 29 日）

5.2　商企精神

习近平总书记说："培育和弘扬社会主义核心价值观必须立足中华优秀传统文化。

牢固的核心价值观，都有其固有的根本。抛弃传统、丢掉根本，就等于割断了自己的精神命脉。"中华文化源远流长，历史悠久。中华传统文化，是中华文明成果根本的创造力，是民族历史上道德传承、各种文化思想、精神观念形态的总体。企业从初创、发展、成功运营，再到发展为一家百年老店，做到基业长青，同样必须有核心价值观的指引，核心价值观通常称为企业精神。

现代企业的竞争，越来越表现为企业精神的竞争。获得长远发展的企业无不是秉承优秀传统文化，从中汲取精神力量。优秀企业精神积淀了中国近代史上众多仁人志士实业报国、工业救国的精神追求，代表了中国企业家和工人勇于创新、自立于世界民族之林的精神标志，继承了中国企业艰苦奋斗、重本守信、永创一流的精神特质，提供了中国制造转型升级、由大变强的精神源泉。

5.2.1　企业精神的内涵

5.2.1.1　企业精神的定义

华为的"奋斗"
精神

　　企业精神是指企业基于自身特定的性质、任务、宗旨、时代要求和发展方向，并经过精心培养而形成的企业成员群体的精神风貌。企业精神是企业文化的核心，在整个企业文化中具有支配地位。企业精神以价值观念为基础，以价值目标为动力，对企业经营管理制度、道德风尚、团体意识和企业形象起着决定性的作用，可以说企业精神是企业的灵魂。

5.2.1.2　企业精神的特点

①企业精神是企业的信念、企业的道德和企业的内心力量，是企业战胜困难、取得战略决策胜利的精神支柱。企业精神能够反映企业的主流价值观、思维和行为方式，是做出任何商业决定所需遵循的最核心的信仰。正确的企业精神可以引领一家企业基业长青，反之也会使一家企业轰然倒塌。

②企业精神在较长时间内相对稳定。企业精神是企业在较长时间内的选择，不能轻易改变，但也不是绝对一成不变的，更不能脱离企业生存与发展的实践。随着企业的不断成长，企业外部宏观环境不断变化，企业战略发生转型和变革，也就使企业精神具有变化性，在不同的时期有不同的特点和侧重点。

③企业精神是整个企业文化的导航系统。企业精神属于最高层次，反映了时代、产业、行业、道德、人性的发展规律，其主要内容包括企业愿景、企业使命及核心价值观。企业愿景即组织成员希望共同创造的未来景象；企业使命是组织存在的理由和它对成员的价值；核心价值观指的是在实现愿景和完成使命过程中，成员一切思想和行为的依据和准则。

5.2.1.3　企业精神的范畴

企业精神主要包括五大范畴，即政治精神、商业精神、工业精神、社会精神和人格精神。

①政治精神：商业即政治，企业的存亡与发展和政治体系、政府公关，甚至政商关系息息相关，企业对政治精神的追求首先体现在不能政治幼稚、不辨大局。

②商业精神：以效率和效益为基本出发点，追求组织（股东）利润的最大化。

③工业精神：以组织的持续成长为基础思维，通过对产品及服务的持续改进，保证组织在相当长的时间里具有持续性的增长。工业精神即重视理性，重视实业，重视科学，重视合理谋利和艰苦奋斗，重视人力资本，重视法治，重视树立经济伦理意识，重视创新。

④社会精神：回报社会，组织及领导者能赢得社会伦理的认可，同时是企业获得社会认可的自我实现。社会精神的实质为社会责任，当企业具有强烈的社会责任感时，事业发展的动力就不会因为财富的膨胀而满足，也不会为了利益的驱使而违法乱纪。

⑤人格精神：组织理想与领导者个人理想高度融合，不以单纯追求利润为目标，通过合乎社会伦理的商业逻辑，在保证组织持续成长的同时，使个人理想得到极大充实。

格力：做企业
就是做人

企业精神的这五个范畴，相互渗透，相互影响。每种精神的展现都会给企业带来辉煌。

 资料卡 5-9

格力的"大工业精神"

2006 年 3 月，在全国"两会"上，格力董事长董明珠提交了倡导在中国企业弘扬"工业精神"的议案。建议一方面要在技术研发和自主创新方面多干实事、少说空话、长期作战、耐得住寂寞；另一方面要关注消费者的根本需求，主动承担社会责任，用企业力量推动社会发展。

改革开放的经济大潮下，一些企业长期用商业精神来指导企业和市场的发展，什么赚钱做什么，用利润来衡量企业的成功。利润可能会让企业获得丰厚的商业回报，但是利润这把尺子也将企业推向了追逐利润的沼泽，价格战、同质化、产能过剩，给中国制造带来无法避免的后遗症。

董明珠谈商
人与企业家
的区别

工业精神是正确地对待企业的眼前利益和长远根本利益的辩证精神。格力将产品的质量当作自己的生命，将格力的品牌当作自己的生命。不成熟的技术绝对不会拿到市场上欺骗消费者，拒绝贴牌生产，对消费者负责。格力在其他家电企业都在走多元化扩张道路的时候，坚持选择专业化道路，只一心打造"好空调、格力造"。在实现中国制造从"大国"迈向"强国"的民族梦想过程中，贡献格力的力量。

（资料来源：张延伟. 向格力学习 [M]. 北京：企业管理出版社，2008：33-34.）

即问即答 >>>

"企业精神"就是"企业文化"吗？
A. 是　　　　　　B. 不是

即问即答

5.2.1.4　企业精神的内涵

①企业愿景。企业愿景又称企业远景，简称愿景。所谓愿景，是由组织内部的成员所制定的，借由团队讨论获得组织一致的共识，形成大家愿意全力以赴的未来方向。"企业愿景"是企业长期愿望的高度概括，是组织发展的蓝图，体现组织永恒的追求，是企业成长经久不衰的推动力。美好的愿景能够激发和感召企业员工内心的力量，产生强大的凝聚力和向心力，激励企业不断发展，如果没有愿景，组织就会失去未来发展的方向。

愿景可以让一个企业清晰地知道自己存在的原因、目的和理由。没有明确目的的企业，就是一艘无舵之船、无轨之列车，不知道自己该驶向何方。

 知识链接

优秀的企业愿景有"四个特点"

（1）体现企业长期追求的目标与梦想，可以实现，又不能轻易实现；
（2）企业绝大多数成员认同并愿意为之付诸行动；
（3）有鲜明的行业特征和企业特征；
（4）与企业战略一致，是企业战略的精神导航。
（资料来源：王慧中．企业文化地图［M］．北京：机械工业出版社，2011：58．）

企业愿景是企业的追求。例如，阿里巴巴是一家"有文化的公司"，"中国黄页"是阿里巴巴的前世今生，1995 年上半年到 1997 年年底，在历经两年半艰苦奋斗的创业阶段之后，中国黄页确立了运营模式和盈利模式，创造了年营业额 700 万元的奇迹。不久马云却与中国黄页挥泪告别，创建了当今蓬勃发展的阿里巴巴。在中国黄页已经取得商业成功的背景下，弃而舍之，一切从零开始，再次创造了阿里巴巴的辉煌。回顾阿里巴巴的发展历程，从"初创"到"成长"再到如今的辉煌，几经变革却神形不散，不得不说是受到企业愿景"成为一家持续发展 102 年的企业"的指引。

 资料卡 5-10

"阿里巴巴"的企业愿景

客户第一

1999 年 2 月 21 日，筹建中的阿里巴巴召开了第一次员工大会。这是在阿里巴巴的历史上一个非常具有历史意义的会议。这次 3 个小时的会议，提出了阿里巴巴的 3 个愿景：

（1）做持续发展 80 年的公司（以一个人较为理想的寿命为参照，后来改为 102 年，原因在于从 1999 年算起到 2101 年将横跨 3 个世纪）；

（2）要成为全球十大网站之一；

（3）只要是商人，一定要用阿里巴巴。

阿里巴巴的企业愿景在这一次昭告天下之后，就像灯塔一样，引领着阿里巴巴的航船，保持着正确的航向，乘风破浪。

在 2019 年 9 月 10 日阿里巴巴 20 周年晚会的开幕式上，阿里正式公布了"六脉神

剑",再一次补充了企业的新愿景:

(1) 活102年:我们不追求大,不追求强,我们追求成为一家活102年的好公司;

(2) 到2036年,服务20亿消费者,创造1亿就业机会,帮助1 000万中小企业盈利。

(资料来源:搜狐:最前线 https://www.sohu.com/a/340092937_114778.)

企业愿景要为大多数人所接受并愿意为之付诸行动。企业愿景应该是企业员工群体心理定式的主导意识,可以激发企业员工的积极性,增强企业的活力与创造力。在共同的愿景中与企业产生情感共鸣,这种积极的行为有助于团队精神的发扬和顾客关系的改进,进而助力企业效益的提升,推动企业的发展。

企业愿景不可能轻易实现。企业愿景是企业发展的宏伟蓝图,不可能轻易实现,却又不是遥不可及的,它可以让有共同愿景的企业员工热血沸腾、干劲十足,始终保持对工作的热情和冲动。

②企业使命。企业使命是企业生产经营的哲学定位,即经营理念。企业使命为企业确立经营的基本指导思想、原则和方向,它不是企业具体的战略目标,但影响经营者的决策和思维。明确的使命才能诞生伟大的企业,企业的精神远比企业实体更为重要。

企业使命感,是企业生产经营的动力源泉,是企业肩负着时代的责任与担当,为了履行使命、完成使命而产生的精神动力。使命是企业战略、决策、行为最高层次的目的。使命给了人们做事的方向与动力,确定使命之后要建立一种使命感,使企业决策经营战略等都围绕着使命展开,这样的企业将会成就真正的伟大,而如果迷失了方向,企业就会在毫无作为中耗尽自己的精力,走上一条不归之路。企业的使命决定了企业的动机,不应该局限于企业的利润目标和顾客目标。企业的使命会使一家平凡的企业做出不平凡的事情,成就真正的伟大。

 资料卡 5-11

阿里巴巴:从使命感出发的决策

阿里巴巴的很多决策都从自己的使命感出发,而非仅考虑利润。从自己的使命感出发,阿里巴巴放弃了很多赚钱模式。

阿里巴巴每次推出一项服务,就要问问自己这件事情能否帮助商人,能否让商人的生意做得更加简单一点,规避一点风险。如果不是,即使盈利也不会做。阿里巴巴的总部设在杭州,杭州的房地产是全国最热门的,如果当时阿里巴巴投资房地产也会有很好的盈利,但这不是阿里巴巴想要的。因为这和阿里巴巴的使命"让天下没有难做的生意"差得太远了。

阿里巴巴的"遵义会议"

阿里巴巴的使命是"让天下没有难做的生意"。为了让商人更轻松地做生意,在阿里巴巴的每一款新产品推向市场之前,都要经过多次测试、多次修改,最终才能和大家见面。

(资料来源:张继辰,王乾龙.阿里巴巴的企业文化 [M]. 2 版.深圳:海天出版社,2015:33-34.)

③核心价值观。企业的核心价值观是固有的、不容亵渎的，是绝不能为了一时方便或短期利益而让步的。核心价值观是指导公司所有行动的根深蒂固的原则，也是公司的文化基石。

能长久享受成功的公司，一定拥有能够不断地适应世界变化的核心价值观和经营实务。核心价值观是企业本质和永恒的原则。作为企业经营的一套永恒的指导原则，核心价值观不需要获得外部的认证，其对员工具有内在的重要价值。

阿里巴巴的
"六脉神剑"

 资料卡 5-12

"阿里巴巴"的核心价值观

(1) 客户第一，员工第二，股东第三；

(2) 因为信任，所以简单；

(3) 唯一不变的是变化；

(4) 今天最好的表现是明天最低的要求；

(5) 此时此刻，非我莫属；

(6) 认真生活，快乐工作。

（资料来源：搜狐：最前线 https：//www.sohu.com/a/340092937_114778.）

 资料卡 5-13

小米塑造口碑的"四个诚意"

小米精神

第一，拿出诚意，倾听客户的意见；

第二，拿出百分之百的诚意做产品；

第三，做完产品之后，给一个有诚意的定价；

第四，诚意地做好客户服务。

（资料来源：根据网络资源整理）

5.2.2 开拓创新，砥砺奋进的企业创新精神

5.2.2.1 创新的定义

中国传统文化蕴含着丰富的创新思想，内蓄着一种蓬勃的创造活力。《礼记·大学》中就有"苟日新，日日新，又日新"的典故。《周易·系辞下》讲道："通其变，使民不倦；神而化之，使民宜之；易，穷则变，变则通，通则久。"《革卦·彖辞》中说："天地革而四时成。"《杂卦》明确地说："'革'，去故也；'鼎'，取新也。"近代维新变法的思想家康有为将这种观点发挥到极致，他说："夫物新则壮，旧则老；

新则鲜，旧则腐；新则活，旧则板；新则通，旧则滞，物之理也。法既积之，弊必丛生，故无有百年不变之法也。"千百年来，这种革故鼎新的变易思想，成了人们力主创新的理论依据，中华民族也因而不断变革而焕发勃勃生机。

创新即运用新技术和新观念创造新的价值与新市场，从而给社会带来巨变。著名经济学家约瑟夫·熊彼特认为，企业精神的核心是创新，是进行创造性破坏，重新组合生产要素重建生产体系。企业应该在创新活动中表现出特有的创新精神，一种改变现状的强烈冲动和欲望，一种不畏艰险、勇往直前的信念，一种超出他人、扩张自我、实现理想的坚定信心，一种对社会发展、人类进步的高度责任感。

《现代汉语词典》中"创新"有两层含义：一是指抛开旧的，创造新的；二是指创造性、新意。学术界一般认为，约瑟夫·熊彼特在1912年出版的《经济发展理论》一书标志着创新理论的诞生。约瑟夫·熊彼特首次提出"发明"与"创新"是两个不同的概念。"创新"是一个经济概念而非技术概念。创新不仅仅是指在科学技术上取得新的突破，更重要的是指把新发明的科学技术投入企业生产实践，提高生产效率和适应市场需求。也就是说，创新是建立一种新的生产函数，是在已有的生产体系中引入新的突破性的科学技术，是以获取潜在利润为目的的。

5.2.2.2 创新的种类

约瑟夫·熊彼特总结了创新的五种情形：一是创造一种新的产品；二是采用一种新的生产方法；三是开辟一个新的销路；四是获得原料或半成品的新的供应来源；五是实现一种新的产业组织形式。约瑟夫·熊彼特还指出，创新其实就是搜索、开发、改进和采用等一系列活动的总称，所不同的是其针对的对象是新产品、新方法、新市场、新过程及新的组织结构。

产品创新是指通过向市场投入具有划时代性质的产品和服务，进行社会意义上的创新，汽车、电视机、洗衣机、计算机、手机等无一不从根本上改变了我们的生活方式，这些都可以称得上是产品创新的鲜活事例；过程创新指的是通过将新颖的结构导入开发、制造、物流等流程中提高质量和生产效率，以实现与其他公司的差异化。产品是企业创新的最终结果，更容易观测和衡量，产品的创新又是经过一系列复杂的过程产生的，没有过程就没有结果。创新是一个复杂的系统，也有学者认为不能简单地将过程和结果区分看待，综合创新认为企业的创新既包含了产品、技术等方面的"结果"创新，也包含了流程、管理等方面的"过程"创新。

 知识链接

引发创新的七大机遇

德鲁克分析认为，有七大引发创新的机遇，其创新难度由低到高：

第一个机遇：意外的变化。顾客的反应、畅销情况的变化等意料之外的事情发生，极有可能就是创新的前兆。

第二个机遇：差异的存在。当需求和业绩、常识和实际之间出现差异时，极有可能就是创新的前兆。

> 第三个机遇：需求的存在。抓住客户的需求就能把握创新的机会，但是要从零开始开发符合需求的新商品和新服务是极为困难的。
>
> 第四个机遇：产业结构的变化。产业结构发生变化时，同时也是创新的大好机会。不能顺势进行创新的企业就会衰退。
>
> 第五个机遇：人口结构的变化。低出生率、老龄化、婴儿潮等人口结构的变化，会产生新的市场，出现创新的巨大机遇。
>
> 第六个机遇：认知的变化。健康意识、生活方式等认知上的变化，会产生前所未有的新市场，扩大创新的可能性。
>
> 第七个机遇：新知识的出现。基于飞机的发明、青霉素的发现等新知识而出现了创新。
>
> （资料来源：[日] 池本正纯. 图解创新：打破不平衡，提升竞争力 [M]. 管晓丽，译. 北京：人民邮电出版社，2018：33.）

5.2.2.3 企业创新精神的内涵

创新精神就是在实践开拓的基础上，形成新的知识、创造新的活动方法和构建新理论的科学精神、心理特征，是人所特有的认识世界和改造世界的能力。创新精神的外延由两方面组成：一方面，作为人类特有的精神素质，它包含了不畏风险、不怕失败的冒险精神；不满足于现状，锐意进取的开拓精神；打破墨守成规，不惧权威、敢于质疑的批判精神。另一方面，作为人类在创新活动中表现出的综合素质，它包含了创新所需要的基本要素，即创新意识、创新情感、创新动机、创新意志、创新实践及创新能力。

企业创新精神是指企业在遵循经济规律的基础上，企业的个体或企业整体在经济领域内主动探寻和发现事物间的新关系的过程中，或者在创造性活动的过程中体现出来的不断进取、勇于探索的心理状态，以及对旧的体制、制度、观念、技术等进行变革改造与突破时所表现出来的积极的活力和风貌。其主要包括以下几项：

①自信精神。自信精神是激发企业创新主体不断进取的原动力，表现为企业在从事创新活动时能够充分肯定自己和证实自己。对于创新主体来说，对自己有信心，才能赢得别人的信心；确信自己的独立判断，不妥协，甚至不怕走到他人意见的对立面。当然，自信精神是来自清醒的自我意识，与盲目自大截然不同。

②务实精神。务实精神是企业创新精神的保障，缺少务实精神的创新精神是偏离社会实际需求的，往往容易产生资源浪费和形式主义。企业创新需要有着明确的价值目标，即创造出新财富、新效用，以满足企业自身与社会经济增长的需要；企业创新也不是简单地标新立异、附庸时尚，而是一种需要进行经济核算的行为，量入为出的投资发展。创新是企业发展生产力、促进社会进步的手段，而不是为创新而创新。

③冒险精神。创新是对企业现有事物的突破和重新规划，或者是对企业从未开发过的，甚至是尚未存在的事物的探索和求证。无论是创新主体的主动突破，还是创新成果的未知评价，都是一种冒险。冒险是需要勇气和挑战的。然而，这种冒险又是企业必备的精神，因为患得患失、左顾右盼、不敢承担任何风险的企业，是不可能作出创新之举

的。对于变幻莫测的市场来说，惧怕风险和变革本身也是一种风险。当然，创新的冒险精神不是盲目蛮干，而是和科学精神相统一的、基于理性的冒险精神。

④批判精神。批判精神是企业创新精神的外在表现，是企业创新得以不断发展的动力，也是对企业创新主体的一种道德呼唤。在企业创新过程中，不仅要求企业创新主体敢于对传统、权威持合理怀疑、颠覆和解构态度，还要求创新主体敢于标新立异，从而促进企业在旧事物的另一面找寻出多种可能的、有益的创新契机，从而生产出既满足企业又满足社会需要的产品。

⑤负责精神。负责精神是一种既对自己也对社会和他人负责的精神，体现了企业创新精神的品性。在当代经济日益全球化的背景下，创新与创造的主要区别就在于创新内含了责任意识，它要求企业在创新过程中，不应单纯从自身的经济利益和短期利益出发，而是要同时考虑社会效益和环境效益。这就是说，创新主体的自主性、创造性与能动性必然要受到道德规范的制约，协调个体行为与社会行为之间的矛盾和冲突，使自己的创新成果造福于人类。

⑥奉献精神。奉献精神是创新主体的内驱力。创新精神是作为一种引导企业生存与发展的精神，在如何对待企业回报和社会责任的关系上，具备奉献精神，才更能够体现企业的社会价值，不断地带来生产生活方式的积极转变，如果企业创新主体出于功利需要，那只是非连续的发明创造，而不是创新。

5.2.2.4　创新的意义

创新是企业生生不息的源泉、不竭的动力，对企业长远发展起驱动、激励和保障作用。创新能够帮助企业形成核心竞争力，在激烈的市场竞争中脱颖而出，对企业的可持续性发展起举足轻重的作用。

①应对内外环境变化。任何一个企业都不是孤立存在的，时时刻刻与周围的环境相互影响、相互作用，经济政策调整、发展重点转移、科技发展的突飞猛进都要求企业不断改革创新，突破常规。相对于企业外部环境，内部环境则是指企业内部不断变化的各种因素。外部因素的变化也导致内部管理制度不应该是一成不变的。

② 满足客户需求。生产的目的是要满足顾客的需求，根据市场需求为顾客提供规范标准的产品，从而获取经济利益。然而，随着市场分工的不断细化，必然要求企业随时做好创新经营的准备，才能与之适应。

③应对科技发展带来的挑战。信息化时代，科技发展日新月异，企业的生产、经营、管理需要在激烈的市场竞争中与时俱进，并非所有的企业都能激流勇进，一些企业因缺少发展动力而困乏。对于这样的企业，陈旧的管理模式、经营理念已经无法应付现实竞争，必须寻求创新和变革，打破禁锢，挖掘企业亮点。如缩短生产周期、提升产品质量、降低产品价格等，因此，企业必须紧跟科技发展趋势，不断创新生产技术。

④ 提升企业核心竞争力。核心竞争力是一个企业的灵魂，尤其是在信息化时代下，一味地跟在其他企业背后进行单一生产积累的企业是缺乏生命力的。成功者往往是那些突破传统游戏规则，敢于大胆创新，敢于改变游戏规则的企业，也就是在思维模式上能迅速更新的企业。企业只有通过自主创新，向市场提供差异化的服务或产品，才能吸引顾客的眼球，赢得客户，在残酷的市场竞争中脱颖而出，从而获得一席之地。

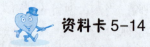

资料卡 5-14

阿里巴巴创造"奇迹"

2014年9月19日美东时间9时30分，阿里巴巴正式在纽约证券交易所IPO以68美元发行价上市，且上市首日股价大涨38%，超越脸书（Facebook），成为仅次于谷歌（Google）的网络企业。因此可见，传统零售或电商都必须不断创新——现在就是创新时代，能拥抱变化的人才将赢得未来。

《华尔街日报》专栏作家安德鲁·布朗（Andrew Browne）曾评价：阿里巴巴将西方已有的商业模式本地化后建立了庞大的电商帝国，推翻了人们对"中国不能创新"的误解。这不同于发明。中国许多最具创新性的公司都不是来自灵感的闪现，而是在一系列渐进式的变化中发展形成。

手机界的营销创新

小米手机的崛起让三星手机在中国的市场占有率逐渐下滑。2014年，小米手机的国内手机市场占有率为16.2%，首度超越三星手机（13.3%）。它所开展的就是营销营运的创新。

（1）网络口碑营销：用高规格、低价格制造网络疯传话题，如此做法成本低且传播扩散速度快、效果好。不同于传统的用广告牌或是赞助大型运动赛事、电视等渠道做昂贵的广告。

（2）经营"米粉"双向销售：通过论坛经营社群，每周定时更新软件，这是与顾客共荣的新思维，可及时反映需求调整产品。不同于传统店家卖什么、顾客就买什么的思想。

（3）网络销售为主：据小米统计，网购比例占70%，电信营运商占30%，这种销售方式所产生的好处是官网销售，压缩渠道费用，同时可以减少库存与跌价损失。传统方式总是需要靠别人，实体通路成本较高，而铺货时间是1~3个月，易有跌价损失。

（资料来源：杨文宏，企业创新技术的意义及实现方式 [J]. 中国质量，2015（1）：85-87.）

5.2.3　不忘初心，方得始终的企业社会责任

有初心就会有梦想，坚持初心就会坚持梦想。没有梦想的企业只能变成赚钱机器，只有拥有梦想才能成就伟大的事业。企业是在获得许可下开展生产经营活动的，企业家创办企业，为社会提供有用的产品和服务，从某种意义上讲，企业天生就是为服务社会而来，为社会提供更多有用的产品和服务就是其最大的社会责任。有梦想的企业应当积极承担社会责任，在创造利润、对股东和员工承担法律责任的同时，还要承担对消费者、社区和环境的责任，企业的社会责任要求企业必须超越将利润作为唯一目标的传统理念，强调在生产过程中对人的价值的关注，强调对环境、对消费者、

对社会的贡献。如果将赚取利润当成企业最大的责任就是忘记甚至违背服务社会初心的开始。

企业是社会发展的活力细胞，是经济发展的动力来源，是人类进步的助推器。企业的经济责任行为、社会责任行为和环境责任行为不仅关系着企业自身的健康发展、企业与社会的和谐发展、企业与环境的协调发展，还关系着企业的现在与未来。在构建社会主义和谐社会的进程中，要求企业具有社会责任精神。

 资料卡 5-15

▶▶

支付宝：不忘初心，方得始终

支付宝的初心是一以贯之的，始终不渝。前蚂蚁金服集团 CEO 彭蕾 2016 年在《人民日报》发表的文章中指出，金融产品眼睛只盯着钱，就会误入歧途，忘掉初心。蚂蚁金服就是"要让天下没有难做的生意，就得让融资变得容易。从这个意义上讲，互联网精神的驱动和互联网技术的运用，就是要让金融变得更市场化和平民化，要让小客户也能享受到如大客户一样的金融服务"。

蚂蚁金服多年来围绕着这一目标，秉持着从支付宝时代就开始的互联网精神、思想和技术，在支付、小贷、保险、理财等诸多领域成为金融创新领域的拓荒者，不但建立起了一个基于互联网的金融授信体系，更加在中国金融市场的创新浪潮中发挥着深远的影响。

2018 年 4 月，现任蚂蚁金服董事长井贤栋在接受采访时也表示："观察过去一两年的金融科技行业，参与者利用自身优势快速连接、服务用户。蚂蚁金服作为市场参与者，考虑业务策略，也会考虑竞争环境，这个过程中可能会出现应对、调整。但是蚂蚁金融服务用户和小微企业的定位与初心从未变化。今年，支付宝确立班委制后，最重要的一件事就是明确核心优势，在于对消费者和小微企业在金融服务和金融生活需求的洞察力，在于通过我们的核心技术助力伙伴服务好他们的能力。"

不忘初心，方得始终。支付宝如今已经成长为估值超过 1 500 亿美元的世界级科技独角兽企业，全球合作伙伴用户数超过 8.7 亿，是全球知名的移动支付企业，也是优秀的金融科技公司，始终坚持"服务小微"让天下没有难做的生意初心是其成长的秘诀，也是未来继续发展的根基。

（资料来源：马继华. 支付宝：不忘初心，坚持梦想 [J]. 现代企业文化，2018（31）：88-89.）

▶▶

5.2.3.1　企业社会责任的定义

企业社会责任就是企业以伦理价值为基础，坚持开放透明运营，尊重员工、社区和自然环境，维护与增进社会公共利益，致力于取得可持续的商业成功。企业社会责任是一个动态的责任体系，其具体内容会顺应环境的变化而改变，它应作为一种可以推动可持续发展的责任理念，其基本目标是协调经济、社会和环境的关系，深入贯彻可持续发展战略。

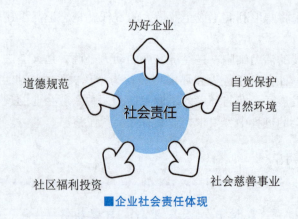

■企业社会责任体现

5.2.3.2 履行企业社会责任的意义

①履行企业社会责任是构建社会主义和谐社会的必然要求。企业社会责任应该是企业与人、社会、环境共同受益、和谐发展的平衡意识与理智行为。企业应该确立"爱国、诚信、守法、贡献"的意识，义利兼顾、发展企业、致富思源、富而思进、扶危济困、共同富裕、回馈社会。建立环境友好型、资源节约型社会，建设小康社会，构建和谐社会离不开企业的社会责任。

②履行企业社会责任是提升企业竞争力的有效途径。企业竞争力既来自产品竞争力，也来自社会影响力。作为市场主体的企业，必然要参与市场的激烈竞争；作为社会成员的企业，也要伴随社会的发展。产品竞争力提升依赖的是企业生产力，而社会影响力则是在企业里通过履行社会责任的过程中形成的。企业通过履行社会责任，有利于协调企业的生产经营活动与社会相关人利益及社会整体利益之间的关系；有利于形成企业与政府、所在社区的相互依存关系；有利于提升企业品牌形象和产品品牌形象；有利于企业获得优质经济社会资源；有利于企业开辟与发展新的经营生产领域；有利于企业赢得客户、赢得社会公信、赢得企业持续竞争力；有利于企业赢得经济社会双重利益，赢得企业的持续发展能力。

③履行企业社会责任是企业与环境和谐相处的连接链条。生态文明建设是关系中华民族永续发展的根本大计，绿色环保正在成为社会经济发展的重要主题。企业是经济目标的实现者，也应该是环境保护的责任人。企业是环境影响者，应该使其正面影响最大化，负面影响最小化。只顾企业自身利益，不顾环境利益的企业不为社会所接受，终究要遭淘汰。企业要在新发展理念中践行责任与担当。秉承"绿水青山就是金山银山"的理念，走"科技含量高、经济效益好、资源消耗低、环境污染少、人力资源优势得到充分发挥"的可持续发展的工业化道路，才能使企业经济效益、竞争力、影响力同步提高，才能使企业发展速度、效益和后劲同步增长。建设环境友好型企业，获得了有利于美化企业形象、环境保护和经济发展的多重功效。

5.2.3.3 企业社会责任的金字塔理论

①经济责任。企业作为社会成员提供产品与服务的基本经济单元，满足消费者需求并盈利是发展企业的主要激励政策。因此，企业的经济责任要素包括股东盈利、经济效益、竞争能力、经营效率、效益持续性等方面的最大化。企业经济责任是企业其他责任的基础，社会认同企业的盈利宗旨。

鞍钢集团：变工厂为"花园"

②法律责任。作为社会的一个组成部分，社会赋予并支持企业承担生产性任务、为社会提供产品和服务的权利，同时，也要求企业在法律框架内实现企业经济目标。因此，企业肩负着必要的法律责任。

③伦理责任。伦理责任包括还未纳入法典的、期待的或防止的活动与实践，反映了消费者、雇员、股东、社区等对于公平、公正和道德权利的关注。伦理价值与道德规范随时间而演化，反映有关公正、人权和功利等道德哲学原理，是法律法规的先导及驱动力。伦理责任一般体现比现有法律法规要求更高的绩效标准，多具有法律上的争议。

④慈善责任。慈善责任是社会期待一个良好企业公民应采取的行动，包括企业为促进人类福祉或善意而在财务资源或人力资源等方面对艺术、教育和社区的贡献。慈善责任属于自主决定的，具有自愿性。

5.2.3.4　中华传统文化中的企业社会责任思想

"三鹿"奶粉事件

在《华为基本法》中有一句话，"小胜靠智，大胜在德"。格力董事长董明珠也说过，"对于企业来说，没有人才，一切归零；没有道德，人才归零"。华为、格力都是中国当代优秀企业，具有优秀的企业精神，视企业社会责任为己任，传承并弘扬了中国优秀传统文化。

①独善其身与兼济天下。"穷则独善其身，达则兼济天下"，出自《孟子》的《尽心章句上》，意思是不得志的时候就要管好自己的道德修养，得志的时候就要努力让天下人都能得到好处。企业在发展的过程当中，也要遵循这样一个传统文化。作为初创企业，创业艰辛，经济上虽不充裕，但可以守好法律和伦理的底线；企业飞黄腾达，功成名就之后，就要有担当意识，有"兼济天下"的胸怀。

②"立心"与"立命"。横渠四句中的前两句，"为天地立心，为生民立命"，指的是企业在完成基础的经济责任和法律责任之后，要为社会建立以"仁""礼"等为核心的价值系统，关注天下苍生的安身立命问题。

③"继绝学"与"开太平"。横渠四句中的后两句，"为往圣继绝学，为万世开太平"，指的是当代企业要传播先贤的智慧，关注万世的太平基业，强调整个社会的有序发展。

富有爱心的财富才是真正意义的财富，具有社会责任思想的企业才是最有生命力和竞争力的企业。人一旦受到责任的驱使，就能创造奇迹，企业也是如此。在中华传统文化的滋养下，企业进一步涵养负责任的品性、尽责任的品质、守责任的品位，将责任担当、功利大义融入和谐社会发展中，定能使自身立于不败之地，助中国企业迈向鼎盛之时。

资料卡 5-16

◁◁◁

双汇：履行社会责任，防疫复产两手抓

2020年年初暴发新冠肺炎疫情，作为中国肉类行业头部企业的双汇，防疫复产两手抓。在前方采购防疫物资驰援疫区，在后方组织复工，保障全国各地民生供应。

面对新冠肺炎疫情突袭，双汇紧急启动全球防御物资采购，从全球累计构建防护

服20多万套、隔离服8万多套、口罩7万多个、护目镜1.2万多个。支援河南、湖北抗疫第一线，与此同时，双汇还向武汉东西湖区、火神山医院、军队医务工作者定向捐赠肉和肉制品等物资。

　　双汇发展总裁马相杰表示，2020年是国家全面建成小康社会和"十三五"规划的收官之年，双汇将推动企业的自动化、信息化、智能化改造，加速实现产业升级，积极参与全球竞争，进一步巩固企业在世界肉类行业中的优势地位。双汇将继续严格落实新冠肺炎疫情防控的各项措施，密切关注疫情发展态势和国家的相关政策，及时完善公司疫情防控体系，确保企业生产经营安全。双汇作为疫情期间重要的物资生产企业，肩负着保障人民群众生活肉制品供应的重要使命，响应国家防控防疫和复工复产的号召，全国18个省市布局的25家肉制品工厂、18家生猪屠宰工厂迅速安全地完成全部复工，整个集团的生猪屠宰量和肉制品产量均已恢复到正常水平。

　　（资料来源：央视网）

本章小结

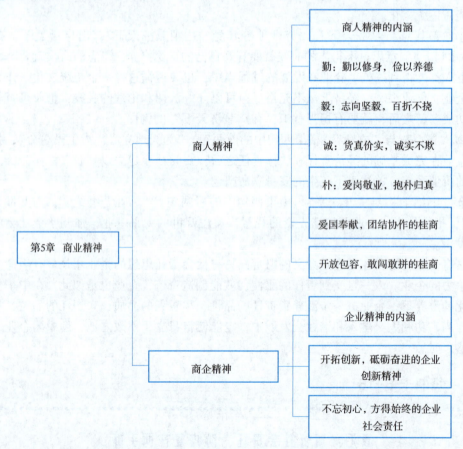

理论自测

□选择题

1. （　　　）年，梧州商界发出通电，反对清廷以铁路国有为名，收回民办粤汉、川汉铁路，转资外国，是为"护路运动"。

　　A. 1904　　　　　　　B. 1905　　　　　　C. 1911　　　　　　　D. 1912

2. （　　　）在抗日战争中在鼓励商人开展献金活动、外争国权、兴学育才等方面都做出较大的贡献。

　　A. 湖南商会　　　　　　　　　　B. 广西商会

　　C. 福建商会　　　　　　　　　　D. 浙江商会

3. 桂商贸易活动通道包括（　　　）。

　　A. 从合浦、钦州、北海出海　　　B. 沿西江水道，直通粤港澳，再转运海外

　　C. 柳州、贵县、梧州、南宁　　　D. 柳、宜、黔线

4. 近代的桂商群体不仅经营杂货业、经纪业、鱼盐业、蓝靛等传统产业，而且积极学习先进知识，创办了（　　）（　　）（　　）等新兴产业。

　　A. 矿业　　　　　　　　　　　　B. 汽车运输业

　　C. 化工业　　　　　　　　　　　D. 现代工业

5. 桂商精神是广西商人在长期经商实践中逐渐形成的为社会所普遍认可的思想意识、价值取向与精神特质，显示了广西地域文化的特征。可以概括为（　　　）（　　）（　　）（　　）。

　　A. 爱国奉献　　　　　　　　　　B. 团结协作

　　C. 开放包容　　　　　　　　　　D. 敢闯敢拼

□判断题

（　　）1. 早在唐代，广西先民们就已开辟海上丝绸之路，远涉重洋，把生意做到印度、阿拉伯地区。

（　　）2. 广西合浦是我国最早最重要的海上丝绸之路始发港。

（　　）3. 1908 年，梧州的华商集资成立梧州第一家华资轮船企业———梧州航业有限公司。

（　　）4. 1909 年正式成立的商务总会是广西最早成立的新式社会经济组织。

（　　）5. 商会、会馆形成商品流、资金流、信息流，并发展成为桂商文化传播的据点。

□理论自测步骤

1. 学生打开智慧职教慕课平台 https：//mooc.icve.com.cn/cms/index.do。

2. 平台首页输入"桂商文化"查询，加入课程学习。

3. 在限定时间内完成测试。测试完毕，系统自动评卷。

应用自测

（一）总体要求

根据本章学习的内容，选择一位你喜欢的广西商人或商企业，说说"商人（企）故事"，总结其精神内涵。要求：

1. 说好商人（企）故事；
2. 提炼其精神内核。

（二）**能力目标**

1. 加深对商业精神的理性理解；
2. 学习弘扬桂商优秀的商人（企）文化；
3. 提升搜集、归纳、整理信息的能力。

（三）**背景资料**

通过课程学习，同时利用网络、报纸、图书等方式，搜集我国商业精神，特别是桂商精神的相关资料，搜寻桂商优秀商人（企）故事，完成应用自测要求。

 自我评价

学习成果	自我评价
我已经理解商人精神的内涵	□很好 □较好 □一般 □较差 □很差
我已经理解商企精神的定义和内涵	□很好 □较好 □一般 □较差 □很差
我会讲好"桂商故事"	□很好 □较好 □一般 □较差 □很差
我会弘扬并传承优秀的桂商精神	□很好 □较好 □一般 □较差 □很差

第6章

商业模式

高瞻远瞩　躬行实践

引导语

教学说明

随着经济的快速发展，企业要在激烈的竞争中脱颖而出，商业模式的作用不可小觑。正如现代管理学之父彼得·德鲁克所说："当今企业之间的竞争，不是产品之间的竞争，而是商业模式之间的竞争。"企业之间的竞争从产品的竞争、人才的竞争延伸到营销的竞争、服务的竞争，而其最高境界是商业模式的竞争。自 20 世纪 90 年代以来，商业模式的重要性逐渐得到了一致认同：企业要获得竞争优势，离不开商业模式的持续创新。本章将围绕着商业模式介绍商业模式的含义和构成要素，商业模式画布、设计和创新路径，商业模式案例等内容。

学习目标

导学单

◎ 理解商业模式的含义和构成要素；
◎ 掌握商业模式创新的主要方式；
◎ 能使用商业模式画布工具；
◎ 弘扬创新创业精神，传承商业文化。

6.1 商业模式概述

商业模式（Business Model）是一个比较新的名词。尽管早在 20 世纪 50 年代就有人提出了"商业模式"的概念，但直到 20 世纪 90 年代后期才开始广泛使用和传播。电子商务蓬勃发展的今天，促使商业模式一词总是被创业者和风险投资者津津乐道。几乎每个人都确信，有了一个好的商业模式，成功就有了一半的保证。

6.1.1 商业模式的含义

实际上，商业模式很早就已经存在。自从商业诞生的那一天起，商业模式就随之诞生；而且商业的发展进程中商业模式的创造与革新从未间断。如果商业就是"如何把采购或生产出的价值提供给他人，以换取同等价值"，那么这些活动要素的组合就是商业模式。换言之，商业模式是企业进行赖以生存的业务活动的方法，也就是可以将企业以什么产品和服务、什么样的方式来获取盈利的整个体系称为商业模式。

虽然商业模式在商界出现的频率极高，关于它的定义仍然没有一个权威的版本，下面是商业模式的几种定义。

定义一：商业模式是为实现客户价值最大化，将能使企业运行的内外各要素整合起来，形成一个完整的、高效率的、具有独特核心竞争力的运行系统，并通过最优的实现形式满足客户需求、实现客户价值，同时，使系统达成持续盈利目标的整体解决方案。

商业模式的起源

定义二：商业模式是企业为了最大化企业价值而构建的企业与其利益相关者的交易结构。

定义三：商业模式是企业围绕客户价值最大化构造价值链的方式。

综上所述，商业模式是一个企业赖以生存和持续发展的一种模式。商业模式的核心在于"价值"，从本质上说，商业模式就是价值的创造和分配机制，规定了价值传递的方式和过程。商业模式是指企业为实现各方价值最大化，将能使企业运行的内外各要素整合起来，形成一个完整的、高效率的、具有独特核心竞争力的运行系统，并通过最好的实现形式来满足客户需求、实现各方价值（各方包括客户、员工、合作伙伴、股东等利益相关者），同时，使系统达成持续盈利目标的整体解决方案。简单来说，商业模式就是描述与规范了一个企业创造价值、传递价值，以及获取价值的核心逻辑和运行机制。

商业模式对企业是不可或缺的，无论企业经营者是否意识到，商业活动总是按一定的方式组织生产经营要素，并形成了一种运营机制。商业模式是一个企业得以运转的底层逻辑和商业基础，如果没有弄清楚一个企业的价值实现模式，就开始运作一个企业，那就是无源之水、无本之木。完善的商业模式可以让一个企业更加科学合理、有的放矢地去运营。

没有商业模式的企业，很难长久生存下去。从决策和管理层面上说，商业模式可以被看作高于企业战略和其他一切管理行为的顶层行动规范。企业的任何决策和管理活动，如果与商业模式相冲突，都是非常危险的，甚至是致命的。所以，商业模式是一个企业健康发展的根本前提，是一个企业最高级别的竞争方式。成功的商业模式一般具有以下三个特征：

特征一：具有独特性和创新性，能提供独特价值。商业模式必须塑造企业的独特性和创新性，使自己的商业模式有别于其他企业，能持续发展和盈利，能提供独特价值。有时候这个独特的价值可能是新的思想、新的技术；而更多的时候，它往往是产品和服务独特性的组合。这种组合要么可以向客户提供额外的价值；要么使得客户能用更低的价格获得同样的利益，或者用同样的价格获得更多的利益。

特征二：商业模式是难以模仿的。企业通过确立自己与众不同的商品或服务，如对客户的悉心照顾、无与伦比的实施能力等，来提高行业的进入门槛，从而保证利润来源不受侵犯。例如，直销模式（仅凭"直销"一点，还不能称为一个商业模式），人人都知道其如何运作，也都知道戴尔公司是直销的标杆，但很难复制戴尔的模式，原因在于"直销"的背后，是一整套完整的、极难复制的资源和生产流程。

特征三：成功的商业模式是通过实践检验的。企业经营要做到量入为出、收支平衡。这个看似不言而喻的道理，要想年复一年、日复一日地做到却并不容易。任何优秀的商业模式，一定需要通过实践检验，要脚踏实地，不能停留在书本上。

Google 的商业
模式

6.1.2 商业模式的构成要素

认识、构建和创新企业的商业模式是普遍讨论与研究的话题。对商业模式的认识是需要逐步深入的。商业的魅力在于商业经营是根据市场需求变化不断优化、调整和创新的。深刻认识商业模式离不开对商业模式的构成要素进行深入分析。众多学者对商业模式的构成要素有着不同的见解。

哈佛大学教授约翰逊、克里斯坦森和 SAP 公司的 CEO 孔翰宁共同撰写的《商业模式创新白皮书》将商业模式的构成要素概括为："客户价值主张"，是指在一个既定价格上企业向其客户或消费者提供服务或产品时所需要完成的任务；"资源和生产过程"，即支持客户价值主张和盈利模式的具体经营模式；"盈利公式"，即企业用以为股东实现经济价值的过程。

日本三谷宏治教授撰写的《商业模式全史》认为，商业模式是为了拓展传统经营战略框架而产生的概念，它的目的是应对商业的多样化、复杂化、网络化。商业模式的构成要素主要包括：一是明确利益相关者，凡是参与该商业的各方都属于此范畴；二是企业总体价值创造，包括为直接客户在内的所有利益相关者创造出来的价值总和；三是盈利模式，即如何让企业创造源源不断的收益；四是竞争方法和竞争力。

通过将以上学者的分析整理归纳，从方便理解和经营实践的角度上看，商业模式一般包括以下要素：

①客户定位。一个企业要想在市场中赢得胜利，首先必须明确自身的定位。定位决定了企业应该提供什么样的产品和服务来实现客户的价值。定位是企业战略选择的结果，也是商业模式体系中其他有机组成部分的起点。

②业务系统。业务系统是指企业达成定位所需要的业务环节、各合作伙伴扮演的角色，以及利益相关者合作与交易的方式和内容。业务系统是商业模式的核心。

③关键资源能力。关键资源能力是指企业让业务系统运转所需要的重要的资源和能力。

④盈利模式。盈利模式是指企业如何获得收入、分配成本、赚取利润。在给定业务系统的价值链结构和所有权已确定的前提下，企业利益相关者之间的分配格局。

⑤自由现金流结构。自由现金流结构是指企业经营过程中产生的现金收入扣除现金投资后的状况。不同的现金流结构反映企业在定位、业务系统、关键资源能力，以及盈利模式等方面的差异，体现企业商业模式的不同特征，并影响企业成长速度的快慢，决定企业投资价值的高低、企业投资价值递增速度，以及受资本市场青睐程度。

⑥企业价值。企业价值即企业的投资价值，是企业预期未来可以产生的自由现金流的贴现值，是评判企业商业模式优劣的标准。

为了更直观地了解商业模式的构成要素，做了一个简单的运行图。

商业模式的六个要素是互相作用、互相决定的：相同的企业定位可以通过不一样的业务系统实现；同样的业务系统也可以有不同的关键资源能力、不同的盈利模式和不一样的现金流结构。例如，业务系统相同的家电企业，有些企业可能擅长制造，有些可能擅长研发，有些则可能更擅长渠道建设；同样是门户网站，有些是收费的，而有些则不直接收费等。商业模式的构成要素中只要有一个要素不同，就意味着商业模式不同。

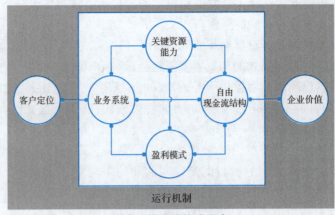

■商业模式的构成要素

（资料来源：http://www.woshipm.com/pmd/963953.html.）

6.2　商业模式设计与创新

6.2.1　商业模式画布

商业模式画布（The Business Model Canvas）是亚历山大·奥斯特瓦德（Alexander Osterwalder）、伊夫·皮尼厄（Yves Pigneur）在《商业模式新生代》（*Business Model Generation*）（2011 年）中提出的一种用来描述商业模式、可视化商业模式、评估商业模式及改变商业模式的思维工具。商业模式画布进一步将商业模式的九个关键模块整合到一张画布之中，这可以更加灵活具体地描绘或者设计商业模式。

①客户群体，也称客户定位，即企业所瞄准的消费者群体。这个模块用来描述一个企业想要接触和服务的不同人群或组织，这些群体具有某些共性，从而使企业能够针对这些共性创造价值。客户构成了任何商业模式的核心。

②价值提供，也称价值主张，即企业通过其产品和服务所能向消费者提供的价值。价值提供确认企业对消费者的实用意义，明确了企业应该向客户传递什么样的价值，帮助客户解决哪一类难题，满足客户哪些需求。价值提供是客户转向一个企业而非另一个企业的原因，它解决了客户困扰或者满足了客户需求。

③渠道通路，也称用户获取渠道，即企业用来接触消费者而传递其价值主张的各种途径。这里阐述了企业如何开拓市场。它涉及企业的市场和分销策略。沟通、分销和销售这些渠道构成了企业相对客户的接口界面。渠道通路是客户接触点，在客户体验中扮演着重要角色。

④客户关系，即企业同其消费者群体之间所建立的联系。企业应该清楚每个客户细分群体建立的关系类型，哪些关系已经建立了，这些关系成本如何，商业模式所要求的客户关系深刻地影响着客户体验。

⑤收入来源，也称收益流，即企业从每个客户群体中获取的现金收入。这个模块

需要回答：什么样的价值能让客户愿意付费？他们现在付费买什么？他们是如何支付费用的？他们更愿意如何支付费用？每个收入来源占总收入的比例是多少？如果说客户是商业模式的心脏，那么收入来源就是动脉。企业必须问自己，什么样的价值能够让各客户细分群体发掘一个或多个收入来源。

⑥核心资源，即企业执行其商业模式所需要的能力和资源，包括资金、人才等，是用来描绘让商业模式有效运转所需要的最重要的因素。每个商业模式都需要核心资源，这些资源使企业组织能够创造和提供价值、接触市场、与客户细分群体建立关系并赚取收入。

⑦关键业务，即为了确保商业模式可行，企业必须做的最重要的业务活动。任何商业模式都需要多种关键业务活动。这些业务是企业得以成功运营所必须实施的最重要的活动。

⑧重要合作，即企业让商业模式有效运作所需要的供应商与合作伙伴的网络。企业会基于多种原因打造合作关系，合作关系正日益成为许多商业模式的基石。例如，谁是企业的重要供应商？企业正在从伙伴那里获取哪些核心资源？合作伙伴都执行哪些关键业务？

⑨成本结构，即运营一个商业模式所引发的所有成本，描绘在特定的商业模式运作下所引发的最重要的成本。例如，什么是企业商业模式中最重要的固有成本？哪些核心资源花费最多？哪些关键业务花费最多？

 资料卡 6-1

商业模式画布

■商业模式画布

（资料来源：[瑞士] 亚历山大·奥斯特瓦德，[比] 伊夫·皮尼厄. 商业模式新生代 [M]. 黄涛，郁婧，译. 北京：机械工业出版社，2016：34.）

麦当劳商业
模式画布

商业模式画布的九个关键模块覆盖了商业的四个主要方面，即客户、提供物（产品/服务）、基础设施和财务生存能力。它们可以展示出企业创造收入的逻辑。商业模式画布的作用是能够帮助创业者厘清创业思路，不胡乱猜测，降低项目风险，确保创业者找到真正的目标用户群体，进而合理地解决问题。商业模式画布共由九个方格组成，每一个方格里面都涵盖着成千上万种可能性和替代方案，而创业者所要做的就是从这成千上万的结果中找到最佳的那一个。

 资料卡 6-2

苹果 iPod/iTunes 商业模式

2001 年，苹果公司发布了其标志性的便携式媒体播放器 iPod。这款播放器需要与 iTunes 软件结合，这样，用户可以将音乐和其他内容从 iPod 同步到计算机中。同时，iTunes 软件还提供了与苹果在线商店的无缝连接，用户可以从这个商店里购买和下载所需要的内容。

这种设备、软件和在线商店的完美有效结合，很快颠覆了音乐产业，并给苹果公司带来了市场的主导地位。然而苹果公司不是第一家推出便携式媒体播放器的公司。竞争对手如帝盟多媒体公司（Diamond Multimedia）的 Rio 品牌便携式媒体播放器曾经在市场上同样成功，直到它们被苹果公司超越。

苹果公司是如何实现这种优势的呢？因为它完美地构建了一个更优秀的商业模式。一方面，苹果公司通过其特殊设计的 iPod 设备、iTunes 软件和 iTunes 在线商店的结合，为用户提供了无缝连接的音乐体验。苹果公司的价值主张就是让用户轻松地搜索、购买和享受数字音乐。另一方面，为了使这种价值主张成为可能，苹果公司不得不与所有大型唱片公司谈判，来建立世界上最大的在线音乐库。

苹果公司通过销售 iPod 赚取了大量与其音乐相关的收入，同时，利用 iPod 设备与在线商店的整合，有效地把竞争对手挡在了门外。

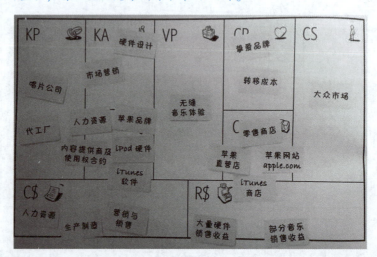

（资料来源：［瑞士］亚历山大·奥斯特瓦德，［比］伊夫·皮尼厄. 商业模式新生代［M］. 黄涛，郁婧，译. 北京：机械工业出版社，2016：36.）

6.2.2　商业模式的改革与创新

企业可以通过改变价值主张、客户细分、渠道通路、客户关系、关键活动、核心资源、收入来源和成本结构等多种因素来激发商业模式创新。归纳起来，主要有四个维度，即战略定位创新、资源能力创新、商业生态环境创新及这三种创新方式结合产生的混合商业模式创新。

6.2.2.1　战略定位创新

所谓战略定位创新，主要是围绕企业的价值主张、目标客户及顾客关系方面的创新。在激烈的市场竞争中，没有哪一种产品或服务能够满足所有的消费者，战略定位创新可以帮助企业发现有效的市场机会，提高竞争力。

在战略定位创新中，企业首先要认准自己的目标客户，其次是如何让企业提供的产品或服务在更大程度上满足目标客户的需求，在前两者都确定的基础上，再分析选择何种客户关系。合适的客户关系也可以使企业的价值主张更好地满足目标客户。

日本原宿个性百货商店打破了传统百货商店的经营模式——每层经营不同年龄段、不同风格的服饰，而是专注打造以少男少女为对象的时装商城，最终成了最受时尚年轻人和海外游客欢迎的百货公司。

王老吉则将企业的产品定位于"饮料+药饮"这一市场空隙，为广大顾客提供了可以"防上火"的饮料，正是这种不同于以往饮料行业只在产品口味上创新，而不在产品功能上创新的竞争模式，最终使王老吉成为"中国饮料第一罐"。

6.2.2.2　资源能力创新

所谓资源能力创新，是指企业对其所拥有的资源和能力进行整合和运用的创新，主要是围绕企业的关键活动，对商业模式所需要的关键资源进行创新。所谓关键活动，是指影响企业核心竞争力的行为。关键资源是指能够让企业创造并提供价值的资源，主要是指那些其他企业不能代替的物质资产、无形资产、人力资本等。在确定了企业的目标客户、价值主张及顾客关系之后，企业可以进一步进行资源与能力的创新。

20世纪90年代，当通用电气发现传统制造行业的利润越来越低时，试图改变行业中为其关键活动提供产品的商业模式，创新性地提出以利润和客户为中心"出售解决方案"的模式。在传统的经营模式中，企业的关键活动是为客户提供能够满足其需求的机械设备，但在"出售解决方案"模式中，企业的关键活动是为客户提供一整套完整的解决方案，而设备则成为这一方案的附属品。这一创新带来了通用电气业绩的快速提升，在20世纪80年代中后期，通用电气年收入增长率达到了18%。

6.2.2.3　商业生态环境创新

商业生态环境创新是指企业将其周围的环境看作一个整体，打造出一个可持续发展的共赢商业环境。商业生态环境创新主要围绕企业的合作伙伴进行创新，包括供应商、经销商及其他市场中介，在必要的情况下还包括其竞争对手。

企业战略定位及内部资源能力都是企业建立商业生态环境的基础。没有良好的战略定位及内部资源能力，企业将失去挑选优秀外部合作者的机会及与他们议价的筹码，一个可持续发展的、共赢的商业环境将为企业未来的发展提供保证。

20 世纪 80 年代，美国最大的连锁零售企业沃尔玛和全球最大的日化用品制造商宝洁争执不断，各种口水战及笔墨官司从未间断。由于争执，给双方都带来了巨大损失，后来彼此开始反思，将产销间的敌对关系转变成双方均能获利的合作关系，宝洁给沃尔玛安装了一套"持续补货系统"，该系统使宝洁可以实时监控其产品在沃尔玛的销售及存货情况，然后协同沃尔玛共同完成相关销售预测、订单预测及持续补货的计划。生态环境的优化促进了双方业绩的提升，2004 年宝洁 514 亿美元的销售额中有 8% 来自沃尔玛，而沃尔玛 2 560 亿美元的销售额中有 3.5% 归功于宝洁。

6.2.2.4 混合商业模式创新

360 的免费
商业模式

混合商业模式创新是一种战略定位创新、资源能力创新和商业生态环境创新相结合的方式。一般来说，企业的商业模式创新都是混合式的，因为商业模式的构成要素中，战略定位、内部资源、外部环境之间是相互依赖、相互作用的，每一部分的创新都会引起另一部分的相应变化。

苹果公司的巨大成功，不单单在其独特的产品设计，还源于其精准的战略定位创新。苹果公司看中了电子产品终端内容服务的巨大潜力后，将其战略从单一的出售电子产品转变为以终端产品销售为基础的综合服务提供商。从"iPod+iTune"到后来的"iPhone+App"都充分体现了这一战略创新。在资源能力创新方面，苹果公司突出表现在能够为客户提供充分满足其需求的产品上。例如，消费者所熟知的重力感应系统、多点触摸技术、视网膜屏幕显示技术等都是率先在苹果产品上使用的。

总之，商业模式创新既可以是战略定位创新、资源能力创新、商业生态环境创新三个维度中某一维度的创新，也可以是其中的两个甚至三个维度的结合创新，有效的商业模式创新正在成为企业家重塑企业、追求超值价值的有效工具。

6.2.3 商业模式的设计与再造

现实生活中大部分行业都有一个占据主流的商业模式，但商业模式不是一成不变的。商业经营环境每时每刻都在发生着变化，商业模式也随着企业的发展而发展。当企业的资源、行业地位等发生变化时，商业模式可以进行更新、调整和再造。尤其是在数字经济时代，跨界融合、跨行业思考无处不在，行业间的界限正在变得越来越模糊甚至完全消失了。商业人士每天都在不知不觉地进行设计、再造新的商业模式，这种创新往往不会往回看，因为未来商业模式是什么样的，过去的经验参考价值极为有限。这种创新也不是参照竞争对手就能完成的，因为它不是复制或标杆对比的事情，而是要设计全新的机制，来创造价值并获取收益。更确切地说，它是挑战传统，设计全新的模式，来满足未被满足的、新的或潜在的客户需求。商业模式设计有六种方法，即洞察客户、创意构思、可视化思考、原型制作、故事讲述和情景推测。

6.2.3.1 洞察客户

商业活动的出发点是客户的需求。从客户的角度来看待商业模式，有利于找到全新的机会。企业在市场研究上投入了大量的精力，然而在设计产品、服务和商业模式上却往往忽略了客户的观点。良好的商业模式设计应该避免这个错误。这并不意味着要完全按照客户的思维来设计商业模式，但是在评估商业模式的时候需要将客户的思维融入进来。创新的成功需要依靠对客户的深入理解，包括环境、日常事务、客户关心的焦点及愿望。

苹果公司的 iPod 媒体播放器提供了一个很好的案例。苹果公司知道人们喜欢的并不是数码媒体播放器本身，这家公司意识到用户需要一种无缝的服务，能够搜索、下载和收听数字内容，包括音乐，并且他们愿意为这种能成功解决这些问题的服务付费。苹果公司的观点是非常独特的，特别是在非法下载猖獗、大部分公司都认为没有人会为在线音乐付费的时候。苹果公司并不认同这种观点，它为客户建立了一种无缝音乐（消费）体验，将 iTunes 音乐与媒体软件、iTunes 在线商店和 iPod 媒体播放器合到一起。以这种价值主张为核心的商业模式，使得苹果公司成为在线数字音乐市场的领导者。

真正的挑战在于建立对客户的彻底理解，并基于这种理解进行商业模式设计的选择。在产品和服务设计领域，许多领先企业都与社会学家合作，加深对客户的理解。例如，在英特尔、诺基亚还有挪威电信，都有大量的人类学家和社会学家组成的工作组帮助企业开发新的更好的产品和服务。许多领先的消费品公司都为高层经理人提供机会，让他们与消费者交流，与销售团队交流，或参观精品店，进行实地考察。在其他行业，尤其是高资本行业里，跟客户交流是日常工作的一部分。

创新的挑战是建立在对客户的深刻理解上，而不是简单地问他们需要什么。正如汽车制造商先驱亨利·福特（Henry Ford）曾经说过的那样："如果我问我的客户他们想要什么，他们会告诉我'一匹更快的马'。"

另一个挑战在于要知道该听取哪些客户和忽略哪些客户的意见。有时，未来的增长领域就在附近。因此，商业模式创新者应该避免过于聚焦于现有客户细分群体，而应该盯着新的和未满足的客户细分群体。许多商业模式创新的成功，是因为它们满足了新客户未得到满足的需求。例如，斯泰利奥斯·哈吉·约安努（Stelios Haji-loannou）的易捷航空使中低收入客户可以享受空中旅行，而这些客户以前几乎没飞过。还有，Zipcar 消除了城市居民因为拥有汽车所带来的麻烦，取而代之的是支付了一定年费的客户可以按小时租赁汽车。这两个都是新商业模式的案例，这些商业模式全都构建在现有模式边缘的客户细分群体上：传统的空中旅行和传统的汽车租赁。

6.2.3.2　创意构思

绘制一个已经存在的商业模式和设计一个新的创新商业模式是完全不同的两件事情。设计新的商业模式需要产生大量商业模式创意，并筛选出最好的创意，这是一个富有创造性的过程。这个收集和筛选的过程被称为创意构思。当设计可行的新商业模式时，掌握创意构思的技能就非常关键。

为了找到更新更好的选择，可以想象一个装满创意的摸彩袋，然后将它们缩减到一个可能实现选择方案的短名单。因此，创意构思就有了两个主要阶段：创意生成，这个阶段重视数量；创意合成，讨论所有的创意，加以组合，并缩减到少量可行的可选方案。这些可选方案不一定要代表颠覆性的商业模式，也许只是将现有的商业模式略做扩展，以增强竞争力的创新。

6.2.3.3　可视化思考

对于商业模式的相关工作来说，可视化思考是必不可少的。所谓的可视化思考，是指使用诸如图片、草图、图表和便利贴等视觉化工具来构建与讨论事情。因为商业模式是由各种构造块及其相互关系所组成的复杂概念，不将它描绘出来将很难真正理解一个模式。

商业模式确实是一个系统。其中的一个元素可以影响其他的元素，只有作为一个整体看待的时候才有意义。不将它进行可视化，很难捕捉到商业模式的全貌。事实上，通过可视化地描绘商业模式，人们可以将其中的隐形假设转变为明确的信息，这使得商业模式明确而有形，并且讨论和改变起来也更清晰。视觉化技术赋予了商业模式"生命"，并能够促进人们的共同创造。

将商业模式描绘出来，这个模式就转换成一个持久的事物，也是一个可以随时返回讨论的概念原点。这很关键，因为它将谈论的内容从抽象变为具体，并且大大改善了讨论的质量。通常，如果想要改善一个现存的商业模式，视觉化地描绘更容易发现逻辑上的差距，并促进人们的讨论。与之类似，如果要设计一个全新的商业模式，把模式画出来将帮助人们更容易地讨论新商业模式的各种选择。

视觉化技术已经被频繁应用于商业了，如图表和表格等，这些工具广泛用于澄清报告和计划的相关信息。但是在讨论、探索和定义商业问题时，很少有人会应用视觉化技术。在战略规划过程中，可视化思考可带来巨大的价值。可视化思考通过将抽象变具体，通过阐明各元素之间的关系，通过简化复杂性而增强了战略审查。

6.2.3.4　原型制作

对于开发创新的全新商业模式来说，原型制作是一个强有力的工具。与可视化思考一样，原型制作同样可以让概念变得更形象具体，并能促进新创意的探索。原型制作来自设计和工程领域，在这些领域中，原型制作被广泛地用于产品设计、架构和交互设计。它很少用于企业管理，因为组织行为和战略的本质很少可被形象感知。原型制作在商业和设计交叉领域已经发挥了很长一段时间的作用，例如，在工业产品设计，近些年来原型制作在诸如流程设计、服务设计，甚至组织与战略设计领域也越来越受欢迎。

尽管术语相同，但产品设计师、建筑师和工程师对什么是"原型"有不同的理解。本节把原型看成未来潜在的商业模式实例（原型作为用于达到讨论、调查或者验证概念目标的工具）。商业模式原型可以用商业模式画布简单素描成完全经过深思熟虑的概念形式，也可以表现为模拟了新业务财务运作的电子表格形式。

重要的是，不必将商业模式原型看成某个真正商业模式草图。相反，原型是一个思维工具，有助于探索不同的方向——那些商业模式应该尝试选择的方向。例如，如果增加另一个客户细分群体会对商业模式意味着什么？消除高成本资源将是怎样的结果？如果免费赠送一些产品或服务，并且用一些更具创新性的产品或服务替代现在的收入来源又将会意味着什么？制作和使用商业模式原型需要设计者处理结构、关系和逻辑的问题，而这些即使通过更多的思考和讨论的方式也很难达到。要真正理解不同可能性的优点和缺点，以及进一步的调研，需要在不同层次精练商业模式来构建多个原型。相比讨论来讲，使用原型来互动更加容易产生创意。商业模式原型可能是发人深省的，甚至有点疯狂，因而有助于推动思考。当这一切发生时，原型就成为路标，在原本很难想象的方向上指引前进，而不是仅仅作为将要实现商业模式的说明。探究应该意味着一个无比严格的探索最佳解决方案的过程。只有经过深入的探究，才能有效地选择一个原型，并在设计成熟后来实施。

对于商业模式探究的过程，商业人士可能显示出两种反应。有些人会说："嗯，那是个好主意，只是我们如果有时间去尝试不同选项就好了。"其他的人可能会说："市场调研相对于提出全新商业模式来说，同样是一个好办法。"这两种反应都是危险的偏见。

第一种反应假设，"一切照旧"或逐步改进就足以在今天竞争的环境下生存了。一般来说，这条路将走向平庸。那些没花时间开发或做出创新商业模式原型的企业有被边缘化的风险，甚至被更多活跃的竞争者所超越或者被不知道从哪里冒出来的挑战者颠覆。

第二种反应假设，当设计一个新的战略选项时，数据是最主要的考虑因素。事实并非如此，在长时间费劲构造一个强有力的全新商业模式原型过程中，市场调研只是一个单一输入，基于此的商业模式才有可能胜过竞争对手或者开发全新的市场。

全新的可改变游戏规则的商业模式源自深入的不懈的探究。

6.2.3.5　故事讲述

在商业世界里，讲故事是一门被低估、被轻视的艺术。下面来看看，讲故事可以让新的商业模式变得更形象生动。

本质上，新颖而富有创意的商业模式经常是晦涩难懂的，它们通过全新的方式组合各种元素，挑战现行的模式，它们迫使听众打开思路，去接受这些新的可能。面对这些陌生模式，听众很有可能会产生本能的抵触。所以，将新的商业模式呈现出来，而又不导致抵触情绪，呈现的方法就变得至关重要。就像商业模式画布有助于绘制和分析新模式一样，讲故事能更有效地表达新的商业模式和理念。好的故事能引起听众的兴趣，所以，讲故事是一种理想的工具，可以为深入讨论商业模式和其内在逻辑预热。讲故事其实是利用了商业模式画布的说明能力，打消人们对未知事物的疑虑。

要讲故事的理由如下：

①介绍新事物。新的商业模式创意在公司的任何一个地方都能涌现出来。有些想法可能很好，有些可能一般，还有些可能根本不可行。即使是极优秀的商业模式，要想得到各级管理层的认可，最终被采纳为公司的发展战略，也颇费周折。所以，有效地向管理层推销新的商业模式创意变得至关重要。这时，"讲故事"就显得至关重要了。虽然管理层最终只对数字和事实感兴趣，但讲一个恰到好处的故事绝对可以博得他们的关注。要想不拘泥于细节，而又能快速地勾勒出一个创意的雏形，讲一个好的故事是一种可以让人信赖的方式。

②推销给投资者。如果一个创业者，经常需要把想法或是商业模式推销给投资者，或是一些潜在的股东。投资者和其他一些利益相关者真正想知道的是：如何为客户创造价值？在创造价值的过程中，如何盈利？这些问题才是故事背景。着手筹备商业计划之前，通过讲故事的方式来介绍商业模式是最理想的。

③鼓励员工参与其中。在一个公司从现有商业模式过渡到一个新商业模式的过程中，公司必须说服员工参与其中。员工需要对新的商业模式有一个清晰的认识，理解新商业模式对于他们的意义。所以，公司需要鼓励员工参与到新模式的建设中。在这方面，传统的以文字为主的幻灯片展示达不到很好的效果。用一个吸引人的故事作为

背景介绍（辅以幻灯片、图画及其他一些技巧），能够更好地调动听众的积极性，赢得人们的注意和好奇心，这可以为下一步的细节讨论奠定基础。

6.2.3.6 情景推测

在新商业模式的设计和原有模式的创新上，情景推测能起到很好的作用。同可视化思考、原型制作、故事讲述一样，情景推测将抽象的概念变成具体的模型。它的主要作用就是通过细化设计环境，帮助人们熟悉商业模式设计流程。这里有两种类型的情景推测。

第一种情景推测描述的是不同的客户背景：客户是如何使用产品和服务的？什么类型的客户在使用它们？客户的顾虑、愿望和目的分别是什么？这种建立在客户洞察之上的情景推测更进一步，把对客户的了解融入一组独特、具体的图像中。通过描述特定的场景，关于客户的情景推测就能把客户洞察具体形象地表现出来。

第二种情景推测描述的是新商业模式可能会参与竞争的未来场景。这里的目的并不是要去预测未来，而是要具体形象地描绘出未来的各种可能情况。这种技巧训练能帮助创新者，对未来不同的环境设计出最为恰当的商业模式。在这一领域的商业战略文献中，都称这种技巧为"情景规划"。在商业模型的创新中，运用这种情景规划技巧"迫使"设计者去思考商业模式在特定的环境下可能的演变趋势，这样便加深了设计者对模式的认知和可能有必要调整的理解。最为重要的是，它帮助设计者更好地来迎接未来的商业环境。

同步训练 >>>

目的： 理解商业模式画布关键模块。

同步训练

6.3 商业模式典型案例

6.3.1 山西日昇昌票号的商业模式

在山西省中部地区，坐落着一座四四方方的古城——平遥古城。平遥古城始建于周宣王时期，距今已有近3 000年的历史。平遥古城基本保存了明清时代的县城原貌，步入古城，随处可见各类遗址古迹，红砖青瓦之间沉淀了历史的风雨。这里曾是明清时期名扬天下的"第一富县"、晚清时期的金融中心。经济的富足导致其地位的提升，这里的县官等级都比普通地区高出一级，为六品县官。清代道光年间，在这条"中国华尔街"上，诞生了中国现代银行的雏形——票号。日昇昌凭借其第一家票号的身份，名列联合国教科文组织公布的世界遗产名录。

日昇昌票号的前身是西裕成颜料庄。在以农业为主的明清时期，山西中部及北部一带由于地处山区，不宜耕作，并非富裕之乡。当地人民为摆脱贫困、养家糊口，纷纷出走经商，当时，山西平遥、介休、祁县、太谷、榆次等县，有不少人在北京开设商铺。每到年终结账，都要委托镖局往来运送现银，这样运输成本极高且不安全。西裕成颜料庄的大掌柜雷履泰极具商业头脑，率先开始汇兑业务，即北京分号接收现银，再写信给平遥总号，委托人可以直接到平遥总号兑换现银，但需要缴纳一部分汇费。这样，支付的汇费不高于支付给镖局的费用，又可以不用真金白银往返，大大减少了出差错的概率。随着越来越多的人要求进行汇兑业务，西裕成颜料庄决定改为专营存款、贷款及汇兑业务的票号，并改名为"日昇昌"。其后，日昇昌在汉口、天津、济南、西安、开封及南京等地先后设立分支机构，并远至日本、新加坡、俄罗斯等海外国家，各地分支机构统一挂牌"京都日昇昌汇通天下"，一时声名鹊起。当时，在日昇昌票号的带动下，平遥的票号业发展迅猛，鼎盛时期这里的票号竟多达 22 家，一度成为中国金融业的中心。

以史为鉴，可以知兴替。鼎盛时期的山西票号所从事的业务几乎涵盖了现代银行的所有业务种类，其治理结构中也蕴藏着晋商文化与智慧。

6.3.1.1 "敢为天下先"的创新精神

票号的诞生是商业创新的产物。西裕成颜料庄大掌柜雷履泰（相当于现代企业的总经理）具有创新精神，发现商机并敢于将其付诸实践。西裕成颜料庄的东家李大全（相当于现代企业的董事长）也极具有创新精神，在听取大掌柜雷履泰将颜料庄改为专营汇兑的金融机构的建议时，他勇于尝试并再出资 30 万两白银用于资本扩充。票号的鼎盛则是源于山西商人集体的创新精神，源于他们汇通天下的胸怀和不满足于现状的抱负。另外，当时票号的管理体制上也处处体现出管理者的创新精神。在当时的条件下，由于技术的问题，银票的防伪是十分困难的。为此，山西票号创造了一套汉字密码，用于银票防伪，山西票号的防伪思路主要是数字防伪，即在正常的票据下面会写上一行字，别人看不懂，其实是银票对应的日期和数目，如果与银票上正常的数目和存款日期一致，就是真的；如果不一致，就是假的。而真假的辨认，只有懂得密码的人才会清楚。例如，晋商创造了"堪笑世情薄，天道最公平，昧心图自利，阴谋害他人，善恶终有报，到时必分明"这样的诗句，作为每个月 1—30 日的代号（清代使用的是农历，每个月最多 30 天），"赵氏连城璧，由来天下传"代表"壹贰叁肆伍陆柒捌玖拾" 10 个数字，"国宝流通"四个字代表"万千百十"的数字单位。并且，这些文字密码会定期更换，以防泄露。在晋商票号百余年的经营历史中，几乎没有出现过冒领事件。

6.3.1.2 股份制经营与两权分离

晋商票号属于股份制经营，票号成立之初，约定多少银子为一股，各个东家依据自己的出资金额划分股权，是为"银股"。由于票号属于资本密集型行业，因此，一家票号往往拥有众多东家，这些东家往往是同属一个家族，其中，持股比例最高的是大东家。银股代表对票号的所有权和分红权，同时承担票号的全部风险。票号的实际经营者（掌柜及伙计），在工作一定年限后，可根据工龄、职务及贡献拥有一定比例的"身股"，身股不享有所有权，只享有分红权，不用承担票号的经营风险。这种治理结构与现代公司制中的股份有限公司及有限责任公司都极其相似。

一般认为，两权分离的制度由现代西方经济学传入中国。但早在晋商票号的经营中就应用了该治理制度。晋商票号有两个核心人物，即东家和掌柜。东家即董事长；掌柜是中国最早的职业经理人。晋商票号实行严格的两权分离制度，东家不干预票号的任何经营，不在票号内食宿、借钱，不私自借用票号的伙计。东家决定大掌柜的任免，票号的财权和人事权则由大掌柜全权掌握。

6.3.1.3　诚信至上的企业文化

票号乃至现代商业银行，都是靠信誉经营的金融机构。因此，晋商票号的企业文化中，诚信是至高无上的。他们经商的宗旨是"虽以盈利为目的，凡事则以道德信义为根据"，因此，才能"通有无，近悦远来"。这种诚信精神渗透在票号的方方面面。

①诚信精神体现在公司制度上。上文提到，票号实行股份制经营，与现代公司制类似，差别就在于票号实行的是股份无限责任制，一旦发生经营不善，财东承担所有责任，直至家财散尽。因此，票号的破产不仅意味着事业的失败，还可能给一个家族带来致命的打击。从现在来看，这种无限责任制是残忍的、有缺陷的，但某种程度上，它体现了财东的诚信精神，家破人亡也愿意承担债权人的所有损失。

②诚信精神体现在用人选拔上。票号成立之初，东家一般由中间人介绍或者自己观察，确定掌柜人选，进而进行长时间的考察。这种考察既是谋略方面的，更是人品方面的，一旦确定此人可用，财东便委以全权，真正做到疑人不用、用人不疑。掌柜也必须对东家诚信以待，一旦做出出卖东家和损害票号利益的事情，便会在整个行业内被封杀，再无出头之日。在一般员工的选拔上，晋商实行学徒制，即申请人需要先从学徒开始做起，经过 5 年左右的时间，才能转为正式员工。

学徒的选拔
任用

③诚信精神体现在票号的具体经营上。诚信是一种无形资产，它能使所有者和经营者依托有形资产获得更多效益。明清时期的晋商饱受传统儒家思想的浸润，遵从诚信经商的商业伦理，坚持"先义后利，以义制利"的儒家思想内核。晋商将关云长尊为财神，以其信义教育同行，以关公的信义精神来约束商人的行为。全国各地的山西会馆大多是关帝庙即印证了这一思想崇拜。以诚信闯市场、创伟业，将诚信作为整个商界的生存根本。票号脱胎于晋商，其产品更是以诚信为基础。在金融业，诚信就是其立身之本，利润之源。票号自创立以来，自上而下都要求做到诚信为本，童叟无欺：几十年的票据足额足息兑付，货币贬值时即使亏本也要将客户的损失弥补……不胜枚举。诚通人心，诚则可信。互相信任，才可以长期交往。在经商活动中长久地坚持诚信为本，胜过无数次欺诈性广告。商人的诚信给他们带来了成功，因为成功而更加诚信，二者相得益彰，他们把悉心建立起来的诚信、商誉看得比生命都重要。诚信不是挂在墙上的制度，而是实实在在的行为，每一个从业人员自觉的行为：从财东到掌柜，从票号到客户，一个群体、一个社会都在遵守的一种规则，这也正是票号和晋商的可贵之处。

6.3.1.4　有效的人力资源管理体系

晋商票号的人力资源管理体系包含任人唯贤与有效的薪酬激励两个方面。

无论是在掌柜的选拔上，还是在伙计的选拔上，晋商票号都尊崇任人唯贤。与之相对应的是，晋商票号有著名的不用"三爷"（指东家家族中的少爷、姑爷和舅爷）的制度，杜绝了任人唯亲。这样，一方面可以在人才的录用和晋升上尽可能实现公平原则，避免"近亲繁殖"；另一方面可以让票号的掌柜和伙计有主人感，从而大大促进了票号的健康发展。票号的任人唯贤主要体现在两个方面：一是吸纳有才能的社会人士；二是内部培养提拔，为有能力者提供内部晋升渠道。同时，实行末位淘汰制，保持一定的人员流动性。

伴随着严格选拔制度的是完善的激励机制、极具竞争力的薪酬福利。票号的薪酬福利包括两部分，一部分是固定收入，从学徒开始，吃、穿、用、度统一由票号供给，并且供给的水平是非常高的，吃的基本可以做到每顿不重样，每顿有肉、有酒，饮食水准远远超过普通人家；穿的夏季为丝绸，冬季为毛料；过了学徒期后，可以定期回家，路费由票号支付。以现代的标准来衡量，相当于配备五星级酒店的餐饮住宿，回家包机票，对于普通人家来讲，这种供给水平本身已经很有吸引力了。学徒期没有辛金（薪金）可以领取，过了学徒期后就开始领工资，工资会随着工作年限和实际贡献上涨，一般伙计的辛金大抵为 10 两银子一个月，而 1 两银子就可以满足当时普通三口之家一年的生活。等工作八九年之后，辛金大抵就可以涨到 70 两、80 两甚至 100 两，当时，一个普通知县一年的俸禄是 45 两，朝廷一品官一年的俸禄也才 180两。票号薪酬的另一部分是顶身股，当工作达到一定年限、工资上涨到一定水平后，就可以获取顶身股。顶身股从 1 厘到 10 厘不等，每个账期结束（3~5 年一个账期）可参与分红，依据身股数可获得几千至上万两白银。从票号薪酬福利的标准可以看到晋商招揽人才的诚意，尤其是顶身股的出现，将伙计的利益与票号的利益绑定在一起，在票号百余年的历史中，大部分掌柜、伙计都兢兢业业，奉献终生。

晋商票号盛极而衰，究其衰落的原因，除战乱导致的时局不稳定外，两个更为重要和直接的原因是实体经济的衰落和官方银行的加入。19 世纪 70 年代，外商在丝绸和茶叶上进行价格战，导致华商的衰落和破产。当时，票号的放款是纯信用贷款，无任何抵押物，因此，丝绸和茶叶商户大范围的破产导致大量坏账无法收回，信用危机迅速蔓延，很多票号因挤兑而破产。另外，由于连年战乱，国库空虚，清政府看准票号的盈利能力，1905 年设立"户部银行"，其后，又成立"交通银行"及一些省办的银行。官方银行凭借其雄厚的资本和政治力量迅速发展，很快就垄断和控制了金融业。历史的轮回总是出人意料的，随着利率市场化，现代商业银行逐渐脱离了政府的保护，面临着越来越激烈的市场竞争。现代商业银行转型升级，必须首先进行由内而外的市场化改革。回顾晋商票号百余年的发展历史，其管理之先进，有许多方面仍值得我们学习。

（资料来源：李萍，有古到今：山西票号的经营模式及启示，https：//weibo.com/p/2304181657237a50102yvkr？comment=1，2017.3.31.）

6.3.2 美国吉列的商业模式

吉列公司的"剃刀与刀片"（Razorand Blades）模式也被称为"饵与钩"（Baitand Hook）模式，或是"搭售"（Tied Products）模式，出现在 20 世纪早期。在这种模式下，基本产品的出售价格极低，通常处于亏损状态；而与之相关的消耗品或是服务的价格则十分昂贵。

金·吉列出身于发明世家，虽然身为一名推销员，但他不忘在工作之余搞些小发明，为此还取得了多项专利。在皇冠柯克西尔公司（Crown Cork & Seal）从事营销工作期间，吉列负责的产品为一次性耗材（用一次就扔掉）。他对"一次性产品"备感兴趣，1895 年的一天，吉列因公出差，在酒店磨剃须刀的时候，忽然灵光闪现："刀片为什么要这么厚？为什么老得磨？如果刀片是一张薄钢片，没多少成本，用一次扔掉不就好了吗？"在当时，剃须刀钝了就得磨，所以刀片通常很厚，因为太薄就没法磨了。想到这里，吉列兴奋不已。然而，这一想法成为现实竟足足花了 6 年时间，因为当时的技术还无法将钢铁轧制成理想的薄片。无奈之下，他只好向麻省理工学院的研究人员寻求帮助，经历了漫长的等待之后，他们终于研制出了理想的薄刀片。

可是，煞费苦心研制出来的可换刀片式 T 型剃须刀，第一年只卖出了 51 个刀架和 168 枚刀片。但是吉列并没有因此放弃，而是通过报纸和杂志加大宣传力度。在他的不懈努力下，第二年吉列终于售出了 9 万个刀架和 12 万枚刀片。到 1918 年，刀架的销售数量已高达 100 万个，而刀片的销售数量更加惊人，达到了刀架的 12 倍，即 1.2 亿枚。吉列的"刀片+刀架"模式终于取得了成功。第一次世界大战期间，吉列的剃须刀被指定为美国士兵的军需用品，从那时起，可换刀片式 T 型剃须刀正式成为美国男人的必备之品。从此商界又多了一种新型的盈利模式。

6.3.2.1 技术专利加速了革新的脚步

随着吉列公司业绩的提升，各种以次充好的仿品都在强烈地冲击着市场，关于专利的纷争已是硝烟四起。吉列一边在专利权上苦苦斗争，一边收购对方企业，企图息事宁人。与此同时，吉列在加大"双重刀片"研发力度的同时，也加快了专利的申请速度。他坚信这是保持竞争力的唯一途径。

专利制度诞生于 17 世纪的英国，根据英国议会制定的《专卖条例》（*Statute of Monopoly*），发明人对新发明和新模式拥有不超过 14 年的专享权。之前，这项权利常常是按照国王的意愿被赋予的，现在终于有了制度上的保障。于是大家纷纷投资创新，最终导致了产业革命的爆发。1771 年阿克莱特发明了水力纺纱机，1796 年瓦特发明了蒸汽机。可以说正是有了专利制度的保护，人们才愿意去投资，才推动了科研的成功，才实现技术向产业的转移。总而言之，专利制度加速了革新的步伐。

和吉列同一时期的托马斯·爱迪生（Thomas Alva Edison，1847—1931），用行动支持这一观点。他不仅拥有各种发明、多项专利，还积极创办公司（GE 公司等），为世人送去了光明。1877 年留声机进入实用化，1879 年白炽灯成为商品。爱迪生正是通过他发明的输电体系和电器设备，让千家万户过上了电气化生活，从而名垂青史。

6.3.2.2 采用"刀片+刀架"模式的商品及由此衍生出来的新模式

关于"刀片+刀架"模式的特点，简单来说就是以低廉的价格出售主体产品，再通过耗材和服务获取长期收益（或更高收益）。这种模式一出现，就被许多商品所采用。例如：打印机+墨水/墨粉（HP）、手机智能机+通话数据费、快速成像相机+专用胶片（柯达）、电动牙刷+可替换刷头（博朗）、家用游戏机+游戏软件（任天堂）、咖啡机+咖啡壶（雀巢）、电梯+维修服务、汽车+车检检修服务（特约经销店）。

与此同时，"刀片+刀架"模式又衍生出了一种新的商业模式，这种模式刚好与"刀片+刀架"模式相反，即以高价出售商品，但后续服务价格低廉，因此该模式也被称为"逆刀片+刀架"模式。苹果公司的 iPod、iPhone、iPad 和 iTunes 等软件的组合就属于这种模式。

吉列成为富豪后，一心想要建一个世外桃源，但屡次受挫。此后，全球经济跌入了低谷，加上权力及专利的斗争，吉列遭受了巨大的损失。1932年，在失意与彷徨中吉列离开了这个世界。不过，吉列公司并没有随之倒下，新一任掌门人一边加大技术研发，另一边加快专利申请，从而保持了公司良好的发展态势。原来的可换式刀片现在已经变成了可替换式刀头，而刀片也由早期的双层刀片变成了后来的3层刀片，进而变成了现在的5层刀片外加背部精修刀……虽然有些人认为"锋速5+1"的刀片数就是个噱头，但完全没有影响它的热卖程度，这种在专利制度保护下的高收益模式如今依然屹立不倒。

"刀片+刀架"模式是金·吉列的创意和刀片制造技术的共同产物，同时，它凭借技术研发和专利制度保持了公司的竞争力，因此，可以说吉列公司也是"专利"模式的先驱者。

（资料来源：［日］三谷宏治.商业模式全史［M］.马云雷，杜君林，译.江苏凤凰文艺出版社，2016：65-69.）

6.3.3　步步高连锁的商业模式

步步高商业连锁有限公司是湖南省首家以商业连锁为唯一主业的上市公司。从一间不足百平方米的门店发展到专注于二、三线城市零售连锁的行业龙头，步步高用了13年。在13年间，这个处于毛泽东故里湘潭的连锁企业怀着志在千里的决心，却始终清醒地使用了一种韬光养晦的方式，一步一个脚印地耕耘在三湘大地上。而今，步步高的连锁门店已遍布湖南、广西主要市州，主营业务包括超市、百货、电器。它能够在强手林立的零售业取得如今的成绩实非偶然，正确的战略、较低的成本及具有执行力的团队是步步高推崇的制胜之道。

6.3.3.1　战略定位：农村包围城市

多年前，步步高董事长王填就已经确立了他的"小草"路线。他认为，在一些大城市都被商业巨头占领的时候，贸然闯入拼个你死我活是非常不明智的，他将步步高比喻为微弱却顽强的小草，坚信小草虽小，但若连成草地，同样可以包围大树。

这种执着而隐忍的态度决定了王填和他的步步高不会贸然进军省会城市，而是将步步高连锁的棋子布满湖南各个县市。公司从湘潭市起步，逐步巩固周边的县（市）、区，并向相邻的株洲、娄底等二、三线城市发展，渐进式扩张。这种农村包围城市的布局战略，优点在于避开了大型城市惨烈的商业竞争而得以保存实力，集中兵力将周边市场各个击破、步步推进。网点的密集和稳固，又为公司带来了成本优势，这一优势同时又促成低价战略，由此反过来促进网点的巩固。确立中小城市作为零售业务的目标市场还有另一个好处，那就是中小城市的经营成本如物业租金及人工成本等较低且便于实施产地采购，这使公司综合毛利率总能保持稳定并逐年上升。

"忽如一夜春风来，千树万树梨花开。"凭着这种战略眼光，步步高一路迅速扩张，截至2019年年底，步步高线下发展实行大西南战略，692家多业态实体门店已遍布湘、赣、川、渝、桂，是湖南、广西零售冠军，年销售额415亿元，拥有员工70 000余名，位列中国连锁百强第20名、中国企业500强。

6.3.3.2 业务发展：多业态组合

方向性的选择后是脚踏实地的建设。在王填的眼里，良好的业态组合可以抗衡大型跨国企业、全国性零售商的大卖场，步步高采取了"百货+电器+超市"的业态组合形式来赢得市场。

步步高在2001年开出了第一家2万平方米的购物中心，开始多业态经营。随后在湘潭二级市场陆续开出了百货中心、生鲜超市、社区超市和专业的百货商场等。目前，步步高已经涉足超市、百货、家电、仓储等多种业态，几乎已经涵盖了目前所有的商业形态。

与业态的布局相呼应，步步高同时投资近3亿元，在长、株、潭三市核心区域兴建大型物流配送中心，面向湖南，辐射华南、西南、华东、华中等区域市场。公司在未来将集中在湖南、江西等省纵深发展，继续扩大和巩固现有区域的市场占有率。

公司的另一个特点是坚持低成本扩张。首先，从门店前期开业筹备阶段就着力使公司开店成本降到最低。如今，步步高已经拥有庞大的连锁门店群和配送中心，但基建长线投入极少，所有店铺都是采用租赁方式或者通过一次性买断经营场地数年使用权的方式，再经过简洁明快的装修后投入使用的，由于其中大部分门店租赁时间较早，使其经营成本下降到了极限。

在与原国有商业亏损企业的联合中，步步高将优势互补原则发挥到极致：步步高注入品牌、资金、管理技术等，安置下岗职工再就业并负担一部分退休职工的退休金，以此来获得原有国营商业亏损企业的经营场地。由于这些原有商业网点大多地理位置好、经营场地大，对其合理改造利用，大大节省了基建费用，缩短了开业营运的时间。不仅如此，步步高还对外再出租一部分卖场用于企业本身不经营的商品和项目，从而进一步降低了场地的租借成本。

另外，公司还通过产业链的延伸以降低经营成本，公司属下的韶丰生态农业园区拥有自己的生鲜、蔬果基地，目前生态农业园区占地300亩，未来发展规模将达到1 000亩。这种经营方式保证了步步高卖出去的商品总是能够在市场中拥有低价格优势，不仅使消费者达到廉价省钱的目的，而且使企业拥有了更多忠实的消费者队伍。

6.3.3.3 客户关系：文化导向准确

世界上最大的连锁零售商沃尔玛在创始之初就将最大可能地向消费者提供最低价位的商品作为经营宗旨。一切以消费者为重的道理虽然简单，却适合每一个希望做大做强的零售商。步步高的管理团队深谙其中精髓，对员工的经营理念教育从未放松。13年来，公司将保证顾客满意的经营宗旨奉为圭臬。

民营企业最大的优势就是体制优势，由于民营企业的经营好坏与它们的股东即民营企业家的利益直接联系在一起，因此，他们比起国有企业的企业家往往更有创业的激情和事业成功后的满足感。步步高正是意识到这一点，及时推行了股权激励政策。步步高投资集团中大多数是步步高的核心管理人员，这些管理人员对公司的发展做出了巨大贡献。给予这些核心管理人员一定股权，使得公司利益和核心管理人员的利益捆绑在了一起，大大激发了这些核心管理人员的工作动力。

中国的零售业需要自己的巨人。正如大家所期待的，将中国人自己的零售企业办好，为老百姓提供服务，为这个行业、为国家做出贡献，一直是王填心中的梦想。在加速规模扩张的同时，步步高正转型为一家数据驱动、线上线下融合的智慧零售企业。目前，步步高拥有数字化会员近 2 000 万人，2020 年数字化会员将突破 3 500 万人。2018 年 2 月，腾讯、京东集团入股成为第二大股东和第三大股东，达成资本和战略层面的深度合作，共同推动中国零售行业的价值链重塑。

（资料来源：石伟，步步高：农村包围城市 快速扩张的区域性霸主，https：//hunan. voc. com. cn/article/20086/20086294338292_3. html，2008-06-02.）

6.3.4　支付宝的商业模式

浙江支付宝网络技术有限公司（原名支付宝（中国）网络技术有限公司）是国内独立第三方支付平台，于 2004 年 12 月创立，是阿里巴巴集团的关联公司。支付宝致力于为中国电子商务提供"简单、安全、快速"的在线支付解决方案。支付宝最初是淘宝网公司为了解决网络交易安全所设置的一个功能，该功能是最先使用的"第三方担保交易模式"，由买家将货款打到支付宝账户，由支付宝向卖家通知发货，买家收到商品确认收货后，支付宝将货款放于卖家账户，至此完成一笔网络交易。

6.3.4.1　发展历程："植根淘宝"到"独立支付平台"

支付宝发展历程大体上经历两个阶段，从最初的"根植淘宝"到"独立支付平台"。与同时期诞生的其他第三方支付平台不同，支付宝一开始只面向淘宝，即与淘宝网购物的应用场景相结合，服务淘宝交易。而后面支付宝独立发展，向独立支付平台转型，支付宝成为电子商务的一项基础服务，担当着"电子钱包"的角色。

根植淘宝阶段（2003—2004 年）：支付宝 2003 年最初上线主要针对淘宝网购物的信用问题，即解决网购用户的需求，推出"担保交易"模式，让买家在确认满意所购的产品后才将款项转给卖家，降低网上购物的交易风险，支付宝根植于淘宝网购物需求，充当淘宝网资金流工具角色。当时支付宝（淘宝旗下的一个部门）并没有什么长远发展目标，只是一款专为淘宝网的发展需要打造的支付工具，解决淘宝网发展的支付瓶颈问题。后面有评论认为淘宝网能够在短时间超越易趣，不仅仅是因为其免费模式，还因为其对买卖双方信用的建立。

反过来，淘宝网的发展为支付宝带来源源不断的用户，2004 年，阿里巴巴管理层认识到支付宝在初步解决淘宝信用瓶颈后，不应该只是淘宝网的一个应用工具，即"支付宝或许可以是一个独立的产品，成为所有电子商务网站一个非常基础的服务"。同年 12 月支付宝从淘宝网分拆，支付宝网站上线，并通过浙江支付宝网络科技有限公司独立运营，宣告支付宝从淘宝网的第三方担保平台向独立支付平台发展。

独立支付平台阶段：2005 年 2 月支付宝推出全额赔付制度，3 月与中国工商银行达成战略合作伙伴协议，在原有基础上进一步加强双方电子商务领域支付领域合作的范围和深度，随后又与农行、VISA 等达成战略合作协议。

但当时网络消费仍处于初步发展阶段，支付宝外部拓展空间有限，淘宝网依旧是其单一客户，这也与支付特性有关，即支付需要在某个应用场景下发生，人们不会无缘无故使用支付宝的服务，也就意味着支付宝的独立发展需要借助整个互联网电子商务的发展。支付宝首先切入的是网游、航空机票、B2C 等网络化较高的外部市场。在电子商务的迅速发展的驱动下，截至 2006 年年底，使用支付宝作为支付工具的非淘宝网商家，如数码通信、游戏点卡等企业已经达到 30 万家以上，支付宝独立支付平台的身份也开始被外界接受。

2010 年 5 月，中国人民银行宣布支付宝、财付通、易宝支付等 27 家公司获得央行颁布的首批第三方支付牌照，支付宝业务范围涵盖货币汇兑、互联网支付、移动电话支付、预付卡发行与受理（仅限于线上实名支付账户充值）、银行卡收单等，这也意味着第三方支付无序状态的结束，新一轮业务深耕的开始。

6.3.4.2　营收来源：主要面向商家收费

支付宝目前分成个人服务和商家服务两种类型。营收上支付宝采取对个人用户免费形成巨大的用户规模，反过来向商家用户收费的模式（现阶段商户在淘宝上使用支付宝不需要费用，由淘宝统一向支付宝支付），具体来讲向商家提供的服务有支付产品、行业解决方案及第三方服务。

①支付产品。支付产品可以分为接口类产品和清算类产品两大类。接口类产品是指将支付宝接口集成到商户网站，主要包括普通网站接口、平台商接口（B2C 或 C2C 模式）；清算类产品无须集成支付宝接口，用于支付宝账户之间、支付宝和银行自建的资金流转，主要包括大额支付款、批量付款等产品。另外，支付宝还向商业用户提供增值服务（支付宝快捷登录等），目前大部分增值服务免费。

支付产品有两种收费模式：一是单笔阶梯费率，按交易额的比例收费，费率由交易额区间决定，如 0~6 万元费率为 1.2%，6 万~50 万元费率为 1.0%，交易额越大费率越低；二是包量费率，是指在包量内只收取预付费，超过包量流量后按每笔交易额的 1.2% 收取服务费，合同有效期为 1 年。如选择 600 元套餐，包量交易额为 6 万元人民币，超出 6 万元人民币后的交易额按 1.2% 收取费用。

②行业解决方案。行业解决方案主要是针对航旅、B2C、物流、网游、保险、海外、缴费、无线、公益捐赠等行业需求而开发的个性化解决方案。例如，针对中小B2C 商户的 COD 专业版（货到付款业务管理平台），商户通过平台向指定的物流公司发送代收货款的发货请求，同时获得代收的货款和运费等资金，最终获得发货回单。

易观国际在第三方支付研究报告中称，行业解决方案的利润分成模式相对较为复杂：行业解决方案针对不同的行业、不同的业务合作模式，采用不同的收费模式和标准，扣除相应的成本，以及和商户共同进行的营销推广成本，形成最终的利润。

③第三方服务。支付宝为商户建造第三方服务平台，进驻的第三方主要包括域名/空间/主机、网站建设软件/系统、网站管理工具等互联网基础服务提供商，为电子商务网站提供类似"水电煤"的基础服务。

④其他业务。随着用户规模的扩大，支付宝也从个人登录页面的显示链接广告和商家在支付宝的营销推广活动中获取一定收益。支付宝还联合建行推出卖家信贷，卖家以应收账款作为担保向建行申请贷款，缓解资金流转问题，贷款额度在 50~5 万元，申贷到还款过程全部通过支付宝网络进行。

另外，支付宝的运行模式必定会导致用户资金部分时段停留在支付宝银行账户上，即产生通常所说的沉淀资金。前面已提到沉淀资金以交易保证金的形式存在于合作商业银行，并受银监会监管，这也限制沉淀资金的商业化用途。但央行颁布的《非金融机构支付服务管理办法》并未明确沉淀资金利息归属问题，支付宝目前也没有将利息收入列入营收范畴。按支付宝方面的说法是："支付宝的沉淀资金利息支付一直挂在应付款项上，既不计入收入，也不计入支出，第三方支付、银行和客户都不能动用这笔资金，这部分资金一直在等待监管层明确其归属。"

6.3.4.3　支付宝主要成本结构

支付宝的成本主要来自平台的维护费用、销售推广费用及银行划款手续费用。平台的维护费用主要是指软硬件设备的购置和升级、员工薪资等，销售推广费用包括支付宝的广告投入（电视门户搜索引擎）和销售返点。至于银行划款手续费用，支付宝的交易涉及用户与支付宝银行账户之间的资金流动。支付宝需要支付缴纳银行划款手续费用，对于千亿级交易额的支付宝，银行划款手续费用是一笔不容忽视的成本支出（支付宝提供的服务一般涉及两次划款：用户银行账户→支付宝银行账户，支付宝银行账户→用户银行账户）。

从 PC 互联到移动互联，再到智能互联，2004 年诞生的支付宝持续创新，拓荒"无人区"，合力推进中国电子支付引领世界。随着中国服务业数字化升级的大趋势，支付宝已经从一个支付工具成长为家喻户晓的一站式生活服务平台。目前，支付宝和数字钱包伙伴共同服务全球约 13 亿用户。支付宝通过持续开放、帮合作伙伴升级等方式，来打造数字生活平台，助力服务业的数字化升级。

（资料来源：WOLA，解读支付宝：支付宝发展历程及商业模式，http：//info.hhczy.com/article/20131120/17374.shtml，2013-11-20.）

6.4　桂商模式

6.4.1　桂商企业模式——广西柳州五菱汽车工业有限公司

广西的五菱品牌诞生于非省会、不沿海的柳州，与长春、重庆、上海、广州、武汉等地并称为中国几大汽车城之一，也是全国唯一拥有一汽、东风、上汽、重汽四大汽车集团整车生产企业的城市。

1969 年 4 月 2 日，由柳州农业机械厂（东风柳汽前身）和柳州机械厂（五菱柳机前身）联合生产的广西第一辆 130 型载货车试制成功，命名为"飞跃"牌，之后更名为"柳江"牌，结束了广西不能造汽车的历史。"柳江"牌汽车被纳入当时政府计划生产的重点产品，逐年批量生产，1969—1980 年期间共生产 7 098 辆。

由"柳江"牌汽车开了先河，柳州乃至广西的汽车工业开始大步向前发展，堪称广西汽车产业代名词的"五菱"逐步登上历史舞台——1981 年，柳州拖拉机厂（由五菱集团前身柳州动力机械厂发展而来）成功研制出国内第一台微型汽车发动机，并促使国家在柳州定点生产微型汽车；1985 年，该厂正式更名为柳州微型汽车厂，转产微型汽车，"五菱"商标正式启用；1996 年，柳州微型汽车厂完成公司制改造，柳州五菱汽车有限责任公司（简称五菱集团）成立；1998 年，五菱集团微型汽车产销量达到 10 万辆，取得国内微车行业产销量第一的业绩……

2002 年对五菱乃至广西汽车行业而言，都是具有里程碑意义的一年。当年 6 月，五菱集团与上海汽车集团股份有限公司、通用汽车（中国）公司合作，成立我国汽车行业首个"中中外"三方合资企业——上汽通用五菱汽车股份有限公司。自此，一个五菱裂变为"两个五菱"：上汽通用五菱和五菱集团。

五菱集团先后重组设立柳州五菱汽车联合发展有限公司、柳州五菱专用汽车制造有限公司及柳州五菱柳机动力有限公司等多家专业生产企业，加快产业结构调整，零部件、发动机、专用车业务实现规模化协同发展。2015 年，五菱集团由国有独资企业转为国有控股的混合所有制企业，并更名广西汽车集团有限公司。

而上汽通用五菱陆续推出宝骏 560、310、510 等燃油车，以及宝骏 E100、E200 等新能源汽车，目前拥有柳州河西总部、柳州宝骏基地、青岛分公司和重庆分公司四大制造基地，形成了南北联动、东西呼应的发展新格局。

在上汽通用五菱、广西汽车集团马不停蹄向前冲的同时，老车企——东风柳汽也进入发展的快车道，钦州力顺、广西华奥、玉柴机器、桂客集团、柳州乘龙、一汽柳特、重汽运力、广西源正等 300 多家广西车企也陆续走上赛道，使广西形成包含载货汽车、客车、乘用车、车用内燃机、汽车零部件等较为完整的汽车产业格局。

以史为鉴，这家公司的发展变化蕴藏着桂商企业发展的文化与智慧。

6.4.1.1 客户细分，精准发力

广西柳州所产五菱车，在网上以"网红神车"著称，是中国乃至全世界价格最便宜、销量最大的微型车之一。它不以华美、精良、高级、贵重炫人，但它的性能很好，特别是"宏光 S"等型，耐摔磨、能爬山，能走乡道毛坯路，无须太讲究，走崎岖、陡峭、弯多、狭窄的山路比大多数小轿车还强，爬得又快又稳，所以被大家戏称为"秋名山神车"。其实它就是为满足大多数普通消费者需求，为他们实现很容易就能实现的"小车梦"，立足广西和各省市区的广大老百姓，走最低端路线，很快成名，风靡车市，并远销到了全世界的各个角落。

五菱公司以"造百姓喜爱的车"作为企业经营理念，坚持简单化、低成本制造方式，打造最广泛的百姓喜爱的微型汽车。该公司拥有以冲压、车身、涂装、总装为主体的现代化生产格局。目前微型汽车年生产能力逾 100 万辆，所产五菱汽车全部达到欧洲 I 号排放标准，大部分达到欧洲 II 号排放标准。

作为家用汽车，五菱品牌早期产品被老百姓亲切地称为"高顶篷"面包车，以功能层面为主，如扎实耐用、空间宽敞等；同时也蕴含了情感利益，如踏实、节俭、勤奋等。

该公司合资后推出的一系列新车型，延续了品质诉求，同时相关子品牌又各具特色。如当家花旦客货两用车型"五菱之光"的口号是"实现新期望"，在原高顶篷基础上改进车型"五菱 6360"的口号是"事业生活好帮手"，货车"小旋风"的口号则是"大有可为"。

这些口号的宣传，结合典型使用者形象以各种形式（包括线上广告、终端物料等）出现，共同传递出品牌鲜明的个性信息，都与五菱汽车目标受众——生活逐步好转、渴望致富、希望事业取得进一步成功的群体——的关注重心极为吻合；而这些使用者的形象，又反过来丰富和强化了五菱汽车的品牌个性。

6.4.1.2 价值主张，助力创业经济

柳州成为全国网红城市，柳州螺蛳粉吸引无数人前来打卡，五菱工业联名连续三年获得天猫核心平台螺蛳粉类目销售第一的螺蛳粉品牌——"好欢螺"，在原有的基础上对汽车产品进行优化，重点打造助力柳州螺蛳粉和新能源汽车相结合的介质，让新能源微型卡车更适宜摆摊销售柳州螺蛳粉，在窑埠古镇等网红打卡点一次次出摊，吸引众多"嗦粉"人围观、点赞！在发展好"地摊经济"的同时，也能提升柳产新能源汽车的销量。

在用"地摊经济"带动城市烟火气，恢复和提振消费的基础上，广西汽车集团所属五菱工业积极响应号召，不断迭代升级原有产品，在原有爆火的"五菱翼开启售货车"的基础上，第二代国民创业新物种——C型可站立售货车已经上市销售，助力"南宁之夜"和柳州网红城市建设。

除了螺蛳粉车，五菱C型可站立售货车可根据不同场景设置定制化车型，现场煮粉、制作冰激凌、调制奶茶、激情烧烤……为小本创业提供无限可能和极致便利。随着时代的变化，现代化的摆摊工具——一款正规的售货车，让城市小摊更安全、整洁、有序，为地摊经济再添一把火，共同助力国货品牌创新发展，打造高品质创业经济。

6.4.1.3 渠道通路，逐梦全球

五菱新能源公司自创立之初，就以全球化的视野和雄心，将海外市场作为其核心竞争力之一。公司成功进军北美、日本市场和欧盟市场，并且取得了令人瞩目的成绩，将中国的优秀新能源汽车品牌推向更广阔的舞台。

为了能够在这个竞争激烈的市场中脱颖而出，五菱新能源公司精心研发了适合各地区市场的车型。各类车型不仅拥有出色的性能和环保性能，车辆还兼具环保性和经济性，为用户提供了更安全、更舒适的驾乘体验。

五菱新能源公司的成功离不开全体员工的努力和清晰的企业定位。在新能源汽车市场中，五菱新能源公司致力于成为新能源行业细分市场领先者，赋能美好生活。公司秉承这一使命，通过与海外合作伙伴的合作，不断扩大其产品在全球范围内的影响力。五菱新能源公司跟随公司海外市场战略的指引，以高品质的新能源汽车和出色的服务赢得全球用户的信任和支持。同时，公司积极响应全球可持续发展的趋势，洞察用户需求，不断推动技术的进步。

中国五菱响应国家"一带一路"倡议，结合全球化战略，加速全球化布局，为全球用户带来了时尚代步新选择。秉持"人民需要什么 五菱就造什么"的初心，中国五菱成为新能源车领域的佼佼者。不仅快速推动了中国新能源汽车产业走向全球，更引领了全球新能源代步车高质量发展。

6.4.2　桂商经营模式——广西绿岛阳光餐饮投资管理有限公司

想必大家都知道川菜、粤菜和湘菜，是否听说过"桂菜"呢？广西菜属于较为小众化的菜式，在许多消费者心目中，广西的美食仅限于螺蛳粉和桂林米粉。自从有了桂小厨后，不少消费者对广西这个没有存在感的地域文化有了更为全面的认识，也真正了解了广西的美食到底是怎样的。

桂小厨前身叫"绿岛阳光"，在广西本地是一个家喻户晓的餐饮品牌。而其可贵之处在于，它开创了"桂菜"这个新式菜式的概念。在 2008 年，绿岛阳光提出了"桂菜"这个概念，而接下来的一系列动作，也旨在让广西菜真正走向全国。在 2015 年，绿岛阳光正式更名为桂小厨，以品名更加直接地向消费者传达出"桂菜"的概念。作为广西美食的发掘者，桂小厨将广西具有当地特色的食材和菜品带到了消费者的餐桌上。对于习惯了椰子鸡、水煮鱼等传统川湘粤菜的消费者来说，巴马香猪、邕城老友鱼、小刀鸭等独具一格的菜品是他们没有见过的。而这些菜品在广西当地是老百姓家喻户晓的寻常美味，对于广西美食文化的传播，桂小厨走出了坚实的一步。

作为桂菜的代表，桂小厨在经营模式上也有自己的风格。

6.4.2.1　客户关系，优质服务

桂小厨打理客户关系的第一招就是通过这种无微不至的服务赢得顾客的认可，为口碑传播奠定了良好的基础。

首先是餐厅店面的设计。走进桂小厨店内，餐厅拥有的广西苗族文化特色的吊脚楼、竹背篓等元素让消费者体会到了浓浓的苗族文化氛围。在整体空间打造上，桂小厨采用抽象的艺术表达方式，将传统的广西民族特色融入其中，让消费者在享受美食的同时，能够体会到广西文化所带来的视觉冲击力。

其次是桂小厨的候餐区域。顾客在大屏幕上能看到最新的座位信息，在等候时还有免费水果、饮料等服务。众多的娱乐方式消除了消费者在候餐时内心的焦虑。就餐的时候，各种餐具及调料摆放得非常整齐，并有专人不断清洁整理。用餐过程中，服务人员态度和蔼、语气柔和，其会注意顾客闲谈中的一些关键信息，例如家里小孩的性别，等顾客准备离店时会送上小礼物。

桂小厨打理客户关系的第二招就是针对不同客户群有不同的价格策略。对企业认可度和忠诚度较高的客户，桂小厨利用买方仰慕该品牌的心理特点制定较高的定价，通过优质的服务让消费者觉得钱花得值。而对大学生群体，在就餐非高峰期会给其提供诱人的折扣优惠。这样的消费折扣能够刺激并拴住顾客的消费欲望，使他们成为回头客。

桂小厨通过全面优质的服务、针对性的价格策略等处理客户关系，维持好与客户的关系，使其不仅仅成为一个提供吃饭的地方，而且也让消费者步入了一段广西文化的旅程，继而赢得消费者的良好口碑。

6.4.2.2　收入来源，取财有道

广西绿岛阳光餐饮投资管理有限公司旗下拥有"桂小厨""大头椰椰子鸡火锅"

"鱼上烤鱼"和战略合作伙伴"物只卤鹅"等几十家餐饮品牌门店，这些品牌餐厅分布在全国各地，致力于餐饮文化的创新，以优质的服务、新鲜的食材为消费者带来"身处他乡，味在家乡"的广西味道。比如桂小厨餐厅，以"找回广西味道，留住民间厨艺"为使命，十几年来全力发掘广西各地的好食材和特色菜。为了做出最地道的广西菜，桂小厨团队常常深入广西各地乡村，寻找好食材，通过地道的民间手艺，做出人们喜欢的菜。桂小厨成为很多游客的必吃餐厅，是很多广西人招待亲朋、日常聚餐的首选。顾客的选择，使桂小厨成为"广西菜代表品牌"，直营门店数量、年就餐人次都已遥遥领先。目前在全国共有 18 家门店，分布在南宁、上海、深圳、福州、温州、厦门等城市，快速扩张，吹响了桂系餐饮征战外省的号角。同时，面对数字技术的发展，餐饮线上线下对接是一种必然的趋势，现在桂小厨有意识地朝着数字发展做转变，在美团、饿了么、美味不用等、大众点评、支付宝、微信等平台进入广西时，就成为合作伙伴。此外，也把充电宝等共享经济产品引入门店，提供租赁服务，希望能更好地满足客人的需求。基于多品牌、多业务的发展战略，桂小厨迈着朴实而坚定的步伐，在商业的洪流中不断成长，历经风雨而更加璀璨。

（资料来源：https：//mp. weixin. qq. com/s/4oHrBKWxsOmR9PO2YicJUQ）

6.4.3　桂商产业模式——广西玉柴机器集团有限公司

从 1995 年开始，广西玉柴机器集团有限公司一直是中国最大的内燃机生产基地。脚踏实地、实事求是，以低廉的价格、众多的小规格机械不断满足国内外市场大多数普通消费者的需要，通过发挥在管理、生产、研发、营销、服务、外联等方面的优点、特色，逐步发展起来。

6.4.3.1　关键资源，立足优势

20 世纪 70 年代，国内汽车市场开始逐渐升温。全国各地都新建了属于自己的汽车制造厂，汽车发动机的市场需求量巨大。为了自身的良性发展，玉柴开始一系列调整工作。当年 6 月 22 日，自治区政府决定，将玉林动力机械厂改名为玉林柴油机厂。

1979 年，玉柴放弃仿制日本丰田柴油机的想法，转而试制 6105Q-1 型车用柴油机；并于次年 4 月 30 日完成对样机的总装，5 月 5 日顺利启动运转。

6105Q 型柴油机的诞生意义非凡，它结束了玉柴以往只能生产农具、加工机械零件的历史，直接将其推进汽车零部件生产行业。该机型也接替了 2105 型柴油机，在此后相当长一段时间内成为玉柴的主力机型。玉柴正式进入车用柴油机市场。

20 世纪 80 年代，在全国经济体制改革浪潮推动下，玉柴于 1985 年决定将自身改革再次扩大。改革主要集中于三个方向：一是改革领导体制，实行厂长负责制；二是积极进行干部制度和分配制度的配套改革；三是建立横向经济联合，走外引内联的道路，增强企业实力和应变能力。

在此期间，玉柴还在 6105Q 型柴油机的基础上开发出 6105QA 型直喷式柴油机。该机型的诞生，开创了直喷式柴油机时代，也奠定了玉柴发展的基础。

进入 20 世纪 90 年代，玉柴的改革步伐明显加快了节奏。1992 年，玉柴实行股份

制改革，并于同年 8 月基本完成改制工作。

6.4.3.2　关键活动，技术赋能

在国内发动机行业市场春寒料峭、形势严峻的背景下，玉柴传来了一个好消息——自主研发的非道路用 IE-Power 农机新能源动力成功配套五征、沃得、凯尔、铠特、英轩、柳工等国内一线品牌拖拉机主机厂，并实现整车标定调试，田间作业验证，获得客户较高评价。

2021 年 10 月，玉柴率先发布了我国首款国产 IE-Power 拖拉机电驱无级变速动力总成，在新能源领域抓住先机，引领国产农业机械动力走向大型高端智能化。这是由玉柴集团 70 多人组成的技术团队经过一年多的反复试验，才成功研发出来的。它打破了国外技术垄断，填补了国内空白，成为中国首款农机电驱无级变速动力总成。搭载该款新能源动力的重型拖拉机可实现"田间作业"和"道路行驶"双模式运行，全程无级调速，作业效率提升 15%。同时较柴油动力节油 15%，电机传动噪声小、舒适性好。采用该动力系统，还可以实现拖拉机辅助驾驶、无人驾驶等，十分智能，推动了农机行业智慧升级。

2021 年 12 月，玉柴成功研制出中国首台面向城市客车、市政、环卫、物流配送领域的燃氢发动机 YCK05H，带动中国内燃机行业进入了零碳能源动力系统赛道，也拉开了我国商用车用燃氢发动机研发的大幕。

铆足干劲，开局就跑出了"加速度"。玉柴海外市场非道路用和客车发动机出口实现"开门红"，其中工程机出口销量同比增长 47.5%，农机出口销量同比增长 141%，客车动力出口订单同比增长 180%。

玉柴秉承坚持做强动力系统主业，用持续的科技创新不断夯实核心竞争力。加大对新型发动机的研发，加快绿色高质量发展。抢抓 RCEP 重大机遇，扩大海外市场开拓，并探寻开展产业链相关的境外投资机会，在"十四五"末实现汇总销售收入超过千亿元的目标。

（资料来源：https：//mp.weixin.qq.com/s/OE9b475Rn4Avz4SBwP300Q）

6.4.3.3　关键伙伴，合纵连横

在 1992 年，几乎在完成股份制改革的同时，玉柴与美国福特公司签订了总价值 1611 万美元的购销合同，由此获得了福特公司在巴西设立的柴油机厂价值 1.2 亿美元的生产设备及全套产品的工艺技术。这为玉柴后期生产重、中、轻型柴油机奠定了坚实基础。

玉柴还先后从德国虎威公司（柴油）、奥地利李斯特公司（柴油）、美国伊肯公司（天然气）引进相关动力系统的设计，然后再按照本厂工艺生产，进一步巩固自己的实力。

1993 年 4 月底，经国家外经贸部审核批准后，玉柴与 5 家境外投资公司签署外资股认购合同，并于同年 5 月 24 日领取"玉柴机器（中外合资）股份有限公司"营业执照，成为当时全中国最大的中外合资股份有限公司。

次年，在经历了 7 个国家、16 座城市、48 场巡回演讲之后，玉柴于此年 12 月 16 日成功在美国挂牌上市。1995 年 8 月，玉柴被第 50 届国际统计大会中国组委会、国家统计局、中国技术进步评价中心联合命名为"中国最大内燃机生产基地"。

　　我们完全可以用"巨变"二字来形容玉柴在世纪之交的飞速发展步伐：1984年柴油机年产量仅为1 000台，1997年达到5万台，2008年跃增至55万台。玉柴还自主研发了中国首款世界上体积最小的1.2升①、1.3升排量微轿柴油发动机，既填补了民族制造业的空白，又为自己赢得了巨量客户、收入、效益。这种小型发动机适合携带、价钱便宜，非常好销。

本章小结

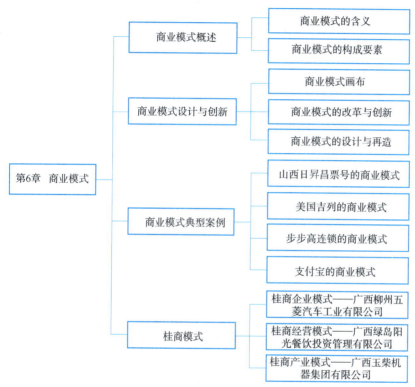

理论自测

理论自测

□选择题

1. 成功的商业模式特征包括（　　　）。

A. 具有独特性和创新性　　　　　B. 商业模式是难以模仿的

C. 成功的商业模式是脚踏实地的　D. 成功的商业模式具有可复制性

2. 商业模式的构成要素包括（　　　）。

A. 客户定位　　　　　　　　　　B. 盈利模式

C. 关键资源能力　　　　　　　　D. 企业价值

3. （　　　）公司基于目标客户群体的需求，研发出"秋名山神车"。

A. 广西玉柴　　　　　　　　　　B. 广西三金药业

C. 广西南方黑芝麻　　　　　　　D. 广西五菱

---

① 1升＝1立方分米。

4. 桂小厨通过（　　）来维系客户关系，提升服务。

A. 餐厅店面设计　　　　　　　B. 价格

C. 优质食材　　　　　　　　　D. 地道民间厨艺

5. 关于广西玉柴集团描述正确的是（　　）。

A. 业务发展只在国内市场　　　B. 研发新能源汽车

C. 拒绝改制　　　　　　　　　D. 中国最大的内燃机生产基地

□判断题

（　　）1. 便利店，大到超市、商场、企业都有各自的商业模式。

（　　）2. 玉柴集团与美国福特公司合作，获得了福特公司在巴西设立的柴油机厂价值1.2亿美元的生产设备及全套产品的工艺技术。

（　　）3. 商业模式的核心意义在于"模式"。

（　　）4. 商业模式就是描述与规范了一个企业创造价值、传递价值以及获取价值的核心逻辑和运行机制。

（　　）5. 桂小厨将充电宝等共享经济产品引入门店，提供租赁服务，以此来拓宽收入来源。

□理论自测步骤

1. 学生打开智慧职教慕课平台 https：//mooc.icve.com.cn/cms/index.do。

2. 平台首页输入"桂商文化"查询，加入课程学习。

3. 在限定时间内完成测试。测试完毕，系统自动评卷。

应用自测

应用自测

（一）总体要求

根据本章节学习的内容，选择一家广西企业，从客户群体、价值主张、渠道通路、收入来源、核心资源、关键业务、重要合作、成本结构九个关键模式绘制商业模式画布。

（二）自测目标

1. 加深学生对商业模式画布的理性理解；

2. 让学生对九个关键模块有进一步的认识；

3. 训练学生搜集、归纳、整理信息以及呈现展示的能力。

（三）背景资料

通过课程学习，同时利用网络、报纸、图书等方式，搜集商业模式特别是广西企业的九个关键模块相关资料，完成应用自测要求。

自我评价

学习成果	自我评价
我已经理解商业模式的含义	□很好 □较好 □一般 □较差 □很差
我已经理解商业模式的构成要素	□很好 □较好 □一般 □较差 □很差
我已经掌握商业模式画布的使用	□很好 □较好 □一般 □较差 □很差
我已经理解商业模式的创新	□很好 □较好 □一般 □较差 □很差

第7章

商业转型

厚积薄发　与时俱进

教学说明

 引导语

　　改革开放 40 多年来，中国商业实现了历史性跨越，商业体制改革、粮食体制改革、农村商业体制改革、经营理念创新、商业科技创新，一次次改革创新都为改善民生做出了积极的贡献。经历了原始积累、初步成长等阶段，目前中国商贸业正步入全面提升的发展阶段。近年来，国际国内商业发展宏观、微观环境日趋复杂，各种各样的技术创新导致市场格局快速转变，倒逼商业企业转型升级。关于转型的词汇非常多，例如，"互联网+""大数据""人工智能""数字化"……转型早已不是新鲜词。未来几十年，商业转型是一个持续的热点话题。企业只有不断改变、不断创新、创造价值，才能生存，转型不是一个阶段性的任务，而是长期的、持续的过程。本章将介绍商业新生态、商业经济转型发展和商业企业转型路径等内容，回顾过往，立足当下，展望未来。

 学习目标

导学单

◎理解经济、技术、消费等商业新生态；
◎掌握商业企业产品层、组织层、产业层转型路径；
◎了解我国社会经济结构的变化趋势；
◎培养创新意识和创新思维，培育转型升级发展的经营智慧。

7.1　商业新生态

　　在当今快速变化的市场环境下，商业模式的创新是企业保持竞争优势的关键。为了实现商业模式的创新，企业需要有效整合资源，构建创新生态系统。通过创新生态战略，企业可以实现资源共享、优化利用，提高创新能力和创新速度，从而获得持续的竞争优势。

　　要实现商业模式的创新，企业必须有效整合资源，包括人力资源、技术资源、市场资源等，以支持新模式的实施和推广。

　　一方面，企业需要明确创新的目标，并制定相应的策略。通过深入了解市场需求和竞争对手的优势，企业可以找到切入点并制定创新方向。同时，借助内外部资源的整合，企业可以从各个环节获取所需的知识、技术和资金支持。

　　另一方面，企业需要构建创新生态系统。创新生态系统是由企业内部和外部的各种参与者组成的创新合作网络，包括供应商、合作伙伴、客户、科研机构等。企业可以通过与这些参与者的合作，共享资源、共同创新，推动商业模式的创新和转型。

7.1.1　经济新常态——数字化新桂乡

　　数字经济是继农业经济、工业经济之后的主要经济形态。习近平总书记强调，要推动数字经济和实体经济融合发展，把握数字化、网络化、智能化方向，推动制造业、服务业、农业等产业数字化，利用互联网新技术对传统产业进行全方位、全链条的改造，提高全要素生产率，发挥数字技术对经济发展的放大、叠加、倍增作用。数字经济不仅是实现全社会政务和行业大数据的汇聚、融通的新工具，也是助推广西社会经济高速发展的新引擎、新动能。

经济新常态，打造数字化新桂乡，可以赋能广西经济的高质量发展，为桂商企业持续发展提供新动力。

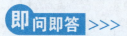

"数字经济"是继农业经济、工业经济之后的主要经济形态？
A. 是　　　　　　　　B. 不是

 资料卡 7-1

数字化助力桂乡新发展

疫情期间，广西推出"健康码"系统，用红、黄、绿三种颜色区分需隔离、需重点关注等不同人群。运用大数据手段，为复工复产复学提供方便快捷的电子"通行证"，这离不开近年来广西大力推动数字经济发展，对数字与政务、生活、产业等领域深度融合的探索。

（资料来源：编者整理）

要了解经济的新常态，可以通过以下三个方面来进行：

①数字化促进经济的新发展：在"爱南宁"智慧城市无人便利店，摆放着零食、饮料、广西本土特产等商品。便利店没有收银员，取货、付款均由市民自己完成。市民经过人脸识别进店，挑选商品，到结算台支付，即可提货离店。

②数字化便利了市民的生活：近年来，广西推进新型智慧城市建设，通过整合政务、产业、民生等数据资源，打破"信息孤岛"，推出了一批智慧应用。

在南宁，只需一个"爱广西"App上的二维码，便可实现坐地铁、乘公交、逛景区等多项功能，享受"一码通城"。此外，在该App上，市民还可享受到自治区级和14个地市"一事通办"等便捷服务。通过数字化程序，整合社会资源，实现可持续发展的新产业模式，营造生产型服务业智慧生态圈。

③数字化提高了企业的管理：疫情期间，为确保产业链供应链稳定，广西汽车集团使用大数据、人工智能、云计算等数字技术，自主研发了企业服务总线监控平台，实现供应商供货、工厂生产、客户配送等全流程信息化、数字化管理。每件产品处于哪个流程、每个订单完成得如何、买卖双方产品交付对账业务等报表内容，在平台系统中都能一目了然。数字化的运用大大提高了企业生产的效率，降低了成本。

资料卡 7-2

知识链接

数字新时代下的桂林

桂林市作为中国著名国际旅游目的地，一直有"桂林山水甲天下"的美誉，吸引了全球各地的游客。

为破解"散居外国人住宿登记管理工作""重大活动涉外安保工作""高校外国留学生动态管控工作"三个基层外管难题，桂林公安出入境管理部门先后研发了"外管易""外事通""校境通"三个应用，实现了全程动态管控。

通过"外管易"，任何接待国外游客的企业和个人都可以借助手机终端实现自动填写国籍、姓名等信息的功能，解决了散居外国人住宿登记难、证件识别难、语言沟通难等问题。而"外事通"和"校境通"则对参与外事活动的人员和留学生身份识别提供了高效解决手段，在环广西公路自行车世界巡回赛、桂林国际马拉松等重大涉外活动安保工作中发挥了重要作用。

（资料来源：编者整理）

7.1.2 技术新高度——桂粉

技术是指人类在实践中不断积累的经验、知识和技能。在新经济背景下，技术创新能使企业增加收益，改善市场状况，增强企业的竞争能力。不懈的技术创新能连续提高企业的环境适应能力，增强企业的竞争优势，为企业创造更高的价值。

技术创新不仅能促进经济增长，还能对整个社会和经济结构起到协调作用。从历史发展过程看，技术创新与进步必然影响经济结构的改变。例如农业技术的发展带来了第一次大的产业结构变化。纺织机械和蒸汽机的发明，导致人力劳动被机器代替，带来了第二次大的产业结构变化。电子计算机技术的产生使得信息业得到快速发展。

　　在技术创新方面，敢与时俱进的桂商人也不甘落后。在柳州市政府的大力推动下，当地企业抓住契机积极发挥引领作用，助力产业向智能化、数字化的高质量方向发展。投资建设螺蛳粉生产工厂，以共同研发或引进智能装箱机器人等自动化专业设备的方式，对生产线进行数字化升级改造，到 2021 年柳州螺蛳粉产业获得各种科技创新专利 111 件，全面提升了柳州螺蛳粉质量检验中心检验检测能力，检测项目可达 2 371 项，检测能力覆盖柳州螺蛳粉全产业链 90% 以上，给传统的螺蛳粉产业装上了创新的科技引擎。

■柳州螺蛳粉

 资料卡 7-3

▶▶

技术创新助螺蛳粉"臭"遍全国

　　在广西，说到螺蛳粉可谓是家喻户晓。最早，螺蛳粉只是柳州路边摊上的一种美食。据说，当时柳州的夜市刚刚兴起，柳州人嗜吃螺蛳和米粉，不少食客在吃米粉的时候有意无意要求在米粉里加入鲜辣的螺蛳汤。久而久之，夜市摊主们有样学样，慢慢形成了现在柳州螺蛳粉的雏形。

　　但是有一个问题困扰着广西企业，那就是如何让美味的螺蛳粉走出广西，走向全国。

　　2012 年的春天，螺蛳粉第一次进入了大众视野。电视片《舌尖上的中国》的第一集中，螺蛳粉和柳州酸笋一起"出道"，瞬间让大江南北的食客都认识了柳州的这种特色美食。

　　2014 年。柳州第一家预包装螺蛳粉企业注册，螺蛳粉产业化迈出了第一步。自此，螺蛳粉从街边小吃走向企业化经营，米粉制作工艺、物理杀菌、真空包装等技术陆续引入生产，同时也将螺蛳粉以"互联网+快递"的形式带出柳州。螺蛳粉开始往标准化、品牌化、规模化方向发展。

　　在这之后，柳州提出用工业化理念来谋划和发展螺蛳粉的战略构想。柳州螺蛳粉进入了工业化生产、袋装速食的时代。

2016年，柳州市政府公布了柳州螺蛳粉地方标准。企业生产的预包装螺蛳粉如果不符合该标准，就不能以"柳州螺蛳粉"作为产品名称。这些标准对螺蛳粉的产品分类、原辅料的技术要求、企业生产加工的过程要求、检验方法和包装标识等方面都做了详细规定。产业的标准化、规模化发展对柳州螺蛳粉品牌形成提供了有力支持。

通过标准化生产和地理标识塑造，螺蛳粉已经形成了比较统一、具体的产品形态，消费者能够认识到什么才是正宗的螺蛳粉。

在位于柳州螺蛳粉产业园的某食品公司智能化车间里，由螺蛳粉生产企业自主研发或联合开发的螺蛳粉生产设备，涵盖了螺蛳粉生产的各主要关键环节，在车间传送带上一台台智能机器人在各自的"岗位"打包、装箱、运输……技术的创新不仅为企业节省人力，还提高了工作效率，使企业效益大幅提升。

同时，柳州政府还以柳州螺蛳粉产业核心示范区为创新试点，大力推广"稻+螺+渔"的共生共养模式，"稻—豆—葱""椒—豆—菜"等轮作种植模式，"菌—菜—竹"高效生态循环种植模式的应用，推进种养模式多元化，实现土地资源的高效利用，并开发螺蛳粉原材料智慧农业系统和龙翔云柳州螺蛳粉大数据平台，推广应用智能农业技术，变"靠天吃饭"为"智能控制"，实现螺蛳粉全产业链"生产—加工—销售"全程数字化、可视化、可追溯。

2021年4月26日，习近平总书记在广西柳州螺蛳粉生产集聚区进行考察调研时说："小米粉大产业，民营企业敢于闯，在螺蛳粉方面闯得通。我们鼓励民营企业发展，党和政府在民营企业遇到困难的时候给予支持，遇到困惑的时候给予指导，所以我们民营企业放心大胆地发展。"

正是科技的创新，以及桂商企业对"味"不懈的追求。使螺蛳粉从"小米粉"发展成"大产业"。

（资料来源：编者整理）

7.1.3　消费新趋势——桂茶出乡

人们的健康观念日益深入，健康意识和健康素养也在不断提高，家庭健康消费作为一种新的消费已走进大多数家庭。据《2020新健康消费趋势报告》，年轻人是当下健康消费的主力军。平均每位城市常住居民年均花费超过1 000元用于健康养生，18~35岁的年轻消费者占比高达83.7%。

后疫情时代，新消费、新业态、新商业模式正在改变人们的生活，同时，新业态新模式推动下的新供给也在助力市场激活消费者的需求。

而现今消费者新趋势，可以概括为：

第一，健康消费越来越受消费者的重视。由于健康意识和健康素养不断提高，过去很多人认为自己没有生病就是身体健康，如今这种"粗放型"的健康理念已经过时了。除了"不生病"，人们往往追求的是好的生活品质，它包括让身体更强健、更具活力，因此"熬夜水"、按摩椅、无糖饮料、养生茶深受年轻消费者的喜爱。

茶作为年轻消费者健康消费的首选品受到追捧，而作为产茶历史悠久的广西，更是受市场青睐。广西地处祖国南疆，生态环境好，气候条件佳，独特的地理环境和适宜的气候，使广西自古就是产茶区，唐代陆羽撰写的世界第一部茶叶专著——《茶经》早有记载，"岭南产茶地集中在福州、建州、韶州、象州"，象州即为今广西象州县。

近年来，广西商务厅积极贯彻落实自治区人民政府"桂品出乡"行动计划，组织开展了一系列活动，推动"桂茶出乡"战略实施，打造广西茶叶"新名片"，让梧州六堡茶、横县茉莉花茶、桂平西山茶、横县茉莉花茶、凌云白毫茶、昭平茶、三江茶等一系列"养在深闺人未识"的壮乡好茶，逐渐走出"深闺"，走向全球。

第二，新奇、好玩、潮流、独特性已经成为新时代年轻人的消费新趋势。新时代的年轻人成长于信息爆炸式增长的时代背景下，经受多元化的文化熏陶，思想前卫，个性张扬，独立自信，对新事物的包容性强且要求更高，有着立体鲜明的人群特征，例如盲盒、种草、国潮、球鞋等已成为新一代消费者的标签。

面对新一代消费者的消费新趋势，广西积极探索茶产业与观赏性盆栽、食品、餐饮、医药、体育、康养等领域的跨界"联名"。

茉莉精油、茉莉糕点、茉莉月饼、茉莉香包……广西最具价值的农产品品牌——横州茉莉花（茶）不断拓展各类衍生品，线上线下均受到消费者的热烈追捧。尤其值得一提的是，茶企联手国内知名饮品店推出以茉莉花茶为茶基底的新式茶饮，如"撞撞宝藏茶"将茉莉花茶与水果、冰博克厚乳等创新元素融合，"满庭芳·茉莉轻乳茶"将茉莉花茶搭配新鲜牛奶等，广受新时代消费者的热捧。

第三，文化旅游已成为旅游首选。广西在重点产茶区打造综合性生态观光茶园，鼓励龙头企业流转茶园、建设茶园，吸引消费者成为"茶园主"，并在自治区层面重点打造"茶船古道"等文化旅游经济带观光项目，以及内容丰富、形式多样的茶文旅活动，形成个性化、特色化的旅游定制服务，不仅满足了新一代消费者需求，还推动了农旅融合发展。

同步训练 >>>

> 判断题：新消费、新业态、新商业模式正在改变人们的生活，年轻人的消费正在朝个性化、独特化的趋势发展。
> A. 正确　　　　　　B. 错误

7.2　商业经济转型发展

社会是不断进步的，时代是不断发展的，市场是不断变化的，消费者的需求也是不断在变化的。若一个企业满足不了消费者的需求，不能跟上时代的步伐，必将被市场淘汰，从消费者眼中消失。只有懂得随市场改变不断进行改变的企业，才能在市场中获得永恒的生命。

7.2.1　经济结构——传统与现代的碰撞

7.2.1.1　经济结构变化的三个阶段

中华人民共和国成立后先后经历了社会主义革命和建设时期、改革开放和社会主义现代化建设新时期、党的十八大以来的中国特色社会主义新时代。

①社会主义革命和建设时期。

中华人民共和国的成立意味着在辽阔的中国大地上，彻底结束了帝国主义、封建主义和官僚资本主义的反动统治，中国人民从此站起来了。这为当时的发展奠定了根本政治前提，中华民族走上了实现伟大复兴的壮阔道路。

1953年党中央提出过渡时期总路线，到1956年基本完成三大改造，成功实现了中国历史上最为广泛而深刻的社会变革。中国共产党领导全国人民进行了全面的社会主义建设，对适合中国国情的社会主义建设道路进行了艰辛探索。

②改革开放和社会主义现代化建设新时期。

1978年12月党的十一届三中全会召开，开启了改革开放和社会主义现代化建设新时期。我们党成功开创了中国特色社会主义。党的十二大提出建设有中国特色的社会主义的重大命题和"小康"战略目标，改革开放由此全面展开。党的十三大确立了党在社会主义初级阶段的基本路线，确定了"三步走"战略。

从1992年党的十四大确立社会主义市场经济体制改革目标，到2012年11月党的十八大召开，这是我国改革开放取得重大进展的一个阶段。党的十六大后，进入全面建设小康社会、加快推进社会主义现代化的发展新阶段。

③中国特色社会主义新时代。

党的十八大以来，以习近平同志为核心的党中央带领全国各族人民，统筹推进"五位一体"总体布局、协调推进"四个全面"战略布局，全面推进改革开放和社会主义现代化建设，党和国家事业发生历史性变革、取得历史性成就，中国特色社会主义进入了新时代。党的十九大报告规划了决胜全面建成小康社会、全面建设社会主义现代化强国的宏伟蓝图，把习近平新时代中国特色社会主义思想确立为党和国家必须长期坚持的指导思想。

7.2.1.2　桂商企业的商业转型

在新的经济结构下，桂商企业进行转型升级主要有以下方式：

①掌握消费新趋势。近几年，随着年轻人的成长，"00后"甚至"05后"成为消费的主力军，而消费的趋势也在不断变化。例如，近年来绿色消费、健康消费、预制菜、速食产品、宅经济等成为消费的新趋势。企业应该深度挖掘消费者的细分需求和情感诉求，积极采用IP内容营销、短视频营销、体验式营销、社群营销等数字化营销方式。

②紧跟商业新环境。在15年前，人们的消费场景还集中在线下，而现在线上购物已经成为日常生活中的一部分。随着互联网的发展，信息越来越透明化，企业如何在这种新的商业环境下发展，是我们需要思考的问题。

③经济新常态，从2012年开始，中国告别过去30多年平均10%左右的高速增

长。中国经济呈现新常态，从高速增长转为中高速增长，经济结构优化升级，从要素驱动、投资驱动转向创新驱动。

④技术新高度。《中国智造2025》的提出，标志着中国正从科技大国向着科技强国迈进，而近年来，5G、光伏、特高压、新能源等新技术的诞生，也为中国企业进行商业转型提供了良好的技术支持。

⑤服务新需求。需求总是在变，变则是唯一的不变。随着新时代年轻人的成长、需求的不断变化，企业更应与时俱进，去聆听消费者的需求并为此服务。

⑥产业新升级：商业转型是企业对自身的优化、调整和创新以及对外部形势的判断。企业最大的危机永远都不是强大的对手，也不是看不到利润的现状，而是能否拥抱潮流，能否站在时代的风口上进行转变。

 资料卡 7-4

紧跟潮流的桂商老字号

近日，拥有70年历史的国企老字号品牌企业——南宁明园饭店在广西民族大学相思湖学院举行"明园智慧餐厅"民大店开业庆典仪式，开业首日即吸引了广西民族大学2 200多名师生前来消费用餐，智能高效、方便快捷、绿色环保、健康安全、服务优质的"智慧餐厅"让人耳目一新。

明园饭店依托"老字号明园餐饮专业化管理团队+餐饮智能化管理系统"，通过云计算、大数据处理，结合服务单位及顾客不同用餐爱好，相对精准地制定出菜式合理、营业均衡、分量可控的用餐需求。同时，可有效减少食材浪费，使餐厨垃圾减少90%以上，对传播社会文明新风尚、提升国企老字号品牌影响力、促进就业、助推老企业转型发展有着积极的促进作用。

（资料来源：东方资讯.古代商人的经商必备《计然七策》［EB/OL］. https://mini.eastday.com/a/180525121053753.html,2018-05-25/2020-01-01）

7.2.2 市场主体——营商新环境

市场指交换关系的总和，除了有形市场外，还包括无形市场。在经济发展中市场的主体就是企业，而想让市场健康发展，就需要为企业创造良好的营商环境，这也是影响企业发展的重要条件。

企业并非孤立存在的，而是处于一定的生存环境之中。企业的经营活动必须以环境为基础。良好的营商环境会为企业带来以下好处：

①影响中小微企业的生存。中小微企业由于资金体量小、抵抗风险能力弱等特点，商业环境的变化对其影响更为突出。经营成本居高不下、赋税压力大、融资状况

不乐观、招工难等一系列问题困扰着中小微企业发展，即使在后疫情时代，许多中小微企业仍然面临着倒闭的危险。

多年来，柳州市加快推进柳州螺蛳粉全产业链发展，为发展螺蛳粉产业推出了一系列乡村振兴、扶持中小企业的政策，并延伸到整个产业链，包括原材料种植、生产加工、物流电商等。有了政策支持，也诞生了诸如"螺霸王""好欢螺"等知名品牌。

②可以提高对外开放水平。良好的营商环境不仅是一个国家和地区经济软实力的重要体现，也是综合竞争力的重要内容。良好的营商环境有利于提升我国参与国际竞争的综合实力，吸引外资，学习先进的技术和管理经验，同时也有利于本土企业走出国门、走向世界。

近年来，广西南宁市出台了一系列跨境电商支持政策，加快推动中国（南宁）跨境电商综合试验区建设。推出"桂品出海"跨境产业链服务计划，扶持本土企业进驻海外电商平台，打造跨境形象店、旗舰店，孵化本土品牌出海，成为中国—东盟数字贸易快速发展的重要引擎。

③良好的营商环境可以增强企业信心，提高企业承受风险的能力，促进企业的高质量发展，提升企业经济活力、创新力和质量竞争力。在良好的营商环境中，政策更优惠、司法更公正、政府更有效率、财产更有安全保障，企业家生产性活动能得到更高的回报，企业信心进一步增强。

"十四五"规划报告提出，深化简政放权、放管结合、优化服务改革，全面实行政府权责清单制度，持续优化市场化、法治化、国际化营商环境。

优化营商环境，是以习近平同志为核心的党中央根据新形势新发展新要求审时度势做出的重大决策部署，是增强主体活力、释放全社会创新创业创造动能的重要举措，也是进一步扩大对外开放、发展更高层次开放型经济的重要保障。

广西为推进新一轮营商环境改革，印发了《2022年广西优化营商环境行动方案》，从多个方面对营商环境进行改革，例如：推进招标投标全流程电子化改革，提升线上服务水平，提高线下政务服务便利度，清除政府采购、招标投标等领域对外地企业设置的隐性门槛和壁垒。良好的商环境可以促进企业发展，拉动企业对人才的需求，调整劳动力需求和供给，吸引人才，促进就业。这也是我们要优化营商环境的原因。

 资料卡 7-5

▶▶

服务市场主体，桂乡各市争创"新环境"

良好的营商环境是发展的重要基础，也是一个地方招商引资的金字招牌。

南宁在优化营商环境中，探索"四推行、一平台"机制，率先建立工程建设项目审批一站式服务区，搭建工程项目审批改革新机制，实现"一张蓝图"办审批；加强推进"一网通办"，全面推行政务服务事项"网上办""指尖办"，实现可网办率100%；充分发挥重大项目联席会议制度，帮助企业解决遇到的困难和问题，万有、绿地等一批项目实现拿地即开工。

梧州市率先实施企业投资项目承诺制直接落地改革，全市已有30个重大项目通过企业投资项目承诺制直接落地，总投资241.7亿元，盈田年产150万套高效节能空调生产项目通过承诺制实现当年开工当年投产。

（资料来源：编者整理）

7.2.3　发展质量——产业新升级

中国经济正进入关键的转型期，从强调增长速度到追求结构优化，从强调扩张规模到追求效率提升，从强调增加数量到追求质量提高。而要追求经济的高质量发展，需要转型升级来推动。

①提高全要素生产率。党的二十大报告强调，"着力提高全要素生产率"，表明高质量发展要对投入产出进行综合考虑，既要不断提高劳动效率、资本效率、土地效率、资源效率、环境效率，还要不断提升科技进步贡献率，不断提高全要素生产率。

近年来，柳州高质量发展迈出坚实步伐，上汽通用五菱首个自主产权关键控制器下线；柳钢集团品种钢占比达68.1%；柳工集团成功研发出全球首创的高原型纯电动装载机和纯电动挖掘机。新兴产业不断加速发展，上汽通用五菱纯电汽车精益制造工厂等项目开工建设，国轩动力电池（一期）等项目建成投产，传统产业得到优化升级。

②科技创新是强大支撑。推动高质量发展涉及领域广、主体多、链条长、标准高，这对统筹加强教育、科技、人才等基础性、战略性支撑提出了更高要求，科技创新是高质量发展的强大支撑。科技的创新可以提供高质量供给、优化产业结构、增强企业的核心竞争能力。

近年来，柳州市鱼峰区坚持用工业化理念推动柳州螺蛳粉产业向"产业发展集聚化、生产技术高新化、品种档次特色化"发展，给传统的螺蛳粉产业装上了创新的科技引擎，跑出发展"加速度"。

截至2023年，柳州螺蛳粉产业有效专利共有260件，2022年柳州螺蛳粉相关专利获得授权有150件，同比增长123.88%，其中发明专利授权同比增长200%。柳州市以高价值知识产权培育为引领，建立了以龙头企业为创新主体、覆盖知识产权技术服务机构和专利代理机构的柳州螺蛳粉技术创新产业联盟。同时，不断提升质量服务"一站式"平台效能，拓展专利质量提升板块，将广西首个柳州螺蛳粉产业知识产权维权援助工作站建在产业园区、设在企业终端，强化了知识产权保护，促进产业核心竞争力提升。

同步训练 >>>

目的：理解推动经济发展质量的重要支撑。

7.3 地区商业经济发展特色——不断创新的桂商

当代桂商是广西地区新一代的商人代表，他们不仅传承了上一代商人的精神，也具有新一代商人的思想。就当代桂商来说，大部分属于"商二代"。很多人认为"商二代"都是含着银汤匙长大的，但实际上这部分人的肩上承担了很多他人无法体会、感知的责任。他们肩负起商业文化的传承与创新，是新旧格局转换时期的破局者。

据报道，未来5~10年，中国将有300万民企迎来接班换代高峰。也有为数众多的第二代创业者，开创属于他们的新天地。我们有理由相信，中国成为世界第一大经济体的历史使命，将主要是在第二代创业者的手中实现。

当代桂商这一群体的发展，无论是继承父业还是独立创业，其目标都是实现自身价值，为社会发展做出更多贡献。所以，他们已经成为新时代的一个重要标志，也是当代桂商典型文化的具体体现。

当代桂商文化的发展经历了很多阶段，同时也受到多种因素的影响，逐渐形成一种典型的文化特征。在此基础上，当代桂商积极汲取前辈的经验，同时顺应时代的发展趋势，将创新精神渗透在工作当中，充分利用当前各方面的有利因素，切实实现了自身价值。当代桂商所体现的文化、精神，值得所有人学习、弘扬及传承。

当代桂商文化具有顺应时代、与时俱进、善于学习、世代传承、不断创新、砥砺前行的特征。这种特征不仅体现在"商二代"即新桂商、当代桂商、年轻广西商人的身上，也体现在历代老一辈优秀桂商身上，他们同样都是善于学习、不断创新的，只是在年轻人身上更鲜明、更出色，当然也更应该、更有必要。

 资料卡 7-6

"不忘初心，不断创新" 的冰泉豆浆

每当人们提到早餐的时候，很多人都会想到豆浆油条，这是中国比较传统的早餐搭配。香脆可口的油条，配上一杯豆香浓郁的豆浆，咸鲜可口，干稀搭配，成为很多人的最爱。

到梧州必去冰泉豆浆馆，是众多到梧州做客者的共识。梧州市冰泉豆浆馆坐落在梧州市风景秀丽的白云山脚下，创始于1935年，至今已有80多年的悠久历史。

1978年，冰泉公司成立，开始研制速溶豆浆产品，速溶豆浆既保留了梧州冰泉豆浆的风味，又便于携带，因此风靡国内外，多次获得区级、市级、国家级甚至国际的奖项。

近几年，市场需求和消费者需求出现了新的变化，冰泉豆浆不得不再次寻求创新，以满足消费者的新需求。2014年，冰泉豆浆对品牌进行升级改造，更新换代产品包装，令消费者对冰泉品牌有了一个全新的认知。继而推出可调味的豆腐花、杯装豆浆、特色礼盒等新品，延伸冰泉现有的产品线。

与此同时，冰泉豆浆凭借独特的眼光，定位女性消费群体，在速溶豆浆生产经验的基础上，结合美国威更斯发明的热磨法以及预煮法等新技术，彻底去除大豆里不利于人体吸收的不良成分和不良气味，成功推出冰泉女人豆浆。

冰泉女人豆浆将形象、口碑、渠道等完美整合在一起。产品包装加入芭蕾舞元素，塑造产品形象，深化"这可不仅仅是豆浆"的品牌认知。冰泉女人豆浆一经推出，因其较高的产品辨识度备受欢迎。

（资料来源：编者整理）

同步训练 >>>

目的：理解冰泉豆浆在发展过程中体现的"善于学习，不断创新"的桂商精神。

本章小结

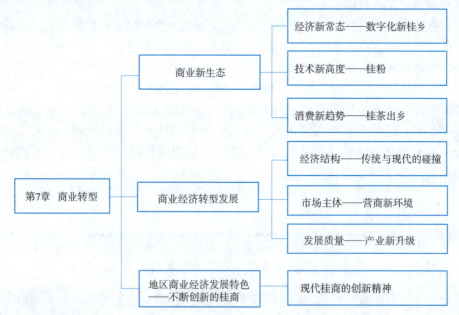

理论自测

□选择题

1. （　　）是继农业经济、工业经济之后的主要经济形态。

A. 实体经济　　　　　　　　B. 数字经济

C. 互联网经济　　　　　　　D. 金融经济

2. 通过不断的技术创新，广西将（　　）地方小吃通过工业化加工，火遍全国。

A. 老友粉　　　　　　　　　B. 螺蛳粉

C. 桂林米粉　　　　　　　　D. 牛巴粉

3. 在新经济背景下，（　　）创新能使企业增加收益，改善企业的市场状况，增强企业的竞争能力。

　　A. 管理　　　　　B. 制度　　　　　C. 技术　　　　　D. 文化

　　4. 中国经济正进入关键的转型期，从强调增长速度到追求结构优化，从强调扩张规模到追求效率提升，从强调增加数量到追求（　　）提高。而要追求经济的高质量发展，需要转型升级来推动。

　　A. 整体　　　　　B. 结构　　　　　C. 质量　　　　　D. 区域

　　5. 新奇、好玩、潮流、（　　）已经成为新时代年轻人的消费新趋势。

　　A. 独特性　　　　B. 大众性　　　　C. 创新性　　　　D. 奇特性

　　6. 唐代陆羽撰写的世界第一部茶叶专著——《茶经》早有记载，"岭南产茶地集中在福州、建州、韶州、象州"，象州即为今广西（　　）。

　　A. 全州县　　　　　　　　　　B. 恭城县

　　C. 象州县　　　　　　　　　　D. 资源县

　　7. 近年来，广西商务厅积极贯彻落实自治区人民政府"桂品出乡"行动计划，组织开展了一系列活动，推动"（　　）"战略实施，打造广西茶叶"新名片"，让梧州六堡茶、横县茉莉花茶、桂平西山茶、横县茉莉花茶、凌云白毫茶、昭平茶、三江茶等一系列"养在深闺人未识"的壮乡好茶，逐渐走出"深闺"，走向全球。

　　A. 乡村振兴　　　　　　　　　B. 桂茶出乡

　　C. 桂企出海　　　　　　　　　D. 出海抢单

　　8. 在经济发展中市场的主体就是企业，而要想让市场健康发展，就需要为企业创造良好的（　　），这也是影响企业发展的重要条件。

　　A. 经济环境　　　　　　　　　B. 金融环境

　　C. 营商环境　　　　　　　　　D. 明朝

　　9. 新兴产业不断加速发展，上汽通用五菱纯电汽车精益制造工厂等项目开工建设，国轩动力电池（一期）等项目建成投产，传统产业得到（　　）。

　　A. 产业升级　　　　　　　　　B. 政府扶持

　　C. 技术创新　　　　　　　　　D 转型

　　10. 冰泉豆浆、明园饭店等当代桂商文化具有顺应时代、与时俱进、善于学习、世代传承、（　　）、砥砺前行的特征。

　　A. 自立自强　　　　　　　　　B. 不断创新

　　C. 独立自主　　　　　　　　　D. 实事求是

　　判断题

　　（　　）1. 数字经济不仅是实现全社会政务和行业大数据的汇聚、融通的新工具，也是助推广西社会经济高速发展的新引擎、新动能。

　　（　　）2. 数字化的运用大大提高了企业生产的效率，提高了成本。

　　（　　）3. 技术创新不仅能促进经济的增长，还能对整个社会和经济结构起到协调作用。

　　（　　）4. 后疫情时代，新消费、新业态、新商业模式正在改变人们的生活，新业态新模式推动下的新供给也在助力市场激活消费者的需求。

　　（　　）5. 面对新一代消费者的消费新趋势，广西积极探索茶产业与观赏性盆栽、食品、餐饮、医药、体育、康养等领域的跨界"联名"。

　　（　　）6. 社会是不断进步的，时代是不断发展的，市场是不断变化的，但消费者的需求是不变的。

（　　）7. 随着新时代年轻人的成长、需求的不断变化，企业更应与时俱进，聆听消费者的需求并为此服务。

（　　）8. 商业转型是企业对自身的优化、调整和创新，以及对外部形势的判断，企业最大的危机永远是强大的对手，不需要拥抱潮流、站在时代的风口上进行转变。

（　　）9. 科技创新可以提供高质量供给、优化产业结构、增强企业的核心竞争能力。

（　　）10. 当代桂商是广西地区新一代的商人代表，他们不仅传承了上一代商人的精神，也具有新一代商人的思想。

□理论自测步骤

1. 学生打开智慧职教慕课平台 https：//mooc. icve. com. cn/cms/index. do。
2. 平台首页输入"桂商文化"查询，加入课程学习。
3. 在限定时间内完成测试。测试完毕，系统自动评卷。

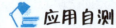 **应用自测**

（一）总体要求

根据本章节学习的内容及自身兴趣和积累，围绕广西的商史、商路、商帮、商号、商人、商品，选取其中你认为有传播价值的内容，完成1~3分钟的桂商文化宣传短视频制作。短视频的内容包括但不限于解读桂商背后的历史故事、文化知识、意义价值等。

（二）画面要求

1. 画面清晰，镜头平稳，无杂音，本人出镜讲解（可以根据作品效果的需要，选择全程出镜和非全程出镜）；
2. 拍摄背景清爽，不凌乱（不要在寝室内拍摄）；
3. 配音需配上字幕（不要有错别字）；
4. 可以配背景音乐（背景音乐音量需适度控制）。

（三）评分要点

1. 主题和内容突出、鲜明，有桂商特色，具有传播价值；
2. 视频、音质清晰，画面合理、生动；
3. 带字幕，配音语言运用准确；
4. 有创新性，构思新颖，有较高可视性和吸引力。

 自我评价

学习成果	自我评价
我已经理解商业新生态	□很好 □较好 □一般 □较差 □很差
我已经掌握社会经济结构变化的趋势	□很好 □较好 □一般 □较差 □很差
我已经了解企业产品层转型路径	□很好 □较好 □一般 □较差 □很差
我已经了解企业组织层转型路径	□很好 □较好 □一般 □较差 □很差
我已经了解企业产业层转型路径	□很好 □较好 □一般 □较差 □很差

参 考 文 献

[1] 房秀文，林峰. 中华商业文化史论：变异的传统商业文化 [M]. 北京：中国经济出版社，2011.

[2] 张宝忠，俞涔，陈君. 中华商文化 [M]. 杭州：浙江大学经济出版社，2018.

[3] 杨继平，程选. 晋商文化概论 [M]. 北京：首都经济贸易大学出版社，2018.

[4] 曹天生. 徽商文化 [M]. 合肥：合肥工业大学经济出版社，2017.

[5] 侯雅云. 从"四大富商"的盛衰看梧州的资产阶级 [M]. 梧州市志. 1986.

[6] 黄铮. 广西对外开放港口 [M]. 南宁：广西人民出版社，1989.

[7] 廖建夏. 商会与近代梧州的市场发育 [M]. 南宁：广西人民出版社，2004.

[8] 陈金源. 辛亥革命在梧州 [J]. 广西地方志，2001（5）.

[9] 黄滨. 近代粤港客商与广西城镇经济发育 [M]. 北京：中国社会科学出版社，2005.

[10] 钟文典. 广西通史：第二卷 [M]. 南宁：广西人民出版社，1999.

[11] 曾树栋. 同盟会在梧州的宣传活动 [M]. 南宁：广西人民出版社，1961.

[12] [汉] 刘安. 淮南子（卷十八）[M]. 上海：上海古籍出版社，1989.

[13] [汉] 司马迁. 史记·西南夷列传 [M]. 北京：中华书局，1959.

[14]《广西航运史》编审委员会. 广西航运史 [M]. 北京：人民交通出版社，1991.

[15] 郑连第. 灵渠工程史述略 [M]. 北京：水利电力出版社，1986.

[16] 兴安县地方志编纂委员会. 兴安县志 [M]. 南宁：广西人民出版社，2002.

[17] 梁理. 粮史话灵渠 [J]. 广西粮食经济，1995（2）.

[18] 临桂县地方志编纂委员会. 临桂县志 [M]. 北京：方志出版社. 1996.

[19] 高言弘. 相思埭运河及其开发 [J]. 学术论坛，1984（3）.

[20] 李华. 清代广西的地方商人 [J]. 历史档案，1992（1）.

[21] 杨业兴，黄雄鹰. 右江流域壮族经济史稿 [M]. 南宁：广西人民出版社，1995.

[22] 中国人民政治协商会议玉林市委员会. 玉林侨乡文化 [M]. 桂林：广西师范大学出版社，2018.

[23] 赵和曼. 广西籍华侨华人研究 [M]. 北京：中国华侨出版社，1996.

［24］梁荫祯. 广西人旅居勿洞史略［J］. 勿洞泰国广西会馆成立三周年纪念特刊（内部资料），1982.

［25］彭会资，陈钊. 博白客家［M］. 桂林：广西师范大学出版社，2006.

［26］广西壮族自治区地方志编纂委员会. 广西通志·侨务志［M］. 南宁：广西人民出版社，1994.

［27］郑一省. 广西容县侨汇庄的经营模式及网络初探［J］. 华侨华人历史研究，2013（1）.